telc

# Grammatiktraining

## Deutsch für A1–B1

Milena Angioni
Ines Hälbig

AF637399

telc gGmbH
Bad Homburg

# Impressum

**Grammatiktraining**
**Deutsch für A1–B1**
**Autorinnen:** Milena Angioni, Ines Hälbig
**Zeichnungen:** Lisa Frühbeis
**Redaktion:** Kerstin Reisz
**Layout und Satz:** Martina Weismann

Als ergänzende Online-Komponente empfehlen wir die vom Deutschen Volkshochschul-Verband entwickelte kostenlose Lernplattform *www.vhs-lernportal.de*. Weitere Informationen zu unseren Lehrwerken finden Sie unter: *www.telc.net/lehrmaterialien*



6. Auflage[3] 2024


www.telc.net
Printed in Germany

telc Order-Nr.: V01-4003-TGR-1701A
ISBN: 978-3-946447-19-1

## Die wichtigsten Abkürzungen und Symbole

leichtere Übung

anspruchsvollere Übung

-- keine Veränderung im Plural (z. B. Becher/--)

--- kein Artikel (z. B. ein Tisch/--- Tische)

# Hinweise zur Arbeit mit dem Grammatiktraining

Mit dem ***Grammatiktraining Deutsch für A1–B1*** gewinnen Lernende auf den Kompetenzstufen A1 bis B1 mehr Sicherheit in der richtigen Anwendung der deutschen Grammatik. Jedes Kapitel beginnt mit Übersichtsseiten, auf denen die wichtigsten Regeln, Tabellen und Schaubilder zum jeweiligen grammatischen Phänomen dargestellt sind. Lernende gewinnen so zunächst einen Überblick über das Thema.
An Beispielsätzen werden die Struktur und die Anwendung deutlich. Diese Seiten eignen sich zum einen zur Vergegenwärtigung und Wiederholung, zum anderen aber auch zum Nachschlagen bei Bedarf.
Auf den Übungsseiten werden die zuvor vogestellten grammatischen Phänomene auf den Niveaus A1 bis B1 trainiert und vertieft. Alle Übungen sind dem passenden Niveau zugeordnet, außerdem sind leichtere und schwerere Übungen mit Symbolen gekennzeichnet, um den individuellen Kenntnissen Einzelner gerecht zu werden. Als Unterstützung finden sich an einigen Stellen Infokästen, um den Blick der Lernenden auf das Wesentliche zu lenken.

**Dieses Grammatiktraining enthält**

- Aufgaben zu allen drei Niveaus A1 bis B1
- einen Grammatiküberblick zu Beginn jedes Kapitels
- eine Kennzeichnung der Übungen nach Kompetenzstufen
- Lösungen zu allen Aufgaben
- Listen der unregelmäßigen Verben, der Verben mit Präpositionen und der Verben mit Akkusativ bzw. Dativ

Das ***Grammatiktraining Deutsch für A1–B1*** ist sowohl für Selbstlerner als auch für den Einsatz im Unterricht geeignet. Wenn Sie im Kurs mit dem Lehrwerk ***Einfach gut! Deutsch für die Integration A1–B1*** arbeiten, bietet sich das Grammatiktraining als passende Ergänzung an. Die einzelnen Kapitel dieses Grammatiktrainings greifen die im Lehrwerk thematisierten grammatischen Phänomene wieder auf. Wenn Sie selbstständig oder auf der Basis anderen Lehrmaterials Ihre Grammatikkenntnisse vertiefen wollen, eignet sich dieses Grammatiktraining ebenfalls ideal, da es auf alle wichtigen grammatischen Themen der Kompetenzstufen A1, A2 und B1 eingeht. Lernende, die den Deutsch-Test für Zuwanderer ablegen wollen, gewinnen damit mehr Sicherheit in der Kommunikation.

Erfahrene Kursleiterinnen und Kursleiter haben uns bei der Entwicklung dieses Trainings beraten und unterstützt. Mit diesem Grammatiktraining liegt Ihnen zusätzliches Übungsmaterial vor, das passgenau auf den Kompetenzstufen A1 bis B1 eingesetzt werden kann.

# Allgemeine Tipps zum Grammatiklernen

**TIPP 1**

**Lernen Sie Nomen und Artikel immer mit Plural:**
der Tisch, die Tische

**TIPP 2**

**Lernen Sie Wörter in Sätzen.**

trinken – Kaffee – Tee
Ich trinke gern Tee.
Kaffee mag ich nicht so sehr.

**TIPP 3**

**Schreiben Sie Sätze aus dem Kursbuch ab, schneiden Sie die Sätze auseinander und legen Sie sie wieder zusammen. Machen Sie das auch mit längeren Texten und Dialogen.**

trennen | Zu Hause | den | sollte | Müll | man

**TIPP 4**

**Fassen Sie grammatische Regeln mit Ihren eigenen Worten zusammen – sei es in Ihrer Muttersprache oder auf Deutsch – und notieren Sie diese zusammen mit einem Beispiel auf Lernkarten.**

**TIPP 5**

**Überlegen Sie sich weitere Möglichkeiten, wie Sie die Lernkarten nutzen könnten.**

Z. B. könnten Sie auf der Vorderseite einen Satz im Präsens notieren und auf der Rückseite denselben Satz im Perfekt.

*Ich fahre Fahrrad.*

*Gestern bin ich Fahrrad gefahren.*

**TIPP 6**

**Lernen Sie Verben immer mit der dazugehörigen Präposition. Auch hierfür können Sie die Vorder- und Rückseite von Lernkarten nutzen.**

*sich treffen + mit*

*Heute treffe ich mich mit meiner Schwester.*

**TIPP 7**

**Viele Regeln muss man auswendig lernen. Nutzen Sie daher Bilder, Symbole, Merksprüche oder Reime, um sich grammatische Regeln zu merken und im Alltag anwenden zu können.**

## Genus: maskulin, feminin, neutral

| Nomen haben ein Genus: | | |
| --- | --- | --- |
| **maskulin** (der), **feminin** (die) oder **neutral** (das) | | der Tisch, die Tasche, das Buch |
| **Maskulin** | | |
| - | männliche Personen und Berufe | der Mann, der Bruder, der Lehrer |
| - | Tage, Monate, Jahreszeiten | der Sonntag, der Januar, der Winter |
| - | Himmelsrichtungen | der Süden |
| - | Nomen mit der Endung -ling | der Frühling, der Schmetterling |
| **Feminin** | | |
| - | weibliche Personen und Berufe | die Frau, die Schwester, die Lehrerin |
| - | Nomen mit der Endung | |
| | -heit | die Gesundheit, die Krankheit |
| | -keit | die Staatsangehörigkeit |
| | -ung | die Wohnung, die Zeitung, die Ausbildung |
| | -ion | die Situation, die Diskussion |
| | -ei | die Bücherei, die Bäckerei |
| | -schaft | die Nachbarschaft, die Freundschaft |
| **Neutral** | | |
| - | Nomen mit der Endung | |
| | -chen | das Mädchen, das Würstchen, das Brötchen |
| | -ment | das Dokument, das Experiment |

## Artikel: *der, die, das / ein, eine*

| Man verwendet Nomen meistens mit Artikel. Es gibt unbestimmte Artikel (ein, eine) und bestimmte Artikel (der, die, das). | Was ist das? – Das ist eine Tasche.<br>Die Tasche ist neu. |
| --- | --- |
| **Der bestimmte Artikel** | |
| Singular (Sg.) | |
| **der** Tisch | Der Tisch ist groß. |
| **die** Tasche | Die Tasche ist neu. |
| **das** Buch | Das Buch kostet 12 Euro. |
| Plural (Pl.) | |
| **die** Tische, Taschen, Bücher | Die Tische im Kursraum sind weiß. |
| **Der unbestimmte Artikel** | |
| Singular (Sg.) | |
| **ein** Tisch | Ist das ein Tisch oder ein Stuhl? |
| **eine** Tasche | Ist das eine Tasche? – Nein, ein Rucksack. |
| **ein** Buch | Was ist das? Ein Buch oder ein Heft? |
| Plural (Pl.) | |
| --- Tische, Taschen, Bücher (kein Artikel im Plural) | Sind das Hefte oder Bücher? --- Bücher. |

## Plural: *ein Tisch – zwei Tische*

| Nomen haben im Plural **unterschiedliche Endungen**: | |
|---|---|
| -e / -e + Umlaut<br>-(e)n<br>-s<br>-er / -er + Umlaut<br>-- (keine Endung) / -- + Umlaut | Tisch – Tische / Hand – Hände<br>Zwiebel – Zwiebeln / Packung – Packungen<br>Kiwi – Kiwis<br>Ei – Eier / Glas – Gläser<br>Brötchen – Brötchen / Apfel – Äpfel |
| Einige Nomen verwendet man nur im Plural. | die Leute, die Eltern |

## Komposita: Wörter bilden

| Man kann zwei (oder auch mehrere) Wörter kombinieren und so neue Wörter bilden, z. B. | |
|---|---|
| **Nomen + Nomen**<br>**Verb + Nomen**<br>**Adjektiv + Nomen** | Zahn + Arzt = Zahnarzt<br>warten + Zimmer = Wartezimmer<br>alt + Papier = Altpapier |
| Manchmal fügt man zwischen den Wörtern einen Buchstaben ein (oft ein -s oder -n).<br>Bei Verben fällt die Endung weg. | Hochzeit + Geschenk = Hochzeitsgeschenk<br>Familie + Name = Familienname<br>schlafen + Zimmer = Schlafzimmer |
| Das **letzte Wort** bestimmt **den Artikel.** | ***der*** Kurs + ***das Buch*** = ***das*** Kurs***buch*** |
| Das erste Wort gibt zusätzliche Informationen über das letzte Wort. | das Kursbuch = ein Buch für den (Deutsch)kurs<br>das Kinderbuch = ein Buch für Kinder |

## Kasus: Nominativ, Akkusativ, Dativ, Genitiv

| Der Kasus zeigt, welche Funktion ein Nomen im Satz hat. Im Deutschen gibt es vier Kasusformen: **Nominativ, Akkusativ, Dativ** und **Genitiv**. | Der Mann kauft Brötchen. (Nominativ)<br>Paula kennt den Mann. (Akkusativ)<br>Das Auto gehört dem Mann. (Dativ)<br>Das ist der Sohn des Mannes. (Genitiv) |
|---|---|
| Man passt die Artikelwörter an den Kasus an. Die Formen finden Sie in Kapitel 2. | Das Auto gehört dem Mann / einem Mann / meinem Mann. |
| Oft bestimmen Verben und Präpositionen den Kasus: | |
| **Verben** | |
| haben, brauchen, sehen, etc. **+ Akkusativ** | Siehst du den Mann und die Frau? |
| helfen, gefallen, passen, etc. **+ Dativ** | Wir helfen dem Mann und der Frau. |
| **Präpositionen** | |
| für, durch, ohne, etc. **+ Akkusativ** | Das Geschenk ist für den Mann. |
| mit, bei, zu, etc. **+ Dativ** | Ich spreche mit dem Mann. |
| statt, wegen, etc. **+ Genitiv** | Wegen des schlechten Wetters bleiben wir hier. |

## 1 Genus: maskulin, feminin

**a** *der* oder *die*? Ergänzen Sie.

| | | |
|---|---|---|
| der Junge | ........ Tochter | ........ Bruder |
| ........ Nachbarin | ........ Vater | ........ Sohn |
| ........ Mutter | ........ Opa | ........ Tante |
| ........ Schwester | ........ Freund | ........ Oma |

> **der** Mann
> **die** Frau

**b** Berufe: Ergänzen Sie.

| ♂ | ♀ |
|---|---|
| 1 der Lehrer | die Lehrerin |
| 2 der Verkäufer | |
| 3 | die Ärztin |
| 4 der Bäcker | |
| 5 | die Kellnerin |

| ♂ | ♀ |
|---|---|
| 6 | die Technikerin |
| 7 der Busfahrer | |
| 8 der Kassierer | |
| 9 | die Köchin |
| 10 | die Taxifahrerin |

## 2 Genus: maskulin, feminin oder neutral?

**a** Schreiben Sie die Wörter in die Tabelle. Sortieren Sie nach Artikeln.

~~März~~ | Freitag | Mädchen | Wohnung | Herbst | Brötchen | Mittwoch | Bäckerei | Heizung | Frühling | Metzgerei | Anmeldung | Dezember | Kleidung

| der | die | das |
|---|---|---|
| März | | |
| | | |
| | | |
| | | |
| | | |
| | | |

**b** *der, die* oder *das*? Ergänzen Sie.

1 Tage (Sonntag, ...) → immer der
2 Monate (Januar, ...) → immer ........
3 Jahreszeiten (Winter, ...) → immer ........
4 Endung -ei (Bäckerei, ...) → immer ........
5 Endung -ung (Wohnung, ...) → immer ........
6 Endung -chen (Mädchen, ...) → immer ........

> ***der, die* oder *das*?**
> Es gibt nicht viele Regeln. Lernen Sie die Nomen immer mit Artikel.

## 3 Artikel: *der, die, das / ein, eine*

**a** *ein* oder *eine*? Ergänzen Sie.

| der, die, das | ein, eine |
|---|---|
| 1 der Junge | ein Junge |
| 2 die Frau | |
| 3 das Mädchen | |
| 4 die Banane | |
| 5 das Brot | |

| der, die, das | ein, eine |
|---|---|
| 6 der Bleistift | |
| 7 die Lehrerin | |
| 8 der Rucksack | |
| 9 die Freundin | |
| 10 das Handy | |

**b** *ein* oder *eine*? Ergänzen Sie.

1 Ist Frau Müller die Vermieterin? – Nein, Frau Müller ist ............ Nachbarin.
2 Ist Lukas ............ Freund von Tim? – Ja, Tim und Lukas gehen in eine Klasse.
3 Ist das ............ Apfel? – Nein, das ist ............ Birne.
4 Wie viel kostet ............ Mango? – 1,50 Euro.
5 Wo kann ich Milch kaufen? – In der Kirchstraße. Da ist ............ Supermarkt.
6 Hast du ............ Auto? – Nein, aber ............ Fahrrad.
7 Entschuldigung, ich habe ............ Frage. – Ja, bitte?
8 Wir machen am Samstag ............ Party. Kommst du? – Ja, gern.

die Nachbarin
der Freund
der Apfel
die Birne
die Mango
der Supermarkt
das Auto
das Fahrrad
die Frage
die Party

**c** Was passt nicht? Streichen Sie durch.

1
▶ Was ist das? **Ein / ~~Eine~~** Wörterbuch?
▷ Ja, Deutsch-Arabisch.
▶ Und was kostet **der / die / das** Wörterbuch?
▷ 12,50 Euro.

2
▶ Wer ist die Frau da? **Ein / Eine** Lehrerin?
▷ Ja, das ist **der / die / das** Sportlehrerin von Tim und Lukas.
▶ Und der Mann? Ist das auch **ein / eine** Lehrer?
▷ Nein, das ist **der / die / das** Vater von Lukas.

3
▶ Entschuldigung, wo kann ich Tomaten kaufen?
▷ In der Brückstraße ist **ein / eine** Gemüseladen.
▶ Bis wann hat **der / die / das** Laden geöffnet?
▷ Bis 20 Uhr, glaube ich.

4
▶ Wir haben jetzt **ein / eine** Wohnung im Stadtzentrum.
▷ Das ist ja super! Ist **der / die / das** Wohnung groß?
▶ Nein, aber sie ist hell und gemütlich.

**d** Plural: kein Artikel (–) oder *die*. Ergänzen Sie.

1 Haben wir noch ...–... Gurken und ............ Tomaten? – Ja, im Kühlschrank.
2 Guten Tag. Haben Sie ............ Birnen? – Ja, aus Deutschland und aus Frankreich. ............ Birnen aus Deutschland kosten heute 2,49 Euro und ............ Birnen aus Frankreich 2,79 Euro.
3 Ist das eine Hose für ............ Mädchen? – Nein, das ist eine Hose für ............ Jungen.
4 Hat Frau Jansen drei Kinder oder vier? – Vier. ............ Mädchen heißen Klara und Nele und ............ Jungen Alex und Ben.

## 4 Plural: *ein Tisch – zwei Tische*

**a** Ergänzen Sie den Plural.

**Personen**

| | | | |
|---|---|---|---|
| der Mann (-er + Umlaut) | die Männer | die Frau (-en) | |
| der Vater (-- + Umlaut) | | die Mutter (-- + Umlaut) | |
| der Sohn (-e + Umlaut) | die Söhne | die Tochter (-- + Umlaut) | |
| der Bruder (-- + Umlaut) | die Brüder | die Schwester (-n) | |
| der Junge (-n) | | das Mädchen (--) | |

**b** Welche Wörter aus Aufgabe 4a passen? Ergänzen Sie.

1 Haben Sie Kinder? – Ja, zwei Söhne und eine T……………… .

2 Hast du Geschwister? – Ja, drei. Eine S……………… und zwei B……………… .

3 Wie heißen die Kinder? – Der J……………… heißt Daniel und die M……………… heißen Teresa und Lotte.

**c** Ergänzen Sie den Plural.

Einige Wörter haben **keinen Plural**, z. B.: das Wasser, die Milch, das Gemüse, das Obst, das Fleisch, der Zucker, …

**Essen und trinken**

| | | | |
|---|---|---|---|
| die Kiwi (-s) | | | |
| die Kartoffel (-n) | | | |
| das Brot (-e) | | | |
| das Brötchen (--) | | der Apfel (-- + Umlaut) | |
| die Flasche (-n) | | die Dose (-n) | |
| das Glas (-er + Umlaut) | | der Becher (--) | |

**d** Welche Wörter aus Aufgabe 4c passen? Ergänzen Sie.

1 Was hast du in der Bäckerei gekauft? – Ein Brot und vier B……………… .

2 Wir brauchen zwei F……………… Wasser und drei B……………… Joghurt.

3 Haben wir noch Obst? – Ja, zwei Ä……………… und fünf K……………… .

**e** Ergänzen Sie den Plural.

**Wohnen**

| | | | |
|---|---|---|---|
| die Wohnung (-en) | | das Zimmer (--) | |
| das Haus (-er + Umlaut) | | der Tisch (-e) | |
| das Regal (-e) | | der Stuhl (-e + Umlaut) | |
| der Schrank (-e + Umlaut) | | das Fenster (--) | |

**f** Welche Wörter aus Aufgabe 4e passen? Ergänzen Sie.

1 Die W ........................ hat drei Z ........................ und einen Balkon.

2 Die vier S ........................ kosten 80 Euro und der T ........................ 60 Euro.

**g** Ergänzen Sie den Plural.

**Der Körper**

| | | | |
|---|---|---|---|
| der Arm (-e) | ........................ | der Zahn (-e + Umlaut) | ........................ |
| das Bein (-e ) | ........................ | das Ohr (-en) | ........................ |
| das Auge (-n) | ........................ | der Finger (--) | ........................ |
| der Fuß (-e + Umlaut) | ........................ | die Hand (-e + Umlaut) | ........................ |

**h** Welche Wörter aus Aufgabe 4g passen? Ergänzen Sie.

1 Haben Sie Schmerzen? – Ja, der rechte F ........................ tut weh. Ich kann nicht gut laufen.

2 Du brauchst Handschuhe. Deine H ........................ sind ganz kalt.

3 Kinder, Z ........................ putzen nicht vergessen!

**i** Ergänzen Sie den Plural.

**In der Stadt**

| | | | |
|---|---|---|---|
| die Straße | ........................ | das Geschäft | ........................ |
| die Stadt | ........................ | die Bäckerei | ........................ |
| das Auto | ........................ | die S-Bahn | ........................ |
| der Zug | ........................ | der Bus | *die Busse* |

**j** Welche Wörter aus Aufgabe 4i passen? Ergänzen Sie.

1 Die G ........................ sind heute geschlossen. Es ist Sonntag.

2 Die Z ........................ fahren heute nicht, nur die B ........................ .

**k** Ergänzen Sie den Plural.

**Kleidung**

| | | | |
|---|---|---|---|
| der Schuh | ........................ | das T-Shirt | ........................ |
| das Hemd | ........................ | der Mantel | ........................ |
| das Kleid | ........................ | die Mütze | ........................ |

**l** Welche Wörter aus Aufgabe 4k passen? Ergänzen Sie.

1 Die Kinder brauchen S ........................ für den Winter.

2 Hast du die H ........................ und die T ........................ in den Koffer gepackt?

## 5 Komposita: Wörter bilden

**a** *der, die* oder *das*?

1 **die** Hochzeit + **das** Geschenk = *das* Hochzeitsgeschenk
2 **die** Kinder + **der** Geburtstag = ............ Kindergeburtstag
3 **der** Mittag + **die** Pause = ............ Mittagspause
4 **die** Küche + **der** Schrank = ............ Küchenschrank
5 **die** Bücher + **das** Regal = ............ Bücherregal
6 **die** Grammatik + **das** Buch = ............ Grammatikbuch
7 **die** Familie + **der** Name = ............ Familienname
8 **das** Haus + **die** Nummer= ............ Hausnummer

Hochzeitsgeschenk
Mittagspause
Geburtstagstorte
Weihnachtstag
Küchenschrank
Familienname

**b** Bilden Sie fünf Wörter. Notieren Sie die Wörter mit Artikel.

Geburtstags- | Einkaufs- | Deutsch- | Kinder- | Wohn- | Apfel-

Tasche (die) | Kuchen (der) | Lehrer (der) | Saft (der) | Zimmer (das) | Arzt (der)

*der Geburtstagskuchen,* ............

............

............

............

## 6 Kasus: Nominativ oder Akkusativ?

**a** Kreuzen Sie an.

| | | Nominativ | Akkusativ |
|---|---|---|---|
| 1 | Der Mantel ist sehr schön. | ☒ | ☐ |
| 2 | Ich kaufe den Mantel. | ☐ | ☒ |
| 3 | Wir suchen eine Wohnung. | ☐ | ☐ |
| 4 | Die Wohnung ist noch frei. | ☐ | ☐ |
| 5 | Wir haben einen Sohn. | ☐ | ☐ |
| 6 | Möchtest du einen Kaffee? | ☐ | ☐ |
| 7 | Der Schrank kostet 120 Euro. | ☐ | ☐ |

haben
kaufen
brauchen
möchten
suchen

**mit Akkusativ!**

**b** Was passt zusammen?

1 *d* Es regnet. Wir **brauchen**
2 ☐ Hast du Hunger? **Möchtest** du
3 ☐ Ich kann das nicht lesen. Ich **brauche**
4 ☐ **Kaufst** du das Obst und
5 ☐ Ich **habe** einen Bruder und
6 ☐ Entschuldigung, wir **suchen**

a meine Brille.
b den Marktplatz.
c den Käse immer auf dem Markt?
d einen Regenschirm.
e einen Hamburger mit Pommes?
f eine Schwester.

## 1 Genus: maskulin, feminin oder neutral?

**a** Ergänzen Sie die Endung: *-ung*, *-heit* oder *-keit*.

> Nomen auf
> -ung, -heit und -keit
> → immer **die**

| | |
|---|---|
| die Ausbild *ung* | die Vergangen ..... |
| die Veranstalt ..... | die Süßig ..... |
| die Krank ..... | die Berat ..... |
| die Staatsangehörig ..... | die Bescheinig ..... |
| die Sicher ..... | die Überrasch ..... |

**b** *der*, *die* oder *das*? Ergänzen Sie.

1 ..... Wohnung ist nicht sauber, aber ..... Vermieter bezahlt ..... Reinigung.

2 ..... Kursteilnehmerin hat ..... Anmeldung schon am Montag abgegeben.

3 Mein Opa sagt: „Bier ist gut für ..... Gesundheit." Stimmt das?

4 Ist ..... Dokument wichtig für ..... Bewerbung?

5 Hat ..... neue Mieter ..... Hausordnung nicht gelesen?

**c** Schreiben Sie die Wörter in die Tabelle. Sortieren Sie nach Artikeln.

~~Organisation~~ | Situation | Süden | Schnäppchen | Bankkaufmann | Nachbarschaft | Diskussion | Nebenwirkung | Würstchen | Sommer | Stückchen | Oktober | Meinung | Osten | Päckchen

| **der** | **die** | **das** |
|---|---|---|
| | *Organisation* | |
| | | |
| | | |
| | | |
| | | |
| | | |

## 2 Plural: *Lehrer und Lehrerinnen*

**a** Ergänzen Sie.

|  |  |  |  |
|---|---|---|---|
| 1 der Lehrer | *die Lehrer* | die Lehrerin | *die Lehrerinnen* |
| 2 der Schüler | | die Schülerin | |
| 3 der Nachbar | | die Nachbarin | |
| 4 der Kollege | | die Kollegin | |
| 5 der Bankkaufmann | *die Bankkaufmänner oder Bankkaufleute* | die Bankkauffrau | *die Bankkauffrauen oder Bankkaufleute* |

**b** Schreiben Sie im Plural.

1 Die Lehrerin ist sehr nett. — Die *Lehrerinnen* sind sehr nett.

2 Mein Nachbar kommt aus Polen. — Meine ................ kommen aus Polen.

3 Liebe Kollegin, lieber Kollege .... — Liebe ................, liebe ................

4 Eine Mitarbeiterin ist krank. — Zwei ................ sind krank.

5 Der Mieter muss den Flur putzen. — Die ................ müssen den Flur putzen.

6 Wir informieren den Bewerber und die Bewerberin am Montag. — Wir informieren die ................ und ................ am Montag.

7 Die Studentin wartet aus den Bus. — Die ................ warten auf den Bus.

## 3 Komposita: Wörter bilden

**a** Nomen + Nomen: *der, die* oder *das?*

1 *das* Glas + *der* Container = *der* Glascontainer

2 ........ Geld + ........ Automat = ........ Geldautomat

3 ........ Arbeit + ........ Vertrag = ........ Arbeitsvertrag

4 ........ Kunde + ........ Nummer = ........ Kundennummer

5 ........ Mode + ........ Geschäft = ........ Modegeschäft

6 ........ Küche + ........ Gerät = ........ Küchengerät

**b** Ergänzen Sie die Sätze.

Papier | Sport | Fahrkarten | Miet | Konto

1 Ich wollte mit der U-Bahn fahren, aber der ................automat war kaputt.

2 Ich möchte Geld überweisen. Meine ................nummer ist 6833800.

3 Bringst du die alten Zeitungen bitte in den ................container?

4 Die Wohnung ist perfekt. Wann können wir den ................vertrag unterschreiben?

5 Ich habe die Wanderschuhe im ................geschäft gekauft. Sie waren im Angebot.

**c** Verb + Nomen: Bilden Sie zehn Wörter. Notieren Sie die Wörter mit Artikel.

schlafen | arbeiten | wandern | mieten | warten | baden | wohnen | spielen | kochen

Schuhe | Zimmer | Vertrag | Hose | Agentur | Haus | Platz | Buch | Erlaubnis | Anzug

*der Schlafanzug,* ................

................

................

**d** Schreiben Sie sieben Sätze oder Fragen mit den Wörtern aus Aufgabe 3c.

*Suchen Sie einen Schlafanzug für ein Mädchen oder für einen Jungen?*

1 ...

2 ...

3 ...

4 ...

5 ...

6 ...

7 ...

## 4 Kasus: Nominativ, Akkusativ und Dativ

**a** Unterstreichen Sie den Nominativ.

| | |
|---|---|
| Nominativ | → **Wer** oder **Was**? |
| Akkusativ | → **Wen** oder **Was**? |
| Dativ | → **Wem**? |

1 Der Junge kauft im Supermarkt ein Eis.

2 Der Reisepass liegt auf dem Tisch.

3 Meine Tante hat am Freitag Geburtstag.

4 Die Lehrerin hat mir ein Wörterbuch gegeben.

**b** Akkusativ und Dativ. Was bestimmt hier den Kasus, das Verb oder die Präposition? Ordnen Sie zu.

1 [*b*] Der Fußball ist für meinen Sohn.

2 [ ] Wir haben einen Hund.

3 [ ] Der Mantel gefällt mir.

4 [ ] Die Kinder sind heute bei der Oma.

a Das Verb. (gefallen, helfen, ... immer mit Dat.)

b Die Präposition. (für, durch, ... immer mit Akk.)

c Die Präposition. (bei, mit, ... immer mit Dat.).

e Das Verb. (haben, nehmen, kaufen, ... immer mit Akk.)

**c** Unterstreichen Sie den Akkusativ.

1 Ich kaufe die Eier auf dem Markt.

2 Mein Mann sucht seinen Reisepass.

3 Wir nehmen heute den Bus.

4 Das Geschenk ist für meine Tante.

5 Seid ihr durch den Park gegangen?

6 Ich fahre ohne meine Eltern in die Türkei.

7 Wir warten seit 45 Minuten auf den Zug.

8 Gestern haben wir meine Cousine besucht.

**d** Unterstreichen Sie den Dativ.

1 Wir sind am Wochenende bei Freunden.

2 Ich fahre mit meiner Mutter in die Stadt.

3 Das Handy gehört meinem Vater.

4 Ich habe mit der Lehrerin gesprochen.

5 Das Fahrrad gehört der Nachbarin.

6 Gefällt dir das Foto?

7 Wir sind heute mit dem Auto gefahren.

8 Kannst du dem Mann bitte helfen?

## 1 Genus: maskulin, feminin oder neutral?

**a** Welches Nomen ist nicht feminin? Streichen Sie durch.

| | | | | |
|---|---|---|---|---|
| 1 | Abteilung | ~~Training~~ | Produktion | Verwaltung |
| 2 | Möglichkeit | Berufstätigkeit | Flüchtling | Integration |
| 3 | Ernährung | Gesundheit | Medikament | Behandlung |
| 4 | Päckchen | Rücksendung | Reklamation | Bestätigung |
| 5 | Regierung | Kanzlerin | Politiker | Partei |
| 6 | Information | Argument | Entscheidung | Diskussion |

Nomen auf -ing
→ **der**
Ausnahme
Nomen aus englischen Verben:
das Training

**b** Welche Wörter aus Aufgabe 1a sind maskulin? Welche sind neutral?

maskulin: ……………………………………

……………………………………

neutral: *das Training,* ……………………………………

……………………………………

## 2 Plural: *Abteilung, Abteilungen*

Ergänzen Sie die Pluralendungen.

1 In unserer Firma gibt es mehrere Abteilungen *en*. Ich arbeite in der Buchhaltung.
2 Der Arzt hat mir Medikament …… gegen die Schmerzen verschrieben.
3 Früher hatten wir interessante Diskussion …… über Politik und Umwelt.
4 Meine Chefin trifft alle Entscheidung …… ohne die Mitarbeiter zu fragen.
5 Der Politiker hat viel geredet, aber er hatte keine guten Argument …… .
6 Ich interessiere mich für den Kurs „Deutsch für den Beruf“ und brauche noch Information …… .
7 Ich möchte eine Weiterbildung machen. Welche Möglichkeit …… gibt es?

## 3 Komposita: Wörter bilden

**a** Nomen + Nomen: Ergänzen Sie die Sätze.

Kredit | Versand | Werk | Daten | Benutzer | Post | Bank

1 Für Ihre Online-Bestellung brauchen Sie einen …… namen und ein Passwort.
2 Informationen zum …… schutz finden Sie in den AGBs.
3 Für Ihre erste Bestellung berechnen wir keine …… kosten.
4 Zahlungsmöglichkeiten: …… karte, Rechnung oder …… einzug.
5 Die Ware wird in der Regel innerhalb von drei …… tagen geliefert.
6 Falls Ihnen ein Artikel nicht gefällt, können Sie ihn problemlos zurückschicken. Füllen Sie einfach den Rücksendeschein aus und geben Sie das Päckchen in der nächsten …… filiale ab.

**b** Adjektiv + Nomen: Bilden Sie acht Wörter. Notieren Sie die Wörter mit Artikel.

| kühl \| neu \| süß \| billig \| laut<br>gebraucht \| hoch \| alt | Haus \| Papier \| Schrank \| Wagen<br>Kartoffel \| Sprecher \| Angebot \| Bau |
|---|---|

*der Neuwagen,* ..................

..................

..................

**c** Schreiben Sie vier Sätze oder Fragen mit den Wörtern aus Aufgabe 3b.

*Wir haben keinen Neuwagen gekauft.*

1 ..................

2 ..................

3 ..................

4 ..................

## 4 Kasus: Akkusativ, Dativ oder Genitiv?

Genitiv → **Wessen?**

Kreuzen Sie an.

| | | Akkusativ | Dativ | Genitiv |
|---|---|---|---|---|
| 1 | Es ist nicht gestattet, <u>auf dem Balkon</u> zu grillen. | ☐ | ☒ | ☐ |
| 2 | Hast du die Telefonnummer <u>des Vermieters</u> gefunden? | ☐ | ☐ | ☐ |
| 3 | Ich habe <u>der Nachbarin</u> unseren Wasserkocher geliehen. | ☐ | ☐ | ☐ |
| 4 | Wir werden <u>gegen die Mieterhöhung</u> Widerspruch einlegen. | ☐ | ☐ | ☐ |
| 5 | Ärgern Sie sich manchmal <u>über die anderen Mieter</u> im Haus? | ☐ | ☐ | ☐ |
| 6 | Gehört das Fahrrad <u>der jungen Dame</u> im ersten Stock? | ☐ | ☐ | ☐ |
| 7 | Ist das die Kündigung <u>des Mietvertrags</u>? | ☐ | ☐ | ☐ |
| 8 | Ich möchte mich noch <u>bei den Nachbarn</u> für ihre Hilfe bedanken. | ☐ | ☐ | ☐ |
| 9 | <u>Wegen des starken Regens</u> haben wir Wasser im Keller. | ☐ | ☐ | ☐ |
| 10 | Der Vermieter hat die Hausordnung <u>in den Hausflur</u> gehängt. | ☐ | ☐ | ☐ |
| 11 | Der Kinderwagen von Frau Bauer steht <u>im Hausflur</u>. | ☐ | ☐ | ☐ |
| 12 | Ich habe <u>meinen Schlüssel</u> verloren. Hast du ihn gesehen? | ☐ | ☐ | ☐ |
| 13 | <u>Statt des Holzkohlegrills</u> können wir einen Elektrogrill nehmen. | ☐ | ☐ | ☐ |
| 14 | Die Vermieterin hat uns <u>über die Mieterhöhung</u> informiert. | ☐ | ☐ | ☐ |
| 15 | Ich frage den Vermieter, wann er <u>die Heizung</u> repariert. | ☐ | ☐ | ☐ |
| 16 | Da sitzt eine Katze vor <u>Martins Tür</u>. Wem gehört die wohl? | ☐ | ☐ | ☐ |

## Artikel im Nominativ und Akkusativ

Die Artikel im **Nominativ** finden Sie in Kapitel 1: *der, die, das / ein, eine.*
Die Artikel im **Akkusativ** sind gleich. Ausnahme: die **maskuline Form** (*der* → *den, ein* → *einen*).

| | **Nominativ** | **Akkusativ** | |
|---|---|---|---|
| maskulin | **der** \| **ein**<br>Tisch | **den** \| **einen**<br>Tisch | *der Tisch → Ich kaufe den Tisch.*<br>*ein Tisch → Ich kaufe einen Tisch.* |
| feminin | **die** \| **eine**<br>Tasche | **die** \| **eine**<br>Tasche | *die Tasche → Ich kaufe die Tasche.*<br>*eine Tasche → Ich kaufe eine Tasche.* |
| neutral | **das** \| **ein**<br>Buch | **das** \| **ein**<br>Buch | *das Buch → Ich kaufe das Buch.*<br>*ein Buch → Ich kaufe ein Buch.* |
| Plural | **die** \| **---**<br>Tische, Taschen, Bücher | **die** \| **---**<br>Tische, Taschen, Bücher | *die Bücher → Ich kaufe die Bücher.*<br>*Bücher → Ich kaufe Bücher.* |

*Kein, keine* funktioniert wie *ein, eine*.
Die Pluralform ist *keine*.

*keinen Tisch / keine Tasche / kein Buch*
*keine Bücher*

## Artikel im Dativ

Im Dativ sind die **maskuline** Form und die **neutrale** Form gleich: *dem / einem.*
Der **feminine** bestimmte Artikel ist hier *der* (!).

| | **Dativ** | |
|---|---|---|
| maskulin | **dem** \| **einem**<br>Tisch | *Das Geld liegt auf dem Tisch.*<br>*Auf einem Tisch im Kursraum liegt Geld.* |
| feminin | **der** \| **einer**<br>Tasche | *Der Schlüssel ist in der Tasche.*<br>*Ich habe den Schlüssel in einer Tasche gefunden.* |
| neutral | **dem** \| **einem**<br>Buch | *In dem Buch ist ein Foto von meiner Mutter.*<br>*Ich habe das in einem Buch gelesen.* |
| Plural | **den** \| **---**<br>Tischen, Taschen, Büchern | *In den Büchern sind viele Bilder.*<br>*Ich unterstreiche oft wichtige Wörter in Büchern.* |

Im **Plural** ist die Endung *-en* oder *-n*.
Ausnahmen: *Autos – in den Autos*,
*Gärten – in den Gärten*, etc.

*Bücher – in den Büchern*
*Tische – auf den Tischen*

*Kein, keine* funktioniert wie *ein, eine*.
Die Pluralform ist *keinen*.

*Das steht in keinem Buch.*
*Das lernt man in keinen Büchern.*

## Artikel im Genitiv

| | Genitiv | |
|---|---|---|
| maskulin | **des** \| **eines**<br>Mannes | *Ich habe das Handy des Mannes gefunden.*<br>*Das Buch erzählt von der Reise eines Mannes.* |
| feminin | **der** \| **einer**<br>Frau | *Sind das die Kinder der Frau?*<br>*Der Künstler hat das Bild einer Frau gezeichnet.* |
| neutral | **des** \| **eines**<br>Kindes | *Der Vater des Kindes lebt in Berlin.*<br>*Wie entwickelt sich die Intelligenz eines Kindes?* |
| Plural | **der**<br>Männer, Frauen, Kinder | *Die Ärzte kümmern sich um die Gesundheit der Männer, Frauen und Kinder.* |

**Maskuline** und **neutrale Nomen** bekommen die Endung -s oder -es.

*der Mann → des Mannes, das Kind → des Kindes,*
*das Auto → des Autos, der Regen → des Regens*

In der Alltagssprache benutzt man statt des Genitivs oft **von + Dativ**.

*des Mannes = von dem Mann*
*eines Mannes = von einem Mann*

## Genitiv bei Namen

Man benutzt -s bei **Namen** (von Personen, Ländern, etc.) **ohne Artikel**.

*Peter – Peters Koffer, Frau Müller – Frau Müllers Auto*
*Berlin – die Geschichte Berlins*

Bei Namen auf *-s, -x, -z, -ß* oder *-ce* benutzt man einen Apostroph (').

*Alex – Alex' Reisepass*
*Thomas – Thomas' Freundin*

In der Alltagssprache benutzt man oft **von + Name**.

*Peters Koffer = der Koffer von Peter*
*die Geschichte Berlins – die Geschichte von Berlin*

## Artikel im Nominativ, Akkusativ, Dativ und Genitiv – Überblick

Hier sind noch einmal die bestimmten und unbestimmten Artikel im Überblick:

| | **Nominativ** | | **Akkusativ** | | **Dativ** | | **Genitiv** | |
|---|---|---|---|---|---|---|---|---|
| maskulin | der<br>ein<br>kein | Tisch | den<br>einen<br>keinen | Tisch | dem<br>einem<br>keinem | Tisch | des<br>eines<br>keines | Tisches |
| feminin | die<br>eine<br>keine | Tasche | die<br>eine<br>keine | Tasche | der<br>einer<br>keiner | Tasche | der<br>einer<br>keiner | Tasche |
| neutral | das<br>ein<br>kein | Buch | das<br>ein<br>kein | Buch | dem<br>einem<br>keinem | Buch | des<br>eines<br>keines | Buches |
| Plural | die<br>---<br>keine | Tische | die<br>---<br>keine | Tische | den<br>---<br>keinen | Tischen | der<br>--- | Tische |

## 1 Artikel im Nominativ und Akkusativ

**a** Ergänzen Sie: *die, die, das, den.*

| | Akkusativ | Nominativ |
|---|---|---|
| 1 | ▶ Wir suchen ........ Lehrer. | ▷ **Der** Lehrer ist nicht da. Er ist krank. |
| 2 | ▶ Ich suche ........ Bibliothek. | ▷ **Die** Bibliothek ist in der Gerberstraße. |
| 3 | ▶ Sucht ihr ........ Café Frisch? | ▷ **Das** Café Frisch ist in der Bahnhofstraße. |
| 4 | ▶ Der Lehrer sucht ........ Kinder. | ▷ **Die** Kinder sind draußen. |

**b** Ergänzen Sie: *eine, ein, –, einen.*

| | Akkusativ | Nominativ |
|---|---|---|
| 1 | ▶ Ich brauche ........ Kuli. | ▷ Hier ist **ein** Kuli. |
| 2 | ▶ Ich suche ........ Apotheke. | ▷ In der Hafenstraße ist **eine** Apotheke. |
| 3 | ▶ Wir suchen ........ Café. | ▷ Am Bahnhof ist **ein** Café. |
| 4 | ▶ Haben Sie ........ Äpfel? | ▷ Ja, Äpfel sind heute im Angebot. |

## 2 Artikel im Akkusativ: *den, die, das*

**a** *den, die* oder *das*? Ergänzen Sie.

1 Wir fragen *den* Arzt / ........ Kellnerin / ........ Verkäuferin / ........ Kinder.
2 Ich brauche ........ Heft / ........ Kuli / ........ Bücher / ........ Rucksack.
3 Entschuldigung, ich suche ........ Bahnhof / ........ Post / ........ Bürgerbüro.
4 Ich lese ........ E-Mail / ........ Wörter / ........ Brief / ........ Text.
5 Paula putzt ........ Wohnung / ........ Bad / ........ Flur / ........ Küche.

**b** Schreiben Sie Fragen. Es gibt mehrere Lösungen.

| | | | |
|---|---|---|---|
| Kaufen wir<br>Kaufst du<br>Kauft ihr<br>Kaufen Sie | den<br>die<br>das | Milch<br>Schrank<br>Kartoffeln<br>Kuchen<br>Stühle<br>Eier<br>Mantel<br>Regal<br>Brot | auf dem Markt?<br>auf dem Flohmarkt?<br>im Supermarkt?<br>im Modegeschäft?<br>in der Bäckerei?<br>im Möbelgeschäft? |

1 *Kauft ihr die Milch im Supermarkt?*
2 ........
3 ........
4 ........

5 ..................

6 ..................

7 ..................

8 ..................

9 ..................

## 3 Artikel im Akkusativ: *ein, einen, ...*

**a** Ergänzen Sie: *ein, einen, eine, –.*

1 Ich esse *eine* Banane / *–* Äpfel / .......... Apfel / .......... Kekse.

2 Ich trinke .......... Glas Wasser / .......... Tee / .......... Apfelsaft / .......... Bier.

3 Haben Sie .......... Sohn / .......... Töchter / .......... Kind / .......... Cousins und Cousinen?

4 Hast du .......... Radiergummi / .......... Blatt Papier / .......... Bleistift?

5 Wir brauchen .......... Becher Sahne / .......... Liter Milch / .......... Tomaten.

**b** Was passt nicht? Streichen Sie durch.

1 Der Junge hat ~~**ein**~~ **/ einen** Fußball.

2 Die Kinder brauchen **— / einen** Schuhe.

3 Möchtest du **ein / einen** Film sehen?

4 Wir kaufen **— / eine** Brötchen.

5 Ich habe **ein / eine** Tochter.

6 Wir essen **ein / einen** Eis.

7 Ich suche **ein / einen** Supermarkt.

8 Paula trinkt **ein / einen** Kaffee.

## 4 Artikel im Akkusativ: *kein, keinen, ...*

**a** Ergänzen Sie: *keinen, kein* oder *keine.*

1 Der Junge hat .......... Fußball.

2 Die Kinder brauchen .......... Schuhe.

3 Möchtest du .......... Film sehen?

4 Wir kaufen .......... Brötchen.

5 Ich habe .......... Tochter.

6 Wir essen .......... Eis.

7 Ich suche .......... Supermarkt.

8 Paula trinkt .......... Kaffee.

**b** Antworten Sie mit *nein.*

1 Suchst du eine Bushaltestelle? *Nein, ich suche keine Bushaltestelle.*

2 Hast du ein Fahrrad? ..................

3 Hast du einen Balkon? ..................

4 Haben Sie Kopfschmerzen? ..................

5 Kaufst du einen Schrank? ..................

**c** Schreiben Sie Sätze über sich.

| | | |
|---|---|---|
| Ich habe | einen / keinen<br>ein / kein<br>eine / keine<br>--- / keine | Hund.<br>Katze.<br>Auto.<br>Fahrrad.<br>Geschwister.<br>Kind.<br>Enkelkinder.<br>Schwester.<br>Bruder.<br>Sohn.<br>Tochter. |

**Haustiere**

1 *Ich habe keine Haustiere.*

2 ..........

3 ..........

4 ..........

5 ..........

## 5 Artikel im Dativ: *dem, der, den*

**a** Ergänzen Sie: *dem, dem, den, der.*

| Dativ | Nominativ |
|---|---|
| 1 Wir fahren mit .......... Bus. | **Der** Bus kommt in 10 Minuten. |
| 2 Ich fahre mit .......... U-Bahn. | **Die** U-Bahn fährt zum Bahnhof. |
| 3 Fährst du mit .......... Auto? | **Das** Auto ist in der Garage. |
| 4 Sie können mit .......... Linien 3 und 5 fahren. | **Die** Linien 3 und 5 fahren ins Zentrum. |

**b** Schreiben Sie die Wörter in die Tabelle. Sortieren Sie nach Artikeln.

~~Lehrer~~ | ~~Lehrerinnen~~ | Kellnerin | Mädchen | Tasche | Taschen | Sofa | Küche | Regale | Straße | Garage | Parkplatz | Tische | Kinder | Arzt

| der (m.) | die (f.) | das (n.) | die (Plural) |
|---|---|---|---|
| *Lehrer* | | | *Lehrerinnen* |

**c** Ergänzen Sie: *dem* oder *der.*

der/das → **dem**
die → **der**

1 Ich spreche mit .......... Lehrer / .......... Kellnerin / .......... Mädchen.

2 Das Handy ist in .......... Tasche / auf .......... Sofa / in .......... Küche.

3 Das Auto steht auf .......... Straße / in .......... Garage / auf .......... Parkplatz.

**d** Ergänzen Sie: *dem* oder *den*.

Plural → **den**

1 Wir sprechen mit ............ Kindern / ............ Lehrerinnen / ............ Arzt.

2 Die Bücher sind in ............ Regalen / auf ............ Tischen / in ............ Taschen.

## 6 Artikel im Dativ: *Wo?*

Schreiben Sie.

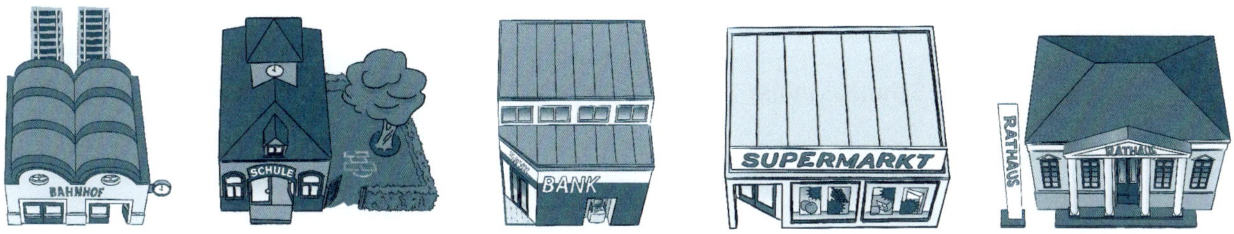


der Bahnhof · die Schule · die Bank · der Supermarkt · das Rathaus

1 Die Schule ist zwischen *dem Bahnhof* und *der Bank*.

2 Die Bank ist zwischen ............ und ............ .

3 Der Supermarkt ist zwischen ............ und ............ .

4 Das Rathaus ist neben ............ .

## 7 Artikel im Dativ: *einem, einer*

**a** Ergänzen Sie: *einer, –, einem, einem.*

| Dativ | Nominativ |
|---|---|
| 1 Ich möchte mit ............ Arzt sprechen. | Hier ist **ein** Arzt. |
| 2 Ich möchte den Kuchen in ............ Bäckerei kaufen. | Ist hier **eine** Bäckerei? |
| 3 Möchtest du in ............ Restaurant essen? | Hier ist **ein** Restaurant. |
| 4 Die Kinder möchten mit ............ Buntstiften malen. | Hier sind Buntstifte. |

**b** Ergänzen Sie: *einer, –, einem.*

1 Möchten Sie mit ............ Krankenschwester oder ............ Krankenpfleger sprechen? – Nein, ich möchte mit ............ Ärztin oder ............ Arzt sprechen.

2 Wohnen Sie in ............ Haus? – Nein, ich wohne in ............ Wohnung.

3 Telefonierst du mit ............ Freundin? – Nein, ich telefoniere mit ............ Kollegin.

4 Möchtest du in ............ Bäckerei arbeiten? – Nein, ich suche einen Job in ............ Restaurant oder in ............ Café.

5 Wohnst du im Moment bei ............ Freunden? – Nein, ich wohne in ............ Wohnheim.

6 Wo lernen Sie Deutsch? – In ............ Deutschkurs.

## 1 Artikel im Akkusativ

**a** Ergänzen Sie: *den*, *die* oder *das*.

1 Wir fragen den Vermieter / ...... Hausmeister / ...... Kollegen / ...... Chefin.

2 Ich unterschreibe ...... Formular / ...... Antrag / ...... Anmeldung / ...... Briefe.

3 Machst du ...... Vorspeise / ...... Nachtisch / ...... Salat / ...... Sahnetorte?

4 Ich interessiere mich für ...... Kurs / ...... Wohnung / ...... Stellenangebot.

**b** Ergänzen Sie: *einen*, *eine*, *ein* oder *—*.

1 Ich habe ...... Schulabschluss / ...... Job / ...... Vorstellungsgespräch / ...... Arbeit.

2 Wir machen ...... Prüfung / ...... Praktikum / ...... Ausbildung / ...... Deutschkurs.

3 Ich brauche ...... Tabletten / ...... Salbe / ...... Termin / ...... Verband.

4 Wir schenken Anja ...... Gutschein / ...... Blumen / ...... Schal / ...... Pralinen.

## 2 Artikel im Dativ

**a** Ergänzen Sie: *dem* oder *der*.

1 Ich telefoniere mit ...... Vermieter / ...... Hausmeister / ...... Kollegen / ...... Chefin.

2 Ich gehe mit ...... Formular / ...... Antrag / ...... Anmeldung zum Amt.

3 Ich helfe dir bei ...... Hausarbeit / bei ...... Brief / ...... Bewerbung.

4 Die Ärztin verschreibt ...... Kind / ...... Patientin / ...... Mädchen eine Salbe.

**b** Plural. Ergänzen Sie: *den* und die Endung *-n*, *-en* oder *-s*.

| | | |
|---|---|---|
| 1 | Kind – Kinder | Ich gehe mit den Kindern zum Arzt. |
| 2 | Regal – Regale | Die Bücher sind in ...... . |
| 3 | Leute | Ich spreche oft mit ...... im Haus. |
| 4 | Büro – Büros | Wie viele Menschen arbeiten in ...... ? |
| 5 | Arzt – Ärzte | Hast du mit ...... gesprochen? |
| 6 | Tisch – Tische | Die Bücher liegen auf ...... . |
| 7 | Haus – Häuser | Wer wohnt hier in ...... ? |
| 8 | Stadt – Städte | In ...... ist es laut und schmutzig. |

**c** Ergänzen Sie: *einem*, *einer* oder *—*.

1 Du kannst mit ...... Erkältung / ...... Schnupfen / ...... Grippe nicht zur Arbeit gehen.

2 Ich gehe zu ...... Freunden / ...... Freundin / ...... Freund.

3 Ich spreche mit ...... Berater / ...... Mitarbeiterin / ...... Kollegin / ...... Kunden.

4 Wir sind auf ...... Berg / auf ...... Insel / in ...... Großstadt / in ...... Dorf.

## 3 Artikel im Akkusativ und Dativ: *Wo? Wohin?*

am = an dem
im = in dem
beim = bei dem

**a** Ergänzen Sie.

1 am | an der

Ich bin ............ Hauptbahnhof / ............ Bushaltestelle / ............ Flughafen / ............ Kirche / ............ Straßenecke / ............ Rathaus.

2 im | in der

Wir sind ............ Stadt / ............ Zug / ............ S-Bahn / ............ Park / ............ Flugzeug / ............ Erdgeschoss / ............ Küche / ............ Kursraum.

3 beim | bei der | bei den

Ich bin ............ Friseur / ............ Nachbarin / ............ Kindern / ............ Zahnarzt / ............ Agentur für Arbeit / ............ Schwiegereltern / ............ Bäcker.

4 auf dem | auf der

Wir sind ............ Straße / ............ Treppe / ............ Balkon / ............ Standesamt / ............ Bahnsteig / ............ Brücke / ............ Schiff / ............ Spielplatz.

**b** Ergänzen Sie.

ans = an das
ins = in das

| | **Wo?** | **Wohin?** |
|---|---|---|
| 1 | Wir sind **im** Haus. | *Wir gehen **ins** Haus.* |
| 2 | Wir sind **im** Garten. | *Wir gehen **in den** Garten.* |
| 3 | Wir sind **am** Strand. | *Wir gehen* ............ |
| 4 | Wir sind **am** Meer. | *Wir fahren* ............ |
| 5 | Ich bin **in den** Bergen. | *Ich fahre* ............ |
| 6 | Das Handy ist **auf dem** Tisch. | *Ich lege das Handy* ............ |
| 7 | Der Schal ist **im** Schrank. | *Ich lege den Schal* ............ |
| 8 | Die Blumen sind **am** Fenster. | *Ich stelle die Blumen* ............ |
| 9 | Die Bücher sind **in den** Kisten. | *Ich packe die Bücher* ............ |
| 10 | Das Bild hängt **an der** Wand. | *Ich hänge das Bild* ............ |
| 11 | Wir sind **im** ersten Stock. | *Wir gehen* ............ |
| 12 | Die Zeitung liegt **auf dem** Boden. | *Ich lege die Zeitung* ............ |
| 13 | Das Fahrrad ist **im** Keller. | *Ich bringe das Fahrrad* ............ |
| 14 | Die Kinder sind **in der** Schule. | *Die Kinder gehen* ............ |
| 15 | Mein Sohn ist **im** Kindergarten. | *Mein Sohn geht* ............ |

## 4 Genitiv bei Namen

**a** Wer ist wer? Scheiben Sie die Sätze um.

1 Hans ist der Mann **von Klara** — *Hans ist Klaras Mann.*

2 Samira ist die Mutter **von Moritz**. — *Samira ist Moritz' Mutter.*

3 Moritz ist der Bruder von Lotte. — ............

4 Natalie ist die Frau von Stefan. — ............

5 Hans ist der Schwiegervater von Samira. — ............

6 Stefan ist der Vater von Julia. — ............

7 Julia ist die Cousine von Moritz. — ............

8 Natalie ist die Schwiegertochter von Klara. — ............

9 Julia ist die Nichte von Georg. — ............

**b** Schreiben Sie wie im Beispiel.

1 die Einwohner **von Berlin** — *die Einwohner Berlins*

2 die Länder von Europa — ............

3 im Norden von Deutschland — ............

4 im Süden von Griechenland — ............

5 die Geschichte von Amerika — ............

## 1 Artikel im Akkusativ und Dativ

**a** Was passt? Markieren Sie.

▶ Guten Morgen, Frau Heine. Ich komme gerade **vom / von der / von** Nachtschicht. Gehen Sie jetzt **zu / zum / zur** Arbeit?

▷ Nein, ich bringe meinen Sohn Max **im / in den / ins** Kindergarten und meine Tochter Karina **im / in die / ins** Schule.

▶ Karina geht schon **zu / zum / zur** Schule?

▷ Ja, sie ist **in die / im / in der** ersten Klasse. Nach den Ferien kommt sie **in die / im / in der** zweite Klasse.

● Mama?

▷ Ja, Max?

● Ich muss **auf dem / auf den / aufs** Klo.

▷ Oh je! Warte noch fünf Minuten, Schatz. Du kannst **im / in den / ins** Kindergarten **auf die / aufs / auf dem** Toilette gehen, ja? Entschuldigen Sie, Frau Schmidt, wir müssen dann ...

▶ Natürlich. Ich wünsche Ihnen einen schönen Tag.

**b** Ergänzen Sie die Tabelle.

| Wo? | Wohin? | Woher? |
|---|---|---|
| 1 *im vierten Stock* | *in den vierten Stock* | *aus dem vierten Stock* |
| 2 *in der vierten Etage* | *in die vierte Etage* | *aus der vierten Etage* |
| 3 im Keller | | |
| 4 im Treppenhaus | ins Treppenhaus | |
| 5 | ins Zentrum | aus dem Zentrum |
| 6 in der Innenstadt | | |
| 7 im Süden | | |
| 8 | | aus dem Land |
| 9 | in die Schule | aus/von der Schule |
| 10 in der ersten Klasse | | aus der ersten Klasse |
| 11 auf dem Schulhof | | vom Schulhof |
| 12 | auf den Fußballplatz | vom Fußballplatz |

## 2 Artikel im Genitiv: *des, der*

**a** Was passt zusammen?

| | | | | |
|---|---|---|---|---|
| 1 | c | Der 3. Oktober ist der Tag | a | **des Films** nicht gesehen. |
| 2 | ☐ | Gefällt dir die Farbe | b | **der Verspätung** nicht. |
| 3 | ☐ | Ich habe den Anfang | c | **der Deutschen Einheit**. |
| 4 | ☐ | Ich kenne den Grund | d | **des Problems**? |
| 5 | ☐ | Am Ende | e | **des Kindes**? |
| 6 | ☐ | Die Meinung | f | **der Firma** gesprochen. |
| 7 | ☐ | Ich habe mit dem Chef | g | **des Autos**? |
| 8 | ☐ | Ist das die Lösung | h | **der Politiker** interessiert mich nicht. |
| 9 | ☐ | Wie ist der Name | i | **des Tages** bin ich oft müde. |

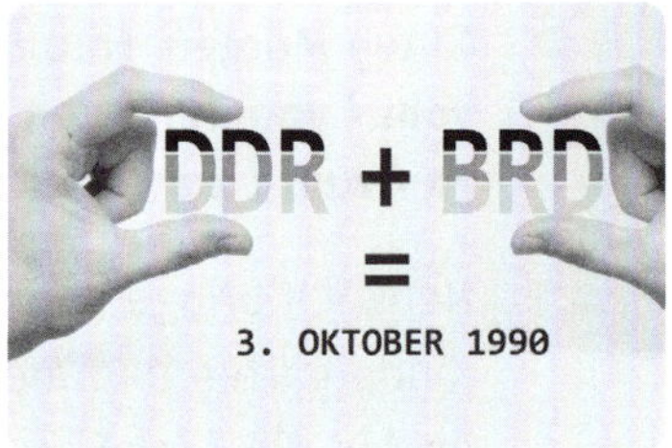


**b** Ergänzen Sie *des* oder *der*.

1 am Ende ........ Woche / ........ Monats / ........ Jahres
2 die Meinung ........ Arztes / ........ Leute / ........ Lehrerin
3 in der Mitte ........ Straße / ........ Platzes / ........ Landes
4 der Grund ........ Anrufs / ........ Reise / ........ Besuchs
5 der Besitzer ........ Hauses / ........ Cafés / ........ Wohnung
6 wegen ........ Kälte / ........ Unwetters / ........ Regens
7 am Tag ........ Hochzeit / ........ offenen Tür / ........ Abreise
8 die Ursache ........ Konflikts / ........ Störung / ........ Problems

**c** Schreiben Sie die Sätze um wie im Beispiel.

> **Dativ + von**
> von den Kindern
>
> **Genitiv**
> der Kinder

1 Die Fahrräder **von den Kindern** sind im Keller.
*Die Fahrräder der Kinder sind im Keller.*

2 Wo sind die Eltern **von dem Kind**?
........................................

3 Ich brauche noch die Unterschrift **von der Patientin**.
........................................

4 Emilio ist der Besitzer **von dem Café** in der Fabrikstraße.
........................................

5 Die Polizei kennt die Namen **von den Einbrechern** noch nicht.
........................................

6 Hast du die Telefonnummer **von der Teilnehmerin**?
........................................

## 3 Artikel im Genitiv: *Wessen?*

Schreiben Sie die Fragen und Antworten wie im Beispiel.

| | Dativ (Wem?) | Genitiv (Wessen?) |
|---|---|---|
| 1 | Wem gehört der Hund? | *Wessen Hund ist das?* |
| | Der Hund gehört den Nachbarn. | *Das ist der Hund der Nachbarn.* |
| 2 | Wem gehört das Auto? | ..................... |
| | Das Auto gehört dem Arzt. | ..................... |
| 3 | Wem gehört die Fahrkarte? | ..................... |
| | Die Fahrkarte gehört dem Mädchen. | ..................... |
| 4 | Wem gehören die Bücher? | ..................... |
| | Die Bücher gehören den Teilnehmern. | ..................... |

## 4 Artikel im Genitiv: *eines, einer*

Ergänzen Sie: *eines, einer.*

1 Die Polizei sucht den Fahrer ..................... roten Sportwagens.

2 Martin ist der Chef ..................... großen Firma.

3 Carlotta ist die Tochter ..................... Amerikanerin und ..................... Italieners.

4 Wegen ..................... wichtigen Termins kann ich heute nicht kommen.

5 Mein Sohn Max kann wegen ..................... starken Erkältung nicht zur Schule kommen.

6 Manche Leute finden trotz ..................... guten Ausbildung keinen Job.

7 Trotz ..................... Gewitters am frühen Abend konnte das Konzert stattfinden.

8 Die Gesundheit ..................... Menschen hängt von der Ernährung ab.

9 Der Mitarbeiter hat sehr professionell auf die Beschwerde ..................... Kundin reagiert.

## 5 Artikel im Genitiv: Genitiv-Endungen

Markieren Sie die Genitiv-Endungen.

1 Zur Verstärkung unseres Teams suchen wir einen Friseur (m/w) in Vollzeit.

2 Das Wetter bleibt sonnig, bei milden Temperaturen während des Tages.

3 Während des Studiums habe ich in einem Café gejobbt.

4 Wegen des starken Windes sind Bäume umgefallen.

5 Die Polizei sucht den Fahrer des Autos.

6 Die Straße ist wegen eines Unfalls gesperrt.

7 Die Bewohner des Hauses ärgern sich über die Mieterhöhung.

> **Endung -s oder *-es:***
> nur maskuline und neutrale Nomen!

# Auf einen Blick: Artikelwörter

## Bestimmter und unbestimmter Artikel

| | |
|---|---|
| **Artikel** stehen immer mit einem **Nomen** zusammen. Man benutzt ein/eine (kein/keine) für unbestimmte Personen oder Sachen. | Entschuldigung, ich suche ein Café.<br>Ich brauche eine Jacke für den Winter.<br>Ich brauche keine Schuhe. |
| Man benutzt der/die/das für bestimmte Personen oder Sachen. | Entschuldigung, ich suche das Café Frisch.<br>Schau mal, die Jacke hier ist im Angebot. |
| Man benutzt ein/eine, wenn man zum ersten Mal über etwas spricht. Danach: der/die/das. | Mein Nachbar hat eine Katze. Die Katze heißt Merlin. |
| Der/die/das und ein/eine haben unterschiedliche Formen im Nominativ, Akkusativ, Dativ und Genitiv. Die Formen finden Sie in Kapitel 2. | ein Café, einem Café, etc.<br>das Café, dem Café, etc. |

## Kein Artikel (Nullartikel)

| | |
|---|---|
| Ein/eine hat im Plural keinen Artikel (s. Kapitel 1). | Das ist ein Buch. (Sg.) – Das sind Bücher. (Pl.) |
| Man benutzt auch keinen Artikel für:<br>- **Namen** von Personen, Firmen, Städten, Kontinenten und vielen Ländern (Ausnahmen: der Iran, die Schweiz, etc.) | Das ist Kenji. Er arbeitet bei VW.<br>Er kommt aus Tokio / aus Asien / aus Japan.<br>(Aber: aus dem Iran, aus der Schweiz, etc.) |
| - **Nationalitäten** und **Sprachen** | Kenji ist Japaner. Er spricht gut Deutsch. |
| - **Berufe** mit sein, werden und als<br>Aber: Ein Ingenieur prüft alle Motoren. | Kenji ist Ingenieur / arbeitet als Ingenieur.<br>Mein Sohn möchte auch Ingenieur werden. |
| - **Gewichte** und **nicht zählbare Mengen** (wenn man etwas nicht zählen kann) | Ich habe 300 g Fisch gekauft.<br>Wir haben Reis gegessen. |
| - **Materialien** (Plastik, Metall, Papier, etc.) | Die Tüte ist aus Plastik. |
| - viele **abstrakte Wörter** | Man braucht Zeit und Geduld. |

## Possessivartikel: *mein, dein, sein, ...*

Possessivartikel zeigen: Wer (oder was) gehört zu wem?

Ich habe eine Schwester. Meine Schwester heißt Lea.
Wir haben ein Auto. Unser Auto steht vor dem Haus.

| | | |
|---|---|---|
| **ich** | → **mein** Bruder | Mein Bruder ist 26 Jahre alt. |
| **du** | → **dein** Bruder | Wie alt ist dein Bruder? |
| **er/es** | → **sein** Bruder | Tim hat auch einen Bruder. – Sein Bruder ist 24. |
| **sie** (Sg.) | → **ihr** Bruder | Und Mias Bruder? – Ihr Bruder ist 18. |
| **wir** | → **unser** Bruder | Unser Bruder arbeitet in einer Bank. |
| **ihr** | → **euer** Bruder | Wo arbeitet euer Bruder? |
| **Sie, sie** (Pl.) | → **Ihr/ihr** Bruder | Frau Kilic, lebt Ihr Bruder in Deutschland? |

## Possessivartikel im Nominativ, Akkusativ, Dativ und Genitiv

Die Possessivartikel mein, dein, sein, ... bekommen die gleichen Endungen wie ein/eine.
Ausnahme: euer – eu***re*** (euer Tisch, euren Tisch, eurem Tisch, ..., eure Tasche, ...).

| | **Nominativ** | **Akkusativ** | **Dativ** | **Genitiv** |
|---|---|---|---|---|
| maskulin | mein Tisch | mein**en** Tisch | mein**em** Tisch | mein**es** Tisches |
| feminin | mein**e** Tasche | mein**e** Tasche | mein**er** Tasche | mein**er** Tasche |
| neutral | mein Buch | mein Buch | mein**em** Buch | mein**es** Buches |
| Plural | mein**e** Tische | mein**e** Tische | mein**en** Tischen | mein**er** Tische |

## Demonstrativartikel: *dieser Tisch, diese Tasche, ...*

Demonstrativartikel heben eine Person oder Sache hervor.

*Dieser Tisch ist perfekt. Die anderen Tische sind zu klein oder zu groß.*

| | **Nominativ** | **Akkusativ** | **Dativ** | **Genitiv** |
|---|---|---|---|---|
| maskulin | dies**er** Tisch | dies**en** Tisch | dies**em** Tisch | dies**es** Tisches |
| feminin | dies**e** Tasche | dies**e** Tasche | dies**er** Tasche | dies**er** Tasche |
| neutral | dies**es** Buch | dies**es** Buch | dies**em** Buch | dies**es** Buches |
| Plural | dies**e** Tische | dies**e** Tische | dies**en** Tischen | dies**er** Tische |

## Andere Artikelwörter: *jede-, einige/manche, irgendein-*

Jeder, jede, jedes benutzt man nur im **Singular**. Der **Plural** ist alle.

*Jedes Kind bekommt ein Geschenk.*
*Alle Kinder bekommen Geschenke.*

| | **Nominativ** | **Akkusativ** | **Dativ** | **Genitiv** |
|---|---|---|---|---|
| maskulin | jed**er** Tisch | jed**en** Tisch | jed**em** Tisch | jed**es** Tisches |
| feminin | jed**e** Tasche | jed**e** Tasche | jed**er** Tasche | jed**er** Tasche |
| neutral | jed**es** Buch | jed**es** Buch | jed**em** Buch | jed**es** Buches |
| Plural | all**e** Tische | all**e** Tische | all**en** Tischen | all**er** Tische |

Einige hat die gleiche Bedeutung wie manche.

Manche/Einige Kinder lernen sehr schnell.

Man benutzt einige und manche meistens im Plural. Im Dativ hängt ein -n an.

Manche/einige Leute, Tiere, Länder, etc.
Mit manchen Leuten möchte ich nicht zusammenarbeiten.

Man benutzt *irgendein/irgendeine* für unbestimmte Personen oder Sachen. *Irgendein/irgendeine* ist stärker als *ein/eine*.

*Hat jemand irgendeine Idee?*
*Was läuft denn da im Fernsehen? – Ich weiß nicht, irgendein Film.*

*Irgendein/irgendeine* bekommt die gleichen Endungen wie *ein/eine*.

*Ich habe einen Film gesehen.*
*Ich habe irgendeinen Film gesehen.*

Der Plural ist *irgendwelche*.

*Haben Sie noch irgendwelche Fragen?*

## 1 Bestimmter und unbestimmter Artikel

**a** Was passt? Markieren Sie.

1

▶ Sag mal, lernst du alleine Deutsch?

▷ Nein, ich mache **den / einen** Deutschkurs an der VHS. **Der / Ein** Kurs beginnt um 13 Uhr und endet um 17 Uhr.

2

▶ Hat Frau Meyer Kinder?

▷ Ja, Frau Meyer hat **den / einen** Jungen und **das / ein** Mädchen.

▶ Und wie alt sind die Kinder?

▷ **Der / ein** Junge ist vier und **das / ein** Mädchen sechs.

3

▶ Mein Sohn ist krank. Gibt es hier **den / einen** Kinderarzt?

▷ Ja, in der Moselstraße, neben **dem / einem** Jobcenter. **Der / Ein** Arzt heißt Bernd Seidel.

4

▶ Arbeitest du noch in **der / einer** Autowerkstatt Öztürk?

▷ Nein, ich arbeite jetzt in **der / einer** Autowerkstatt Tillmann.

▶ Tillmann? Ist das in **der / einer** Danziger Straße?

▷ Ja, genau.

**b** Ergänzen Sie: *der/die/das* oder *ein/eine*.

1 Ich habe *eine* große Familie in der Türkei.

2 Entschuldigung, ich habe ............ Frage: Wo ist ............ Kaiserstraße?

3 Zum Frühstück esse ich oft ............ Brötchen mit Käse oder Marmelade und ............ Ei.

4 Wir haben ............ Wohnung im Zentrum. ............ Wohnung hat drei Zimmer.

5 Ich habe einen Kuchen gebacken. Möchtest du ............ Stück?

6 Kenji macht ............ Gartenparty. ............ Party ist am Samstag.

7 Meine Tochter hat ............ Erkältung. Sie kann nicht in ............ Schule gehen.

## 2 Kein Artikel (Nullartikel)

**a** Was passt nicht? Streichen Sie durch.

1 Meine Schwester ist **~~eine Verkäuferin~~ / Verkäuferin** von Beruf.

2 Ich weiß nicht, was das kostet. Frag doch **eine Verkäuferin / Verkäuferin**.

3 Mein Mann ist **ein Iraner / Iraner**. Er arbeitet als **ein Übersetzer / Übersetzer**.

4 Wir essen viel **das Obst / Obst** und **das Gemüse / Gemüse**.

5 Möchtest du **ein Stück / Stück** Kuchen und **eine Tasse / Tasse** Tee?

6 Bist du Vegetarier? – Nein, ich esse auch **das Fleisch / Fleisch**, aber kein Schweinefleisch.

**b** *der, dem* oder kein Artikel (–)? Ergänzen Sie.

Wir kommen aus ............ Türkei, ............ Deutschland, ............ Irak, ............ Iran, ............ Polen, ............ Afghanistan, ............ Afrika, ............ Syrien, ............ China, ............ Asien, ............ Ukraine.

**c** Schreiben Sie Fragen ohne Artikel.

1 *Haben wir noch Wasser?* ..........

Ja, wir haben noch eine Flasche Wasser.

2 ..........

Ja, wir haben noch ein Stück Kuchen.

3 ..........

Ja, wir haben noch eine Packung Reis.

4 ..........

Ja, wir haben noch einen Becher Joghurt.

5 ..........

Ja, wir haben noch eine Dose Thunfisch.

**d** Schreiben Sie im Plural.

1 Ich kaufe **einen Apfel** und **eine Orange**.

*Ich kaufe Äpfel und Orangen.* ..........

2 Im Kursraum ist **ein Tisch** und **ein Stuhl**.

*Im Kursraum sind* ..........

3 Auf dem Küchentisch ist **eine Tasse** und **ein Teller**.

*Auf dem Küchentisch sind* ..........

4 Ich packe **ein T-Shirt** und **eine Hose** in den Koffer.

*Ich packe* ..........

**e** Kein Artikel *(—)* oder *ein/eine*? Ergänzen Sie.

1 Im Deutschkurs sind .......... Frauen und .......... Männer aus vielen Ländern.

2 Wir haben .......... Teilnehmerinnen und Teilnehmer aus Syrien, Spanien und Somalia.

3 Wir haben auch .......... Teilnehmerin aus Japan. Sie heißt Yumi.

4 Im Kursraum ist .......... Tafel. Wir haben auch .......... Landkarte.

5 Auf den Tischen liegen .......... Hefte, .......... Bücher und .......... Stifte.

6 Im Kursbuch sind .......... Bilder, .......... Texte und .......... Übungen.

7 Wir machen heute .......... Übung im Arbeitsbuch. Dann machen wir .......... Kaffeepause.

## 3 Possessivartikel: *mein, dein*

der/das → mein
die → meine

**a** *mein* oder *meine*? Sortieren Sie.

~~das Auto~~ | die Bücher | der Kuli | das Handy | die Freundin | der Rucksack | die Arbeit | die Wohnung | der Vater | die Eltern | der Deutschkurs | die Familie

| mein | meine |
|---|---|
| *mein Auto* | |
| | |
| | |
| | |
| | |
| | |

**b** *dein* oder *deine*? Ergänzen Sie.

1 Meine Kinder sind 8 und 11 Jahre alt. Wie alt sind *deine* Kinder?
2 Mein Mann ist Krankenpfleger. Was ist ........ Mann von Beruf?
3 Mein Fahrrad ist im Keller. Wo ist ........ Fahrrad?
4 Meine Telefonnummer ist 3359603. Wie ist ........ Telefonnummer?
5 Mein Großvater lebt in der Ukraine. Wo lebt ........ Großvater?
6 Meine Nachbarn sind sehr nett. Wie sind ........ Nachbarn?

## 4 Possessivartikel: *dein, Ihr*

**a** Schreiben Sie die Fragen aus Aufgabe 3b in der Sie-Form.

1 Wie alt sind *Ihre* Kinder?
2 Was ist ........ Mann von Beruf?
3 Wo ist ........ Fahrrad?
4 Wie ist ........ Telefonnummer?
5 Wo lebt ........ Großvater?
6 Wie sind ........ Nachbarn?

**b** Schreiben Sie Fragen.

| | | | |
|---|---|---|---|
| Hat<br>Haben | **dein/deine**<br>**Ihr/Ihre** | Großeltern/Oma/Opa<br>Geschwister/Bruder/<br>Schwester<br>Mann/Frau<br>Kinder/Sohn/Tochter | ein Haus mit Garten?<br>eine schöne Wohnung?<br>ein Auto / ein Fahrrad?<br>einen Job / eine Arbeit?<br>Freunde in der Schule? |

1 *Hat Ihr Sohn ein Fahrrad?*
2 ........
3 ........
4 ........
5 ........

## 5 Possessivartikel: *sein, ihr*

*ihr/ihre* oder *sein/seine*? Ergänzen Sie.

**ihr/ihre**
Das ist Lina.

1 *Ihre* Kinder sind 9 und 12 Jahre alt.

2 .................. Mann ist Polizist.

3 .................. Familie kommt aus Bulgarien.

4 .................. Haus hat einen kleinen Garten.

5 .................. Eltern leben in Köln.

**sein/seine**
Das ist Karl.

6 .................. Töchter heißen Ava und Leonie.

7 .................. Frau ist Italienerin.

8 .................. Bruder wohnt in Hannover.

9 .................. Auto ist ganz neu.

10 .................. Schwiegereltern leben in Bologna.

**ihr/ihre**
Das sind Ana und Gabriel.

11 .................. Kinder gehen in den Kindergarten.

12 .................. Sohn Samir ist 4.

13 .................. Wohnung ist im zweiten Stock.

14 .................. Fahrräder sind im Keller.

15 .................. Nachbar ist Syrer.

## 6 Possessivartikel: *unser, euer*

**a** *unser* oder *unsere*? Ergänzen Sie.

„Hallo, wir sind Ava und Leonie. Karl ist *unser* Vater. ........1........ Mutter heißt Laura. Sie kommt aus Italien. Zu Hause sprechen wir Deutsch und Italienisch. ........2........ Eltern haben ein Café in Berlin, das Café Krümel. Nach der Schule gehen wir immer ins Café Krümel und machen dort ........3........ Hausaufgaben. Manchmal kommen auch ........4........ Freundinnen. Dann essen wir zusammen Kuchen. Apfelkuchen mit Sahne ist ........5........ Lieblingskuchen. ........6........ italienische Oma kann auch ganz toll backen. Im Sommer besuchen wir ........7........ Großeltern in Bologna."

**b** *euer* oder *eure*? Ergänzen Sie.

Fragen Sie Ava und Leonie.

1 Wie heißt *euer* Vater?

2 Ist .................. Mutter Italienerin?

3 Haben .................. Eltern ein Café in Berlin?

4 Was ist .................. Lieblingskuchen?

5 Wo macht ihr .................. Hausaufgaben?

6 Wann besucht ihr .................. Großeltern?

## 7 Possessivartikel

Ergänzen Sie die Tabelle.

~~dein, deine~~ | sein, seine | unser, unsere | mein, meine | ihr, ihre | euer, eure | ihr, ihre

| **ich** | **du** | **er/es** | **sie** (Sg.) | **wir** | **ihr** | **Sie, sie** (Pl.) |
|---|---|---|---|---|---|---|
| | *dein, deine* | | | | | |

## 1 Bestimmter und unbestimmter Artikel

**a** Was passt? Markieren Sie.

1 Wann fährt **der / ein** nächste Zug nach Erfurt? – Ich sehe mal nach. **Den / Einen** Moment, bitte.

2 Ist das **die / eine** schnellste Verbindung nach Kiel? – Ja, **die / eine** Fahrt dauert **die / eine** Stunde.

3 Kann man hier im Bahnhof **den / einen** Kaffee trinken? – Ja, da drüben.

4 Der Zug kommt später? Was ist **der / ein** Grund für **die / eine** Verspätung? – Ich weiß nicht. Vielleicht **das / ein** Wetter? Oder **das / ein** technisches Problem?

5 Mach schnell! Der Zug fährt in **der / einer** Minute.

**b** Ergänzen Sie die Endungen.

| | Nominativ | Akkusativ | Dativ |
|---|---|---|---|
| maskulin | **d** er \| **ein**…… Zug | **d**…… \| **ein**…… Zug | **de**…… \| **ein** em Zug |
| feminin | **d** ie \| **ein**…… Stunde | **d**…… \| **ein**…… Stunde | **de** r \| **ein**…… Stunde |
| neutral | **d**…… \| **ein**…… Problem | **d**…… \| **ein**…… Problem | **de**…… \| **ein**…… Problem |
| Plural | **d**…… \| --- Züge | **d**…… \| --- Züge | **de**…… \| --- Züge**n** |

## 2 Kein Artikel (Nullartikel)

Kein Artikel (—) oder unbestimmter Artikel? Ergänzen Sie.

1 Wann fährt der nächste Zug nach …… Aachen?

2 Da drüben ist …… Fahrplan. Da können wir nachschauen.

3 Wir haben noch …… Zeit. Der nächste Zug fährt erst in …… halben Stunde. Wollen wir noch etwas essen gehen?

4 Ja, das ist …… gute Idee. Ich habe heute nicht gefrühstückt und jetzt habe ich …… Hunger.

5 Was möchtest du denn essen? Im Bahnhof kann man …… belegte Brötchen, …… Pizza und …… Pommes kaufen. Ich glaube, es gibt auch …… türkischen Imbiss.

6 Hm, lecker. Ich liebe …… Döner. Nimmst du auch …… Döner?

7 …… Moment mal ... Hörst du die Lautsprecherdurchsage?

8 Verehrte Fahrgäste, der Regionalexpress nach Aachen hat heute …… Verspätung von 25 Minuten. Der Grund für die Verspätung ist …… technische Störung. Wir bitten um …… Entschuldigung.

9 Der Zug kommt …… 25 Minuten später? Na, dann haben wir jetzt …… Stunde Mittagspause.

## 3 Possessivartikel: *mein, dein, sein, ...*

**a** Ergänzen Sie.

| deine \| sein \| ~~mein~~ \| Ihre \| ihre |
|---|

1 Gehst du heute zum Arbeitsamt? – Nein, *mein* Termin ist erst am Donnerstag.

2 Gut, Frau Reichel, jetzt brauche ich nur noch .......... Unterschrift. Hier unten, bitte.

3 Hat die Kfz-Zulassungsstelle noch geöffnet? Karl möchte .......... Auto anmelden.

4 Hast du meine Schlüssel gesehen? – Ja, .......... Schlüssel liegen auf dem Küchentisch.

5 Ana hat einen Termin beim Amt. Sie soll .......... Geburtsurkunde mitbringen.

| unser \| unsere \| euer \| eure \| ihre \| ihr |
|---|

6 Die Kunden können .......... Anträge in Zimmer 107 abgeben.

7 Wenn Sie Fragen haben, rufen Sie uns an. .......... Service-Team hilft Ihnen gerne. .......... Telefonnummer ist 8838686.

8 Wenn ihr zum Bürgeramt geht, müsst ihr .......... Ausweise mitnehmen.

9 Haben Ana und Gabriel .......... Auto schon angemeldet?

10 Sagt mal, ist .......... Sohn in Deutschland geboren oder in Syrien?

**b** Was passt? Markieren Sie.

1 Wir müssen **unser / unsere / unseren** Antrag noch unterschreiben.

2 Wir haben **unser / unsere / unseren** Unterlagen schon abgegeben.

3 Lina kann **ihr / ihre / ihren** Reisepass am Montag abholen.

4 Leben **euer / eure / euren** Eltern noch in Somalia?

5 Gabriel hat **sein / seine / seinen** Führerschein verloren.

**c** Ergänzen Sie die Endungen.

1 Lina hat bei der Heirat ihr*en* Namen geändert.

2 Hast du mein..... Führerschein und mein..... Reisepass gesehen?

3 Hat die Mitarbeiterin dein..... Fragen beantwortet?

4 Karl hat sein..... Ausweis vergessen. Er muss noch einmal wiederkommen.

5 Wir bekommen kein Visum. Die Ausländerbehörde hat unser..... Antrag abgelehnt.

6 Können Sie bitte Ihr..... Vornamen buchstabieren?

7 Gehen eu..... Kinder schon in den Kindergarten?

8 Lina hat ihr..... Antragsformular noch nicht unterschrieben.

9 Wir haben unser..... Termin verschoben. Könnt ihr eur..... Termin auch verschieben?

## 4 Demonstrativartikel: *dieser, diese, dieses*

**a** Ergänzen Sie. Benutzen Sie *dieser, diese, dieses* und die Wörter unten:

Brille | ~~Tabletten~~ | Honig | Farbe | Fahrradhelm | Auto

1 *Diese Tabletten* helfen schnell gegen die Kopfschmerzen.

2 .......................... passt.

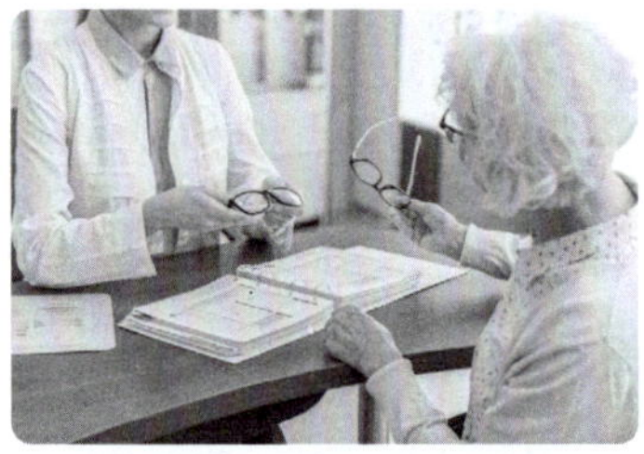

3 Wie gefällt Ihnen .......................... ..........................

4 .......................... ist sehr lecker.

5 .......................... ist ein Schnäppchen!

6 Ich finde .......................... .......................... am schönsten.

**b** Ergänzen Sie: *dieser, diese, ...*

1 Was ist passiert? – .......................... Mann hatte einen Unfall. Wir brauchen einen Krankenwagen.

2 Ich nehme .......................... Fahrradhelm. Der andere passt nicht so gut.

3 .......................... Shampoo kostet nur 1,29 Euro.

4 Wie oft musst du .......................... Tropfen nehmen? – Zweimal am Tag.

5 Hm, .......................... Kuchen schmeckt wirklich gut. – Danke. Das Rezept ist von meiner Oma.

6 .......................... Wohnungen sind leider alle schon vermietet.

7 Entschuldigung, haben Sie .......................... Schuhe auch in Größe 41? – Ja, einen Moment, bitte.

> dies**er**
> → dies**en** (Akkusativ)

**c** Was passt zusammen?

1 [*d*] Hast du **dieses**
2 [ ] Ich muss **diesen**
3 [ ] Guckst du **diesen**
4 [ ] Wir fahren **dieses**
5 [ ] Ich kann euch **diese**

a **Monat** sparen.
b **Woche** nicht besuchen.
c **Samstag** auch Fußball?
d **Wochenende** Zeit?
e **Jahr** nicht in die Türkei.

## 5 Andere Artikelwörter: *jeder, alle, manche*

**a** Ergänzen Sie die Sätze. Benutzen Sie diese Wörter:

| jede | jede | ~~jedes~~ | jedes | jeder | jeder | alle | alle |
|---|---|---|---|---|---|---|---|

1 *Jedes* Kind bekommt am ersten Schultag eine Schultüte.

2 Ich bin Taxifahrer. Ich kenne ………… Straße in dieser Stadt.

3 ………… Mensch macht Fehler.

4 ………… Kunden können am Gewinnspiel teilnehmen.

5 Der Text ist schwierig. Ich verstehe nicht ………… Wort.

6 Im Unterricht sprechen ………… Teilnehmerinnen und Teilnehmer Deutsch.

7 ………… Teilnehmerin und ………… Teilnehmer hat ein Kursbuch.

**b** Was passt zusammen?

1 [*b*] Ich lerne **jeden** — a **Jahr** in die Türkei.

2 [ ] Ich putze nicht **jede** — b **Tag** neue Wörter.

3 [ ] Ich gehe **jedes** — c **Monat** 50 Euro.

4 [ ] Ich spare **jeden** — d **Abend** fern.

5 [ ] Wir fahren **jedes** — e **Woche** die Fenster.

6 [ ] Ich gehe **jeden** — f **Wochenende** zum Fußball.

7 [ ] Wir sehen **jeden** — g **Morgen** joggen.

> jed**er**
> → jed**en** (Akkusativ)

**c** Was machen Sie *jeden Tag, jede Woche, ...*? Schreiben Sie vier Sätze.

1 ………… (jeden Tag)

2 ………… (jede Woche)

3 ………… (jeden Morgen)

4 ………… (jedes Jahr)

**d** *Manche* oder *alle*? Schreiben Sie Sätze.

| | | | |
|---|---|---|---|
| Manche<br>Alle | Mieter<br>Nachbarn | haben<br>sind<br>müssen | einen Briefkasten. / einen Mietvertrag.<br>den Flur putzen. / Schnee fegen.<br>Haustiere.<br>laut. / freundlich. |

1 *Manche Nachbarn sind laut.*

2 …………

3 …………

4 …………

## 1 Kein Artikel (Nullartikel)

Kein Artikel (–) oder bestimmter Artikel? Ergänzen Sie.

1 Eine Bewerbung kostet ........ Zeit und ........ Geld.

2 Wir können ........ Strom sparen, indem wir abends überall ........ Licht ausschalten.

3 Könntest du bitte ........ Musik leiser machen. Ich möchte lesen.

4 Hat ........ Vermieter ........ Recht, ........ Miete zu erhöhen?

5 Ich habe gehört, dass 20 % ........ Deutschen regelmäßig ........ Sport machen.

6 Ich sehe gern ........ Krimis, aber ich interessiere mich nicht so für ........ Talkshows.

7 ........ Ring ist aus ........ Gold und ........ Armband ist aus ........ Silber.

8 Wir haben ........ Glück gehabt. Wir haben hier in ........ Deutschland viele gute ........ Erfahrungen gemacht.

## 2 Possessivartikel: *mein, dein, sein, ...*

**a** Was passt? Markieren Sie.

**Themenfeld „Umwelt"**

1 Was können wir tun, um **unser / unsere / unseren** Umwelt zu schützen?

2 Manche Leute werfen **ihr / ihre / ihren** Müll einfach in den Wald. Das ist nicht in Ordnung.

3 Wir trennen **unser / unsere / unseren** Müll. Ihr auch?

4 Warum werft ihr **euer / eure / euren** Gemüsereste nicht in die Biotonne?

5 Was passiert eigentlich mit **unseren / unserer / unserem** Altpapier?

6 **Unser / Unsere / Unseren** Kinder sollen lernen, respektvoll mit **unseren / unserer / unserem** Umwelt umzugehen.

**b** Ergänzen Sie die Endungen.

**Themenfeld „Arbeit"**

1 Hast du schon mit dein*er* Chefin gesprochen?

2 Habt ihr auch schon mit eur........ Kollegen gesprochen?

3 Haben Sie Ihr........ Arbeitsvertrag unterschrieben?

4 Der Chef ist mit mein........ Arbeit sehr zufrieden.

5 Nach mein........ Studium habe ich in einem Labor gearbeitet.

6 Ich habe mein........ Deutschkurs erfolgreich abgeschlossen.

7 Wo hat dein........ Sohn sein........ Ausbildung gemacht?

8 Was will dein........ Tochter nach ihr........ Praktikum machen?

9 Hast du dein........ Lebenslauf schon geschrieben?

## 3 Demonstrativartikel: *dieser, diese, dieses*

**a** Ergänzen Sie. Benutzen Sie *dieser, diese, dieses* und die Wörter unten:

| Fragen \| Information \| ~~Idee~~ \| Text \| Formular \| Bild \| Wort |
|---|

1 Ich finde *diese Idee* ........................ wirklich sehr gut.
2 ........................ zeigt eine Familie mit drei kleinen Kindern.
3 Es tut mir leid. Ich kann ........................ nicht beantworten.
4 ........................ ist lang. Ich habe ihn noch nicht zu Ende gelesen.
5 Wie spricht man ........................ aus?
6 Wo finde ich ........................?
7 Können Sie bitte ........................ ausfüllen?

**b** Was passt zusammen?

| | | |
|---|---|---|
| 1 | *c* In **diesem** | a **Gewürz** kaufen? |
| 2 | ☐ In **dieser** | b **Brief** für mich übersetzen? |
| 3 | ☐ Kannst du **diesen** | c **Sommer** hat es viel geregnet. |
| 4 | ☐ Wo kann man **dieses** | d **Rechnung** noch nicht bezahlt. |
| 5 | ☐ **Dieser** | e **Jahreszeit** haben wir immer viel zu tun. |
| 6 | ☐ Wo stellen wir **diesen** | f **Kurs** ist leider schon ausgebucht. |
| 7 | ☐ Ich habe **diese** | g **Tag** habe ich einen Termin. |
| 8 | ☐ An **diesem** | h **Schrank** hin? |

**c** Ergänzen Sie: *dieser, diese, diesen, ...*

1 Wenn Sie ................ Reise bis zum 31. Januar buchen, bekommen Sie einen Rabatt von 15 %.
2 Fahren wir mit ................ Bus oder warten wir auf den nächsten?
3 Ich verstehe ................ Brief nicht. Kannst du mir helfen?
4 Wir sind 2002 nach Deutschland gekommen. In ................ Jahr wurde der Euro eingeführt.
5 Gute Idee! An ................ Möglichkeit habe ich gar nicht gedacht.
6 Ja, wir können am Mittwoch ins Kino gehen. An ................ Tag habe ich frei.

**d** Was passt zusammen? Finden Sie mindestens sechs Kombinationen.

| | | | | | |
|---|---|---|---|---|---|
| in | diesem | Leuten | Monat | Haus | Kundin |
| mit | dieser | Woche | Kurs | Firma | Geld |
| | diesen | Winter | Kollegen | Kollegin | Zimmer |

*in dieser Wohnung,* ........................

........................

## 4 Andere Artikelwörter: *jeder, alle, manche*

**a** Ergänzen Sie die Sätze.

| aller \| jedem \| jedes \| jedes \| ~~manche~~ \| manche |
|---|

1 *Manche* Geschäfte haben auch sonntags geöffnet.

2 Die Sicherheit .................... Autofahrer hängt von der Fahrweise ab.

3 .................... Land hat seine eigene Kultur.

4 Kann ich an .................... Automaten kostenlos Geld abheben?

5 .................... Leute müssen auch an Feiertagen arbeiten.

6 Der Antrag .................... Bewerbers wird so schnell wie möglich bearbeitet.

**b** Schreiben Sie Sätze mit *alle*.

1 **Jeder Bankkunde** bekommt eine PIN-Nummer.
*Alle Bankkunden bekommen eine PIN-Nummer.*

2 **Jeder Vertrag** muss von der Chefin unterschrieben werden.
....................

3 Sie können **jeden Artikel** auch online bestellen.
....................

4 **Jeder Mitarbeiter** muss Schutzkleidung tragen.
....................

**c** Ergänzen Sie: *jeder, jede, jedes, ...*

1 Ich komme auf *jeden* Fall diese Woche zum Training.

2 In .................... Land gibt es Regeln, die man beachten muss.

3 Wir finden trotz .................... Problems eine Lösung.

4 .................... Mitarbeiter und .................... Mitarbeiterin hat einen eigenen Schreibtisch.

5 Wir mussten .................... Dokument übersetzen lassen.

6 In .................... Abteilung arbeiten mindestens drei Angestellte.

> trotz + Genitiv

**d** Was passt? Markieren Sie.

1 **Manche / Manchen** Menschen haben Schlafprobleme.

2 An **manche / manchen** Tagen bin ich müde.

3 Ich habe mit **einige / einigen** Kollegen über das Problem gesprochen.

4 **Einige / Einigen** Jobs sind besser als andere.

5 Ich habe schon im November **alle / allen** Weihnachtsgeschenke gekauft.

6 Wir haben mit **alle / allen** Freunden und Verwandten gefeiert.

> **Dativ Plural:**
> (mit) einige**n** Leute**n**
> (mit) manche**n** Leute**n**
> (mit) alle**n** Leute**n**

## 5 Andere Artikelwörter: *irgendein, irgendeine*

**a** Ergänzen Sie die Endungen.

| | Nominativ | Akkusativ | Dativ |
|---|---|---|---|
| maskulin | irgend**ein** ...... Film | irgend**ein** ...... Film | irgend**ein** ...... Film |
| feminin | irgend**ein** *e* Frage | irgend**ein** ...... Frage | irgend**ein** ...... Frage |
| neutral | irgend**ein** ...... Problem | irgend**ein** ...... Problem | irgend**ein** ...... Problem |
| Plural | irgend**welch** *e* Filme | irgend**welch** ...... Filme | irgend**welch** *en* Filmen |

**b** Was passt nicht? Streichen Sie durch.

1
▶ Ich habe leider keinen Kredit von der Bank bekommen.
▷ Schade. Gibt es **irgendein / irgendeine** andere Lösung?

2
▶ Habt ihr Hausaufgaben auf?
▷ Ja, wir sollen Tiere malen.
▶ Und was für Tiere sollt ihr malen?
▷ Egal. **Irgendeine / Irgendwelche** Tiere.

3
▶ Schau mal, die Flasche ist mit **irgendeine / irgendeiner** Flüssigkeit gefüllt.
▷ Sei lieber vorsichtig. Vielleicht ist das gefährlich.

4
▶ Schönes Haus!
▷ Ja, das ist auch nicht **irgendein / irgendeinem** Haus. Hier wohnt ein bekannter Fußballspieler.
▶ Ach ja? Wer denn?

**c** Schreiben Sie im Plural.

1 Gibt es **irgendein Problem**? *Gibt es irgendwelche Probleme?*
2 Gibt es noch **irgendeine Frage**? ..............................
3 Muss ich **irgendein Formular** ausfüllen? ..............................
4 Haben Sie **irgendeine Allergie**? ..............................

**d** Ergänzen Sie: *irgendein, irgendeine, ...*

1 Mein Mann sieht fern und die Kinder spielen .............................. Computerspiel.
2 Ich suche .............................. Arbeit, egal welche. Ich möchte einfach nur Geld verdienen.
3 Gibt es .............................. Grund, warum die Nachbarn nicht mit uns sprechen?
4 .............................. Politiker hat gesagt, dass der Klimawandel kein Problem sei.
5 Hast du .............................. Idee, was wir jetzt machen sollen?
6 Stimmt das so? Oder habe ich .............................. Fehler gemacht?
7 Wir wollen unseren Kunden nicht .............................. Produkte verkaufen, sondern Produkte, die gut zu ihnen passen.
8 Nehmen Sie .............................. Medikamente?
9 Thomas war gestern auf .............................. Party. Er hat zu viel getrunken und ist dann einfach mit .............................. Bus gefahren und an .............................. Haltestelle wieder ausgestiegen.

# Auf einen Blick: Pronomen

## Personalpronomen: *ich, du, er, sie, ...*

| | |
|---|---|
| Personalpronomen stehen **für Personen oder Dinge**. Die Personalpronomen im **Nominativ** sind: *ich, du, er/sie/es, wir, ihr, Sie, sie.* | *Ich bin Krankenschwester.*<br>*Das ist mein Mann. Er heißt Karl.*<br>*Wo ist dein Auto? – Es ist in der Garage.* |
| Man benutzt *ich* und *wir*, wenn man über sich selbst spricht. | *Ich komme aus Eritrea.*<br>*Wir lernen Deutsch.* |
| Man benutzt *du, ihr* und *Sie*, wenn man andere Personen anspricht: *du* und *ihr* ist informell (für Familie, Freunde, ...). *Sie* ist formell. | *Hallo Vito. Gehst du zum Deutschkurs?*<br>*Hallo Vito, hallo Eva. Geht ihr nach Hause?*<br>*Guten Tag, Frau Marx. Gehen Sie zur Arbeit?* |
| Man benutzt *er, sie, es*, wenn man über andere Personen oder Dinge spricht. Das Pronomen *sie* gibt es im Singular und im Plural. | *Das ist mein Sohn. Er ist 8 Jahre alt.*<br>*Wo ist Sara? – Sie ist im Kino. (Sg.)*<br>*Wo sind Sara und Tim? Sie sind im Kino. (Pl.)* |
| Die Personalpronomen gibt es auch im **Akkusativ** und im **Dativ**. Die Formen sind: | *Siehst du Max? – Ja, ich sehe ihn. (Akk.)*<br>*Hilfst du Max? – Ja, ich helfe ihm. (Dat.)* |

| | | | | | | | | |
|---|---|---|---|---|---|---|---|---|
| Nominativ | **ich** | **du** | **er** | **sie** | **es** | **wir** | **ihr** | **Sie, sie** |
| Akkusativ | **mich** | **dich** | **ihn** | **sie** | **es** | **uns** | **euch** | **Sie, sie** |
| Dativ | **mir** | **dir** | **ihm** | **ihr** | **ihm** | **uns** | **euch** | **Ihnen, ihnen** |

## Indefinitpronomen: *man, etwas, jemand, ...*

| | |
|---|---|
| Indefinitpronomen stehen auch **für Personen oder Dinge**, sie sind aber allgemeiner als Personalpronomen. Zu den Indefinitpronomen gehören: *einer/keiner, man, jeder, etwas/nichts* und *jemand/niemand.* | *Jeder möchte glücklich sein.*<br>*Hat jemand meine Brille gesehen?*<br>*Braucht man einen Termin?*<br>*Habt ihr etwas gekauft? – Nein, wir haben nichts gekauft.* |
| *Ein-/kein-* steht für ein Nomen, das vorher genannt wurde. Die Formen im Nominativ, Akkusativ und Dativ sind: | *Hast du einen Kuli? – Ja, hier ist einer.*<br>*Gibt es hier eine Apotheke? – Nein, hier gibt es keine.* |

| | Nominativ | Akkusativ | Dativ |
|---|---|---|---|
| maskulin | ein**er** \| kein**er** | ein**en** \| kein**en** | ein**em** \| kein**em** |
| feminin | ein**e** \| kein**e** | ein**e** \| kein**e** | ein**er** \| kein**er** |
| neutral | ein**s** \| kein**s** | ein**s** \| kein**s** | ein**em** \| kein**em** |
| Plural | welch**e** \| kein**e** | welch**e** \| kein**e** | welch**en** \| kein**en** |

| | |
|---|---|
| Das Pronomen *man* ist nur für **Personen**.<br>Das **Verb** steht immer **im Singular**. | *Hier darf man nicht rauchen.*<br>*Wie schreibt man das?* |
| Die Pronomen *etwas* (Alltagssprache *was*) und *nichts* sind für **Dinge**, nicht für Personen.<br>Man kann *etwas* auch mit *irgend-* kombinieren. | *Hast du etwas (was) gesehen?*<br>*Ich habe nichts gesehen. Es war dunkel.*<br>*Hast du irgendetwas (irgendwas) gesehen?* |
| *Jeder, jede, jedes* hat unterschiedliche Formen im **Nominativ, Akkusativ, Dativ** und **Genitiv**.<br>Die Formen finden Sie in Kapitel 3. | *Jeder kann mitmachen!*<br>*Ich habe jeden gefragt.*<br>*Wir haben mit jedem gesprochen.* |
| *Jemand* und *niemand* ist für **Personen**.<br>Im Akkusativ hängt man *-en* an, im Dativ *-em*.<br>In der Alltagssprache lässt man die Endungen oft weg. | *War noch jemand im Büro?*<br>*Ich habe niemanden/niemand gesehen.*<br>*Ich habe mit niemandem/niemand gesprochen.* |

## Possessivpronomen: *meiner, deiner, ...*

Es gibt Possessiv**artikel** und Possessiv**pronomen**: mein, dein, sein, ihr, unser, euer, Ihr/ihr.
Ein Possessiv**artikel** steht vor einem Nomen (Kapitel 3). Ein Possessiv**pronomen** steht allein. Es ersetzt ein Nomen, das vorher genannt wurde.

Das ist mein Kuli.
(mein = Artikel, Kuli = Nomen)

Wem gehört der Kuli? – Das ist meiner.
Ist das Saras Handy? – Nein, das ist meins.

Die Possessivpronomen haben die gleichen Endungen wie das Indefinitpronomen *ein-* (ABER: *euer – Das ist eurer.*

| | Nominativ | Akkusativ | Dativ |
|---|---|---|---|
| maskulin | mein**er** | mein**en** | mein**em** |
| feminin | mein**e** | mein**e** | mein**er** |
| neutral | mein**s** | mein**s** | mein**em** |
| Plural | mein**e** | mein**e** | mein**en** |

## Reflexivpronomen: *mich, dich, sich, ...*

**Reflexive Verben** (*sich freuen, sich erkälten, sich anziehen, sich waschen*, etc.) brauchen ein Reflexivpronomen: *mich, dich, sich, uns, euch.*

*Ich freue mich.*
*Hast du dich erkältet?*
*Wir putzen uns die Zähne.*

Reflexivpronomen können im **Akkusativ** oder im **Dativ** stehen. Die Formen sind:

*Ich ziehe mich an. (Akk.)*
*Ich ziehe mir die Schuhe an. (Dat.)*

| | ich | du | er, sie, es | wir | ihr | Sie, sie |
|---|---|---|---|---|---|---|
| Akkusativ | **mich** | **dich** | **sich** | **uns** | **euch** | **sich** |
| Dativ | **mir** | **dir** | | | | |

## Relativpronomen

Zu den Relativpronomen gehören *der, die* und *das*. Mit Relativpronomen leitet man **Relativsätze** ein.

*Der Mann, der hier wohnt, ist ein bekannter Fußballspieler.*

Die Relativpronomen bekommen die gleichen Endungen wie die bestimmten Artikel. Ausnahme: Im Dativ Plural hängt man *-en* an.

*Der Mann, den ich gestern getroffen habe, ...*
*Der Mann, mit dem ich gesprochen habe, ...*
*Die Leute, mit denen ich gesprochen habe, ...*

| | Nominativ | Akkusativ | Dativ |
|---|---|---|---|
| maskulin | der | den | dem |
| feminin | die | die | der |
| neutral | das | das | dem |
| Plural | die | die | **denen** |

## Demonstrativpronomen: *der, dieser, ...*

Zu den Demonstrativpronomen gehören *der/die/das* und *dieser/diese/dieses*. Demonstrativpronomen heben ein Nomen hervor. Die Formen finden Sie in Kapitel 3 (Ausnahme: Dativ Plural).

*Welches Auto gehört dir? – Dieses hier.*
*Kennst du den Mann da? – Nein, den habe ich noch nie gesehen.*

| | Nominativ | Akkusativ | Dativ |
|---|---|---|---|
| maskulin | der \| dieser | den \| diesen | dem \| diesem |
| feminin | die \| diese | die \| diese | der \| dieser |
| neutral | das \| dieses | das \| dieses | dem \| diesem |
| Plural | die \| diese | die \| diese | **denen** \| diesen |

## 1 Personalpronomen: *du* und *Sie*

**a** Was passt? *Du* oder *Sie*? Kreuzen Sie an.

1 ☒ du ☐ Sie

2 ☐ du ☐ Sie

3 ☐ du ☐ Sie

4 ☐ du ☐ Sie

5 ☐ du ☐ Sie

6 ☐ du ☐ Sie

**b** Schreiben Sie die Fragen in der Sie-Form.

1 Woher kommst du? *Woher kommen Sie?*

2 Sprichst du Deutsch? ..........

3 Hast du einen Kuli? ..........

4 Wie alt bist du? ..........

5 Bist du verheiratet? ..........

> Verb sein:
> du **bist**
> Sie **sind**

**c** Schreiben Sie die Fragen in der du-Form.

1 Wo wohnen Sie? ..........

2 Haben Sie einen Termin? ..........

3 Möchten Sie einen Kaffee? ..........

4 Wo lernen Sie Deutsch? ..........

5 Möchten Sie etwas trinken? ..........

> Verb möchten:
> du möcht**est**
> Sie möcht**en**

## 2 Personalpronomen: *er, sie, es*

**a** *sie:* Singular oder Plural? Kreuzen Sie an.

| | | Singular | Plural |
|---|---|---|---|
| 1 | Das ist Paula. **Sie** kommt aus Spanien. | ☐ | ☐ |
| 2 | Die Kinder sind im Bett. **Sie** schlafen. | ☐ | ☐ |
| 3 | Das sind meine Eltern. **Sie** leben in Portugal. | ☐ | ☐ |
| 4 | Meine Nachbarin heißt Eva. **Sie** ist sehr nett. | ☐ | ☐ |
| 5 | Das ist meine Tochter. **Sie** ist 11 Jahre alt. | ☐ | ☐ |

**b** *er, sie* oder *es*? Ergänzen Sie.

| | | | |
|---|---|---|---|
| 1 der Lehrer → *er* | 9 die Ärztin → | | |
| 2 das Haus → | 10 der Kuli → | | |
| 3 Paula → *sie* | 11 Martin → | | |
| 4 das Buch → | 12 die Bücher → | | |
| 5 Herr Müller → | 13 mein Mann → | | |
| 6 meine Lampe → | 14 Frau Brück → | | |
| 7 die Geschwister → | 15 ein Foto → *es* | | |
| 8 dein Auto → | 16 mein Schlüssel → | | |

**er, sie, es** ist für Personen und Dinge:

der Mann → er
die Lampe → sie
das Foto → es

die Männer → sie

**c** *er, sie* oder *es*? Ergänzen Sie.

1 Ist das dein **Bruder**? – Ja, *er* heißt Leo.

2 Wie heißt deine **Schwester**? – ........ heißt Isabel.

3 Wohnen deine **Geschwister** in Berlin? – Nein, ........ wohnen in Frankfurt.

4 Wo ist dein **Deutschbuch**? – ........ ist im Rucksack.

5 Was kostet der **Pullover**? – ........ kostet 39 Euro.

6 Sind die **Tomaten** im Angebot? – Nein, ........ sind nicht im Angebot.

7 Sind die **Kinder** im Wohnzimmer? – Ja, ........ spielen.

8 Ist **Viktor** heute nicht da? – Nein, ........ ist krank.

9 Kaufst du das **Sofa**? – Nein, ........ ist zu teuer.

10 Magst du den **Kuchen**? – Ja, ........ ist sehr lecker.

11 Wo sind meine **Schuhe**? – ........ sind im Flur.

12 Sind deine **Nachbarn** nett? – Ja, ........ sind sehr nett.

13 Was macht das **Baby**? – ........ schläft.

## 3 Personalpronomen: *ich* und *du*, *wir* und *ihr*

Schreiben Sie die Sätze und Fragen mit *wir* und *ihr*.

ich, du: Singular
wir, ihr: Plural

1 **Ich** lerne nachmittags oder abends. Wann lernst **du**?
*__Wir__ lernen nachmittags oder abends. Wann lernt __ihr__?*

2 **Ich** habe am Samstag Zeit. Hast **du** auch Zeit?

........

3 **Ich** habe Pizza gemacht. Möchtest **du** ein Stück?

........

4 **Ich** mache eine Party. Kommst **du**?

........

## 4 Personalpronomen im Dativ: *mir, dir, ihm, ...*

**a** Markieren Sie die Personalpronomen im Dativ.

1 Die Strickjacke gefällt mir.
2 Wie gefällt dir das Kleid?
3 Tim findet das Kleid nicht so schön, aber die Jacke gefällt ihm.
4 Lara findet das Kleid toll. Die Jacke gefällt ihr auch.
5 Wir finden den Mantel schön. Die Farbe gefällt uns gut.
6 Schaut mal, die Schuhe hier. Wie gefallen euch die Sportschuhe?
7 Tim und Lara kaufen die Sportschuhe nicht. Die Farbe gefällt ihnen nicht so gut.

gefallen + Dativ

**b** Ergänzen Sie die Tabelle.

| Nominativ | **ich** | **du** | **er** | **sie** | **es** | **wir** | **ihr** | **Sie, sie** |
|---|---|---|---|---|---|---|---|---|
| Dativ | *mir* | | | | *ihm* | | | *Ihnen, ihnen* |

**c** Ergänzen Sie die Sätze.

1 (ich) Die Jacke passt .................... nicht.
2 (du) Passt *dir* die Hose?
3 (er) Passt .................... das Hemd?
4 (sie) Der Rock passt .................... nicht.
5 (wir) Die T-Shirts passen .................... .
6 (ihr) Die Schuhe passen .................... .
7 (Sie) Passt .................... der Mantel?

passen + Dativ

**d** Ergänzen Sie die Mini-Dialoge.

| ~~dir~~ | ihm | Ihnen | mir | uns |

1 Hallo, Sara. Wie geht es *dir*? – Danke, es geht .................... gut. Ich bin nur ein bisschen müde.
2 Guten Morgen, Herr Konrad. Wie geht es ....................? – Ganz gut, danke.
3 Ist dein Sohn immer noch krank? – Nein, es geht .................... schon viel besser.
4 Lebt ihr gerne in Deutschland? – Ja, sehr gerne. Es geht .................... gut hier.

Wie geht es ...? + Dativ

| euch | ihnen | uns |

5 Du, Papa, wir wollen einen Schneemann bauen. Kannst du .................... helfen? – Ja, klar. Ich helfe .................... gerne.
6 Ana, die Kinder wollen einen Kuchen backen. Kannst du .................... helfen?

helfen + Dativ

| Ihnen | ihr | mir |

7 Sara will die Küche streichen. Sollen wir .................... helfen? – Ja, natürlich. Wann denn?
8 Guten Tag, Frau Müller. Wie kann ich .................... helfen? – Ich möchte einen Termin machen.
9 Ich muss das Fahrrad von Max reparieren. Hilfst du ....................? – Ja, kein Problem.

## 1 Personalpronomen im Akkusativ: *mich, dich, ihn, ...*

**a** Ergänzen Sie die Pronomen im Akkusativ.

| **Nominativ** | | **Akkusativ** |
|---|---|---|
| 1 **Ich** sehe Max. | ↔ | Max sieht m i c h. |
| 2 **Du** siehst Max. | ↔ | Max sieht d ... c ... . |
| 3 **Er** (der Lehrer) sieht Max. | ↔ | Max sieht ... h ... . (den Lehrer) |
| 4 **Sie** (die Lehrerin) sieht Max. | ↔ | Max sieht ... e. (die Lehrerin) |
| 5 **Es** (das Kind) sieht Max. | ↔ | Max sieht ... . (das Kind) |
| 6 **Wir** sehen Max. | ↔ | Max sieht u ... . |
| 7 **Ihr** seht Max. | ↔ | Max sieht ... u ... h. |
| 8 **Sie** (Frau Müller) sehen Max. | ↔ | Max sieht S ... . (Frau Müller) |
| 9 **Sie** (die Leute) sehen Max. | ↔ | Max sieht ... e. (die Leute) |

**b** *sie, ihn* oder *es*? Ergänzen Sie.

1 Ich kenne Annas **Eltern** nicht. Kennst du sie?
2 Ich brauche das **Handy** nicht. Brauchst du ...?
3 Ich sehe **Gabriel** nicht. Siehst du ...?
4 Ich habe den **Schlüssel** nicht. Hast du ...?
5 Ich kenne den **Mann** nicht. Kennst du ...?
6 Ich brauche die **Tüte** nicht. Brauchst du ...?
7 Ich sehe die **Kinder** nicht. Siehst du ...?
8 Ich habe das **Buch** nicht. Hast du ...?

**c** Ergänzen Sie die Sätze. Benutzen Sie diese Pronomen:

| euch \| es \| ihn \| mich \| sie |
|---|

1 Ich brauche den Kuli nicht. Du kannst ... haben.
2 Sind die Blumen für ...? – Ja, die sind für dich. Alles Gute zum Geburtstag!
3 Liebe Laura, lieber Karl, wir machen eine Party und möchten ... ganz herzlich einladen.
4 Wo sind die Fahrkarten? Ich kann ... nicht finden.
5 Mein Fahrrad ist kaputt. Kannst du ... reparieren?

| euch \| ihn \| ihn \| Sie \| sie \| uns |
|---|

6 Wann besucht ihr ... mal wieder? – Wir besuchen euch bald. Nächste Woche vielleicht?
7 Wo ist die Schokolade? Hast du ... gegessen?
8 Wollt ihr auch nach Hause? Wir können ... mitnehmen. Wir sind mit dem Auto da.
9 Ich habe Onkel Klaus noch nicht angerufen. Hast du ... angerufen?
10 Können Sie bitte langsamer sprechen? Ich verstehe ... nicht.
11 Hast du deinen Ausweis vergessen? – Nein, ich habe ... in der Tasche.

## 2 Personalpronomen im Dativ: *mir, dir, ihm, ...*

**a** Was passt zusammen?

1 [g] Schickst du
2 [ ] Hast du Hunger? Soll ich
3 [ ] Mein Sohn hat Geburtstag. Ich schenke
4 [ ] Die alte Dame möchte rein. Kannst du
5 [ ] Wir verstehen das nicht. Könnt ihr
6 [ ] Wir wünschen
7 [ ] Die Kinder sind im Bett. Liest du
8 [ ] Sie haben Rückenschmerzen? Ich gebe

a **uns** das erklären?
b **Ihnen** eine Salbe.
c **ihr** die Tür aufmachen?
d **ihnen** noch eine Geschichte vor?
e **ihm** neue Fußballschuhe.
f **dir** etwas zu essen machen?
g **mir** den Link für die Webseite?
h **euch** viel Spaß!

**b** Ergänzen Sie die Sätze. Benutzen Sie die passenden Pronomen im Dativ:

1 (du) Ich schicke *dir* eine E-Mail. | (Tim) Ich schicke *ihm* eine E-Mail.
2 (Sie) Ich danke .......... . | (du) Ich danke .......... .
3 (ihr) Ich zeige *euch* die Fotos. | (Tim und Sara) Ich zeige .......... die Fotos.
4 (ich) Die Schuhe passen .......... nicht. | (Sie) Passen .......... die Schuhe?
5 (wir) Die Suppe schmeckt .......... nicht. | (ich) Die Suppe schmeckt .......... nicht.
6 (Sara) Die Wohnung gefällt .......... . | (Tim) Die Wohnung gefällt .......... .
7 (du) Ist .......... etwas passiert? | (ihr) Ist .......... etwas passiert?
8 (Tim und Sara) Das Auto gehört .......... . | (wir) Das Auto gehört .......... .
9 (ich) Kannst du .......... etwas mitbringen? | (du) Soll ich .......... etwas mitbringen?
10 (ihr) Wir wünschen .......... alles Gute! | (Sie) Wir wünschen .......... alles Gute!

## 3 Personalpronomen im Dativ und Akkusativ

Was passt? Markieren Sie.

1 Können Sie **mich / mir** helfen?
2 Ich wünsche **dich / dir** eine gute Reise!
3 Kann ich **Sie / Ihnen** etwas fragen?
4 Können Sie **mich / mir** den Weg erklären?
5 Ich rufe **dich / dir** heute Abend an.
6 Kannst du **mich / mir** bitte zuhören?
7 Tim isst gar nichts. Schmeckt **ihm / ihn** das Essen nicht?
8 Hier bist du. Ich habe **dich / dir** überall gesucht.
9 Was ist mit Anna? Geht es **ihr / sie** nicht gut?
10 Gibst du **mich / mir** deine Telefonnummer?

## 4 Indefinitpronomen: *man*

**a** Lesen Sie die Sätze. Welches Schild passt?

a 

b 

c 

d 
e 

f 

1 [d] Hier darf man schnell fahren.
2 [ ] Hier findet man eine Toilette.
3 [ ] Hier muss man langsam fahren.
4 [ ] Hier muss man anhalten.
5 [ ] Hier darf man Fahrrad fahren.
6 [ ] Hier darf man parken.

**b** Was darf man hier nicht? Schreiben Sie Sätze.

| nicht fotografieren \| nicht telefonieren \| kein Eis essen \| ~~nicht rauchen~~ \| nichts essen und nichts trinken |
|---|

1 
2 
3 
4 
5 

1 *Man darf hier nicht rauchen.*
2 ..........
3 ..........
4 ..........
5 ..........

> **Man** darf hier ...
> ODER:
> Hier darf **man** ...

## 5 Indefinitpronomen: *ein-, kein-*

**a** Was passt zusammen?

1 [ ] Entschuldigung, ich suche eine Bäckerei.
2 [ ] Ist hier ein Geldautomat?
3 [ ] Wir suchen ein Kino.
4 [ ] Gibt es hier keine Parkplätze mehr?

a Hier gibt es **keins**, aber im Zentrum ist **eins**.
b Doch, da drüben sind **welche**.
c Hier ist **keine**, aber in der Kaiserstraße ist **eine**.
d Ja, da drüben ist **einer**.

**b** *Einer, eine, eins* oder *welche*? Schreiben Sie Sätze wie im Beispiel:

1 Ein Supermarkt? *Da drüben ist einer.* / *Hier ist keiner.*
2 Eine Tankstelle? .......... / ..........
3 Toiletten? .......... / *Hier sind keine.*
4 Ein Café? .......... / ..........
5 Ein Briefkasten? .......... / ..........
6 Restaurants? .......... / ..........

## 6 Indefinitpronomen: *etwas, nichts, jemand, niemand*

**a** Ergänzen Sie die Sätze.

***etwas* oder *jemand*?**

1 Hat *jemand* noch eine Frage?
2 Ist ............ passiert?
3 Möchtet ihr ............ trinken?
4 Hast du ............ gesagt?
5 Hat euch ............ geholfen?
6 War noch ............ im Büro?

***nichts* oder *niemand*?**

7 ............ ist zu spät gekommen.
8 Ich habe ............ aufgeschrieben.
9 ............ hat auf uns gewartet.
10 Hier wohnt ............ mehr.
11 Habt ihr ............ zu tun?
12 Thomas hat ............ gewusst.

**b** Ergänzen Sie die Sätze. Benutzen Sie diese Wörter:

was | was | jemand | nichts | nichts | niemand

> **etwas**
> Alltagssprache: **was**

1 Was ist denn in der Kiste da? – ............ . Die Kiste ist leer.
2 Schau mal, da ist ............ vor unserem Haus. Weißt du, wer das ist?
3 Karl hat ............ gesagt, aber Laura hat nicht zugehört.
4 Ich habe an die Tür geklopft, aber ............ hat aufgemacht.
5 Hast du Hunger? – Ja, ich habe heute noch ............ gegessen.
6 Ich fahre in die Stadt. Soll ich dir ............ mitbringen?

## 7 Possessivpronomen: *meiner, deiner, ...*

**a** Was passt? Markieren Sie.

1 Ist das dein Handy? – Ja, das ist **meiner / meine / meins**.
2 Wem gehört der Mantel? – Das **meiner / meine / meins**.
3 Ist das Anjas Sonnenbrille? – Nein, das ist **meiner / meine / meins**.
4 Sind das eure Hefte? – Nein, das sind nicht **unserer / unseres / unsere**.
5 Ist das Stefans Jacke? – Nein, **seiner / seine / seins** hängt im Flur.
6 Wem gehört denn der Schal? Ist das **deiner / deine / deins**? – Ja, das ist **meiner / meine / meins**.
7 Wem gehört das Haus? – Das ist **unserer / unseres / unsere**.

**b** Ergänzen Sie die Sätze.

> **unseres:** Man sagt auch **unsers.**

deins | ~~meins~~ | seins | unsers

1 Das Auto gehört **mir**. Es ist *meins* .
2 Das Auto gehört **Stefan**. Es ist ............ .
3 Das Auto gehört **dir**. Es ist ............ .
4 Das Auto gehört **uns**. Es ist ............ .

| deine | eure | ihre | meine |
|---|---|---|---|

5 Die Tasche gehört **mir**. Es ist ............................ .

6 Die Tasche gehört **Anja**. Es ist ............................ .

7 Die Tasche gehört **dir**. Es ist ............................ .

8 Die Tasche gehört **euch**. Es ist ............................ .

| eurer | Ihrer | seiner | unserer |
|---|---|---|---|

9 Der Koffer gehört **Stefan**. Es ist ............................ .

10 Der Koffer gehört **Ihnen**. Es ist ............................ .

11 Der Koffer gehört **euch**. Es ist ............................ .

12 Der Koffer gehört **uns**. Es ist ............................ .

## 8 Reflexivpronomen

**a** Markieren Sie die Reflexivpronomen im Akkusativ.

1 Ich wasche mich.

2 Freust du dich auf die Party?

3 Toni rasiert sich jeden Tag.

4 Ana schminkt sich jeden Morgen.

5 Wir treffen uns mit Karl und Laura.

6 Interessiert ihr euch für Politik?

7 Die Kinder ziehen sich jetzt an.

8 Frau Brück, ärgern Sie sich auch über den Lärm?

**b** Ergänzen Sie die Tabelle.

| Nominativ | ich | du | er, sie, es / man | wir | ihr | Sie, sie |
|---|---|---|---|---|---|---|
| **Akkusativ** | *mich* | | | | | |
| Dativ | mir | dir | sich | uns | euch | sich |

**c** Ergänzen Sie die passenden Pronomen im Akkusativ.

1 ▶ Mein Freund interessiert ............................ nur für Fußball. Das nervt!

▷ Interessierst du ............................ nicht für Sport?

▶ Doch schon. Ich interessiere ............................ für Eishockey und Leichtathletik, aber Fußball finde ich echt langweilig.

2 ▶ Im Januar haben wir endlich Urlaub.

▷ Toll! Freut ihr ............................ schon auf den Urlaub?

▶ Ja, wir freuen ............................ sehr. Die Kinder freuen ............................ auch. Sie wollen einen Skikurs machen. Und du? Fährst du auch weg?

▷ Nein, aber ich freue ............................ schon auf Silvester. Meine ganze Familie kommt zu Besuch.

3 ▶ Was ist los? Ärgerst du ............................ über deinen Vermieter?

▷ Nein, ich ärgere ............................ über die Nachbarn. Sie haben wieder den Flur nicht geputzt.

▶ Wir ärgern ............................ auch oft über unsere Nachbarn. Sie hören immer so laute Musik.

4 ▶ Guten Tag. Ich möchte einen Yoga-Kurs machen. Wo kann ich ............................ anmelden?

▷ Sie können ............................ in Zimmer 12 anmelden, aber erst ab 14.30 Uhr. Jetzt ist Mittagspause.

▶ Ah, okay. Kann man ............................ auch online anmelden?

## 9 Relativpronomen

|  | Nom. | Akk. | Dat. |
|---|---|---|---|
| m. | der | den | dem |
| f. | die | die | der |
| n. | das | das | dem |
| Pl. | die | die | **denen** |

**a** *der, die* oder *das*? Ergänzen Sie.

1 Ich habe eine Freundin, *die* in einer Apotheke arbeitet.
2 Ich kenne einen Mann, ............ sieben Sprachen spricht.
3 Hier ist das Formular, ............ du noch unterschreiben musst.
4 Ist das die Übung, ............ wir als Hausaufgabe machen sollen?
5 In diesem Heft finden Sie alle Kurse, ............ wir in diesem Jahr anbieten.
6 Das ist der Junge, ............ mit Leonie in eine Klasse geht.

**b** Was passt zusammen?

1 [c] Das ist der Bus,
2 [ ] Ist das die Verkäuferin,
3 [ ] Das sind die Kollegen,
4 [ ] Hier ist das Haus,
5 [ ] Wo ist der Kuchen,
6 [ ] Schau mal, das ist das Buch,
7 [ ] Das sind die Kinder,
8 [ ] Sind das die Mäntel,
9 [ ] Ist das der Yoga-Kurs,

a mit **denen** ich zusammenarbeite.
b **das** ich lesen möchte.
c mit **dem** ich immer zur Arbeit fahre.
d **die** diese Woche im Angebot sind?
e **den** du gebacken hast?
f für **den** du dich interessierst?
g mit **denen** Max so gerne spielt.
h in **dem** wir früher gewohnt haben.
i mit **der** du gesprochen hast?

## 10 Demonstrativpronomen: *der, dieser, ...*

Ergänzen Sie die Sätze. Benutzen Sie diese Wörter:

| ~~das~~ \| das \| den \| den \| der \| die \| die |
|---|

1 Welches Auto ist deins? – *Das* hier.
2 Sind das deine Stifte? – Nein, ............ gehören Tim.
3 Welche Farbe ist am schönsten? – ............ hier.
4 Kaufen wir den Schrank? – Nein, ............ kaufen wir nicht. ............ ist viel zu groß.
5 Nehmen wir den Regenschirm mit? – Nein, ............ brauchen wir heute nicht.
6 Möchtest du eins von den Fotos haben? – Ja, kann ich ............ hier behalten?

| diese \| diesem \| diesen \| dieser \| dieses |
|---|

7 Nimmst du diesen Schal? – Nein, ich nehme den anderen. ............ ist viel zu teuer.
8 Alle haben Kuchen mitgebracht! Welchen hast du gebacken? – ............ hier.
9 Welches Fahrrad soll ich reparieren? Das da? – Nein, ............ hier.
10 Welche Jacke ziehst du an? – Ich ziehe ............ an. Die andere ist zu warm.
11 Mit welchem Bus fahren wir? – Wir können mit ............ fahren.

## 1 Personalpronomen im Dativ und Akkusativ

**a** Ersetzen Sie das unterstrichene Wort durch das passende Pronomen. Achten Sie auf die Reihenfolge.

| |
|---|
| ... **mir** das Wort ... |
| ... es **mir** ... |

1 Ich verstehe das Wort nicht. Kannst du **mir** das Wort erklären?
*Kannst du es mir erklären?*

2 Opa braucht seine Brille. Kannst du **ihm** die Brille bitte holen?

..................

3 Danke für das Buch. Ich bringe **dir** das Buch nächste Woche zurück.

..................

4 Wir haben die Bilder schon gesehen. Peter hat **uns** die Bilder gezeigt.

..................

5 Der Regenschirm gehört Anna. Sie hat **mir** den Regenschirm geliehen.

..................

6 Sie brauchen noch das Anmeldeformular. Ich kann **Ihnen** das Formular per E-Mail schicken.

..................

**b** Ergänzen Sie die Sätze. Benutzen Sie diese Pronomen:

| du mir | ~~ich Ihnen~~ | ihr uns | es dir | es ihr | Sie mir | sie mir |
|---|---|---|---|---|---|---|

1 Guten Tag. Kann *ich* *Ihnen* helfen? – Ja, können .......... .......... sagen, wo ich Kinderkleidung finde?

2 Wir ziehen am Wochenende um. Könnt .......... .......... helfen, die Möbel zu transportieren?

3 Papa, kannst .......... .......... eine Gute-Nacht-Geschichte vorlesen?

4 Warum nimmst du die Tabletten? – Der Arzt hat .......... .......... verschrieben – gegen die Allergie.

5 Das Armband ist für Laura. Ich möchte .......... .......... zum Geburtstag schenken.

6 Hast du ein Foto von deiner Tochter? – Ja, warte, ich zeige .......... .......... .

| es euch | es ihr | ihn mir | sie dir | Sie mir | sie ihnen |
|---|---|---|---|---|---|

7 Ich habe Lauras Adresse nicht. – Kein Problem. Ich kann .......... .......... geben.

8 Wenn Sie am Montag nicht kommen können, sagen .......... .......... bitte Bescheid. Dann verschieben wir den Termin.

9 Leonie hat ihr Handy hier vergessen. Kannst du .......... .......... bitte geben?

10 Ihr braucht das Regal nicht abholen. Wir bringen .......... .......... .

11 Ist der Fernseher neu? – Ja, meine Eltern haben .......... .......... mir geschenkt.

12 Die Spielzeugautos gehören den Kindern. Gibst du .......... .......... bitte zurück?

## 2 Indefinitpronomen: *man, etwas, jemand, ...*

**a** Ergänzen Sie den Dialog. Benutzen Sie diese Wörter:

| etwas \| jeden \| ~~jemand~~ \| man \| nichts \| niemand |
|---|

▶ Warum ist denn die Polizei hier? Ist ________ (1) passiert?

▷ Ja, mein Auto ist weg – gestohlen!

▶ Was? Hat *jemand* (2) den Dieb gesehen?

▷ Nein, leider nicht. Die Polizistin hat schon mit allen Leuten gesprochen, aber ________ (3) hat etwas gesehen.

▶ Hm, und die Polizistin hat wirklich ________ (4) gefragt?

▷ Ja, die Leute haben alle geschlafen, als das Auto gestohlen wurde.

▶ So ein Mist! Und jetzt?

▷ Jetzt müssen wir abwarten.

▶ Abwarten? Kann ________ (5) denn gar ________ (6) machen?

▷ Nein, im Moment nicht, aber vielleicht findet die Polizei ja bald eine Spur ...

**b** Ergänzen Sie die passenden Endungen.

1 Letzte Nacht waren Diebe im Haus, aber kein*er* hat etwas gehört.

2 Hast du mit jemand____ darüber gesprochen? – Nein, ich habe niemand____ etwas gesagt.

3 Manche Leute sind sehr freundlich, aber man kann nicht jed____ vertrauen.

4 Wir müssen gut aufpassen und dürfen nicht jed____ ins Haus lassen.

5 Schau mal, da ist ein fremder Mann in eurem Garten. – Wo? Ich sehe kein____.

6 Im Nachbarhaus wurde eingebrochen. Warum hat denn kein____ die Polizei gerufen?

7 Danke für eure Hilfe! – Kein Problem, jed____ braucht doch mal Hilfe.

**c** Schlaue Sprüche mit *man*: Ordnen Sie die Sätze.

kann | alles | Man | haben | nicht

1 *Man kann nicht alles haben.*

Man | kann | man | tut, | was

2 ________________________________

lernen | Menschen | Man | von jedem | kann

3 ________________________________

nicht | Man | glauben | darf | alles

4 ________________________________

## 3 Possessivpronomen: *meiner, deiner, ...*

Ergänzen Sie die Possessivpronomen in der richtigen Form.

1 Können wir am Wochenende euer Auto leihen? U *nseres* ist in der Werkstatt.

2 Deine Kinder gehen schon in die Schule? M.................... gehen noch in den Kindergarten.

3 Du hast deinen Regenschirm vergessen? Kein Problem. Du kannst m.................... nehmen.

4 Lisa, du darfst die Puppe nicht kaputt machen. Das ist nicht d....................!

5 Wenn ich im Urlaub bin, gießt die Nachbarin meine Blumen und wenn sie im Urlaub ist, gieße ich i.....................

6 Ich habe meine Bewerbung schon abgeschickt, aber Alex hat s.................... noch nicht fertig.

7 Ihr könnt unseren Wanderrucksack nehmen, wenn e.................... zu klein ist.

8 Na ja, das ist mein Problem, nicht d..................... Ich finde schon eine Lösung.

## 4 Reflexivpronomen: *mich, dich, sich, ...*

**a** Ergänzen Sie die Sätze. Benutzen Sie die passenden Reflexivpronomen.

1 Zieht euch warm an, sonst erkältet ihr *euch*.

2 Komm, wir müssen .................... beeilen. Der Zug fährt gleich ab.

3 Es ist so laut hier. Ich kann .................... gar nicht konzentrieren.

4 Hast du schon gehört? Daniel und Sofia haben .................... verlobt.

5 Das Auto ist zu teuer. Das können wir .................... nicht leisten.

6 Wie war euer Urlaub? Habt ihr .................... gut erholt?

7 Braucht ihr eine Pause? Hier kann man .................... hinsetzen.

8 Tayo lernt jeden Tag. Er bereitet .................... gerade auf die Prüfung vor.

9 Haben Sie .................... schon an das Wetter in Deutschland gewöhnt?

10 Und? Welchen Kurs machst du? Hast du .................... schon entschieden?

11 Ich habe .................... schon zweimal entschuldigt, aber Anja ist immer noch sauer auf mich.

12 Die Kinder wünschen .................... neue Handys zu Weihnachten.

**b** Was passt nicht? Streichen Sie das falsche Wort durch.

1 Was ist passiert? – Ich bin von der Leiter gefallen und habe **mich / mir** den Arm gebrochen.

2 Triffst du **dich / dir** am Wochenende mit Karina? – Ja, wir treffen uns im Café Krümel.

3 Kannst du **dich / dir** vorstellen in Berlin zu leben? – Ja, das kann ich **mich / mir** gut vorstellen.

4 Ich verstehe **mich / mir** gut mit den Nachbarn. – Ich nicht. Ich ärgere **mich / mir** ständig über sie.

5 Hast du **dich / dir** schon die Zähne geputzt? – Nein, aber ich habe **mich / mir** schon die Hände gewaschen.

6 Einige Wörter kann ich **mich / mir** einfach nicht merken. – Das Problem kenne ich.

## 5 Relativpronomen

**a** *der, die* oder *das*? Ergänzen Sie.

1 Die meisten Leute, ................................ hier arbeiten, sprechen gut Deutsch.
2 Erinnerst du dich an den Mann, ................................ uns geholfen hat?
3 Kennst du jemanden, ................................ Fahrräder reparieren kann?
4 Das Medikament, ................................ ich nehme, hat keine Nebenwirkungen.
5 Die Talkshow, ................................ wir gestern gesehen haben, war ganz interessant.
6 Mein Bruder ist ein Mensch, ................................ gerne lacht.
7 Wo sind die Unterlagen, ................................ ich auf den Tisch gelegt habe?
8 Hast du das Geld, ................................ du verdient hast, schon ausgegeben?
9 Ich arbeite für eine Firma, ................................ Küchengeräte verkauft.
10 Wo ist das Geschenk, ................................ wir für deine Eltern gekauft haben?

**b** *der* oder *den*? Streichen Sie das falsche Wort durch.

1 Ist das der Mann, **den / der** du im Deutschkurs kennengelernt hast?
2 Wie heißt der junge Mann, **den / der** nebenan wohnt?
3 Ich habe den Brief, **den / der** du geschrieben hast, nie bekommen.
4 Kannst du den Brief, **den / der** auf dem Tisch liegt, noch unterschreiben?
5 Der Trainer, **den / der** die Jugendmannschaft trainiert, heißt Marius.
6 Der Film, **den / der** wir am Wochenende gesehen haben, war ziemlich gruselig.
7 Möchtest du auch den Film sehen, **den / der** heute Abend im Fernsehen kommt?
8 Ist das der Junge, **den / der** mit deinem Sohn in den Kindergarten geht?
9 Das ist der Tag, auf **den / der** wir so lange gewartet haben.

**c** Dativ: *der, dem* oder *denen*? Ergänzen Sie.

1 Die Leute, mit *denen* ich immer Deutsch lerne, sind total nett.
2 Wer war der Mann, mit ................................ du gesprochen hast?
3 Die Straßenbahn, mit ................................ ich gefahren bin, war sehr voll.
4 Die Mitarbeiterin, mit ................................ ich gesprochen habe, hat mir einen guten Tipp gegeben.
5 Du fährst nach München? Hast du Freunde dort, bei ................................ du übernachten kannst?
6 Erinnerst du dich an den Tag, an ................................ du geheiratet hast?
7 Wie heißt die Stadt, in ................................ du studiert hast?
8 Ist das der Elektromarkt, in ................................ du deinen Computer gekauft hast?
9 Wie heißt die Straße, in ................................ der Handyladen ist?
10 Schau mal, das ist das Haus, in ................................ wir früher gewohnt haben.
11 Es gibt viele Orte, an ................................ man gut leben kann.

**d** Schreiben Sie die Sätze 7–11 aus Aufgabe 5c um. Benutzen Sie *wo*.

1 *Wie heißt die Stadt, wo du studiert hast?*

2 Ist das der Elektromarkt, ..................................................?

3 Wie heißt die Straße, ..................................................?

4 Schau mal, das ist ..................................................

5 Es gibt ..................................................

Für Orte kann man auch wo benutzen:
die Stadt, **in der** ... = die Stadt, **wo** ...

## 6 Demonstrativpronomen

**a** Ergänzen Sie die richtige Form von *diese-*.

1 In welchem Haus habt ihr gewohnt? – In *diesem*.

2 Welchen Teppich legen wir ins Wohnzimmer? – .................... hier. Der passt gut zum Sofa.

3 Muss ich noch irgendwelche Formulare ausfüllen? – Nur .................... hier. Die anderen sind schon ausgefüllt.

4 In welcher Tasche ist der Autoschlüssel? – Ich glaube, in .................... hier.

**b** Ergänzen Sie *der, die, das, ...*

1 Kannst du mir diese Übung hier erklären? – Nein, tut mir leid. .................... verstehe ich auch nicht.

2 Hängen wir den Spiegel ins Schlafzimmer? – Nein, .................... hängen wir in den Flur.

3 Welche Kette trägst du am liebsten? – .................... hier. Mein Mann hat sie mir zur Hochzeit geschenkt.

4 Da ist der Hund von deiner Nachbarin. .................... ist ja süß! – Eigentlich mag ich Hunde auch, aber .................... kann ich nicht ausstehen. .................... bellt immer so laut.

nicht ausstehen können = nicht mögen

5 Hast du deine Bewerbung schon geschrieben? – Nein, .................... schreibe ich am Wochenende.

6 Verstehst du dich mit den Leuten von nebenan? – Oh ja, mit .................... verstehe ich mich super!

**c** Schreiben Sie Sätze mit *denen*.

1 Spielt euer Sohn mit den Kindern von nebenan?
*Nein, mit denen spielt er nicht.*

2 Arbeitest du mit den Leuten da zusammen?
*Nein,* ..................................................

3 Kann man mit diesen Reifen auch im Winter fahren?
*Nein,* ..................................................

## Konjugation im Präsens

| | **kommen** | **machen** | **wohnen** | **arbeiten** | **heißen** | **klingeln** |
|---|---|---|---|---|---|---|
| ich | komme | mache | wohne | arbeite | heiße | klingle |
| du | kommst | machst | wohnst | arbeit**e**st | heißt | klingelst |
| er/sie/es | kommt | macht | wohnt | arbeit**e**t | heißt | klingelt |
| wir | kommen | machen | wohnen | arbeiten | heißen | klingeln |
| ihr | kommt | macht | wohnt | arbeit**e**t | heißt | klingelt |
| sie/Sie | kommen | machen | wohnen | arbeiten | heißen | klingeln |

Bei Verben, bei denen der Stamm auf *-t* oder *-d* endet, wird ein *-e-* eingeschoben
*(arbeiten – du arbeitest, finden – du findest).*

Endet der Stamm auf *-s*, *-ß*, *-z*, *-tz*, fällt das *-s* in der 2. Person Singular weg.
Bei einigen wenigen Verben endet der Infinitiv auf *-eln (klingeln, sammeln).*

## Verben mit Vokalwechsel

Bei einigen Verben gibt es in der 2. und 3. Person Singular einen Vokalwechsel (*du* und *er/sie/es*).

| | **e → i** | | | | | **e → ie** | |
|---|---|---|---|---|---|---|---|
| | **sprechen** | **helfen** | **essen** | **geben** | **nehmen** | **lesen** | **sehen** |
| ich | spreche | helfe | esse | gebe | nehme | lese | sehe |
| du | spr**i**chst | h**i**lfst | **i**sst | g**i**bst | n**imm**st | l**ie**st | s**ie**hst |
| er/sie/es | spr**i**cht | h**i**lft | **i**sst | g**i**bt | n**imm**t | l**ie**st | s**ie**ht |
| wir | sprechen | helfen | essen | geben | nehmen | lesen | sehen |
| ihr | sprecht | helft | esst | gebt | nehmt | lest | seht |
| sie/Sie | sprechen | helfen | essen | geben | nehmen | lesen | sehen |

| | **a → ä** | | | **au → äu** | **!** | **!** |
|---|---|---|---|---|---|---|
| | **fahren** | **schlafen** | **lassen** | **laufen** | **wissen** | **werden** |
| ich | fahre | schlafe | lasse | laufe | weiß | werde |
| du | f**ä**hrst | schl**ä**fst | l**ä**sst | l**äu**fst | weißt | wirst |
| er/sie/es | f**ä**hrt | schl**ä**ft | l**ä**sst | l**äu**ft | weiß | wird |
| wir | fahren | schlafen | lassen | laufen | wissen | werden |
| ihr | fahrt | schlaft | lasst | lauft | wisst | werdet |
| sie/Sie | fahren | schlafen | lassen | laufen | wissen | werden |

Siehe die Liste der unregelmäßigen Verben im Anhang.

## *haben* und *sein*

| | **haben** | **sein** |
|---|---|---|
| ich | habe | bin |
| du | hast | bist |
| er/sie/es | hat | ist |
| wir | haben | sind |
| ihr | habt | seid |
| sie/Sie | haben | sind |

*Ich habe zwei Kinder. Das sind meine Kinder.*
*Ewa hat eine Tochter. Das ist ihre Tochter.*

## Modalverben

| | mögen | möchten | wollen | können | müssen | sollen | dürfen |
|---|---|---|---|---|---|---|---|
| ich | mag | möchte | will | kann | muss | soll | darf |
| du | magst | möchtest | willst | kannst | musst | sollst | darfst |
| er/sie/es | mag | möchte | will | kann | muss | soll | darf |
| wir | mögen | möchten | wollen | können | müssen | sollen | dürfen |
| ihr | mögt | möchtet | wollt | könnt | müsst | sollt | dürft |
| sie/Sie | mögen | möchten | wollen | können | müssen | sollen | dürfen |

**mögen** (meistens ohne Infinitiv) — *Ich mag den Sommer.* (Vorliebe/Gefallen)

**wollen/möchten**
(*Möchten* ist höflicher als *wollen*.)
*Ich will heute Abend ins Kino gehen.* (Plan, Absicht)
*Ich möchte gern einen Platz reservieren.* (Wunsch)

**können**
*Ich kann kochen.* (Fähigkeit)
*Ich kann heute nicht kochen. Ich habe keine Zeit.* (Möglichkeit)
*Können Sie mir helfen?* (Höfliche Frage)

**müssen**
*Ich muss jetzt unbedingt gehen.* (Notwendigkeit)

**sollen**
*Der Arzt sagt, ich soll viel schlafen.* (Rat)
*Soll ich morgen zu dir kommen?* (Höfliche Frage)

**dürfen**
*Sie dürfen bis 22 Uhr Musik machen.* (Erlaubnis)
*Sie dürfen hier nicht rauchen.* (Verbot)

### Modalverben im Satz

| | | | |
|---|---|---|---|
| Ich | möchte | einen Kaffee | trinken. |
| Sie | will | heute früher nach Hause | gehen. |
| Ich | kann | sehr gut | kochen. |
| Wir | müssen | heute länger | arbeiten. |
| Ihr | sollt | nicht so laut | sein. |
| Du | darfst | hier nicht | rauchen. |

## Trennbare Verben

| | auf\|stehen | ein\|kaufen | an\|rufen |
|---|---|---|---|
| ich | stehe auf | kaufe ein | rufe an |
| du | stehst auf | kaufst ein | rufst an |
| er/sie/es | steht auf | kauft ein | ruft an |
| wir | stehen auf | kaufen ein | rufen an |
| ihr | steht auf | kauft ein | ruft an |
| sie/Sie | stehen auf | kaufen ein | rufen an |

### Trennbare Verben im Satz

| | | | |
|---|---|---|---|
| Er | kauft | im Supermarkt | ein. |
| Ich | rufe | meine Freundin | an. |
| Wir | stehen | morgen sehr früh | auf. |

# Auf einen Blick: Verben I

## Trennbare Verben im Nebensatz

Ich **rufe** dich **an**. (Hauptsatz)
Ich möchte, dass du mich **anrufst**. (Nebensatz)

## Trennbare Verben mit Modalverb

Ich **stehe** um acht Uhr **auf**.
Ich **muss** um acht Uhr **aufstehen**.

## Trennbare Verben und ihre Vorsilben

| | | | | | |
|---|---|---|---|---|---|
| ab- | abfahren | her- | herstellen | um- | umsteigen |
| an- | ankommen | heraus- | herausfinden | vor- | vorschlagen |
| auf- | aufhören | herunter- | herunterladen | vorbei- | vorbeikommen |
| aus- | ausgehen | los- | losfahren | weg- | weggehen |
| ein- | einsteigen | mit- | mitnehmen | weiter- | weiterfahren |
| fern- | fernsehen | nach- | nachdenken | zu- | zustimmen |
| fest- | festhalten | statt- | stattfinden | zurück- | zurücknehmen |
| fort- | fortsetzen | teil- | teilnehmen | zusammen- | zusammenleben |

Nicht getrennt werden Verben mit den Vorsilben *be-, emp-, ent-, er-, ge-, miss-, ver-, zer-*,
z. B.: *behandeln, empfehlen, entscheiden, erklären, gefallen, missverstehen, verstehen, zerstören.*

## Reflexive Verben

| | **sich freuen** |
|---|---|
| ich | freue mich |
| du | freust dich |
| er/sie/es | freut sich |
| wir | freuen uns |
| ihr | freut euch |
| sie/Sie | freuen sich |

Stellung des Reflexivpronomens im Satz:
Sie freut **sich**.
Freut sie **sich** wirklich?
Ja, ich weiß, dass sie **sich** freut.

Genauso:
*sich ärgern, sich entschuldigen, sich bedanken, sich informieren, sich beschweren, sich bewerben.*

## Imperativ

| | **du** | **Sie** | **ihr** |
|---|---|---|---|
| trinken | *~~Du~~ trink~~st~~ Tee.* → *Trink Tee!* | *Sie trinken Tee.* → *Trinken Sie Tee!* | *Ihr trinkt Tee.* *Trinkt Tee!* |
| nehmen | *Nimm ein Stück Kuchen!* | *Nehmen Sie ein Stück Kuchen!* | *Nehmt ein Stück Kuchen!* |
| essen | *Iss doch noch etwas!* | *Essen Sie doch noch etwas!* | *Esst doch noch etwas!* |
| aussteigen | *Steig an der nächsten Haltestelle aus!* | *Steigen Sie an der nächsten Haltestelle aus!* | *Steigt an der nächsten Haltestelle aus!* |
| schlafen | *Du schläfst* → *Schlaf gut!* | *Schlafen Sie gut!* | *Schlaft gut!* |
| sein | *Sei bitte etwas leiser!* | *Seien Sie bitte etwas leiser!* | *Seid bitte etwas leiser!* |

## 1 Konjugation im Präsens

**a** Ergänzen Sie die Endungen.

1 Guten Tag, Frau Salewska. Woher komm*en* Sie? – Ich komm... aus Polen.

2 Wo wohn... Sie? – Ich wohn... in Frankfurt.

3 Hallo Miguel. Woher komm... du? – Ich komm... aus Spanien.

4 Und wo wohn... du? – Ich wohn... in Berlin.

**b** Schreiben Sie Fragen mit *Sie* und *du*.

| | | |
|---|---|---|
| 1 | Woher kommen Sie? | *Woher kommst du?* |
| 2 | ... | Wie heißt du? |
| 3 | Kommen Sie aus Eritrea? | ... |
| 4 | ... | Lernst du Deutsch? |
| 5 | Wo wohnen Sie? | ... |
| 6 | ... | Was machst du gern? |

**c** Ergänzen Sie die Endungen.

Hallo Karim,

wie geh*t* es dir? Ich wohn... in Frankfurt und lern... Deutsch. Wir sind 16 Teilnehmer im Kurs, viele sprechen schon ganz gut Deutsch. Unser Lehrer ist sehr nett, er heiß... Martin Schmidt. Oft versteh... wir ihn nicht so gut. Er spricht immer sehr schnell. Dann frag... wir und er antwort... langsam. Der Kurs geh... von 9 bis 12 Uhr, um 10.30 Uhr mach... wir immer eine Pause. Und was mach... du? Komm... du am Sonntag nach Frankfurt?

Liebe Grüße, Ella

## 2 Verben mit Vokalwechsel: *sprechen*

**a** Ergänzen Sie die richtige Form von *sprechen*.

1 ... Sie Englisch, Herr Gonzalez? – Nein, ich ... Spanisch und ein bisschen Deutsch. Aber meine Frau *spricht* gut Englisch.

2 Marcel und Anna, welche Sprachen ... ihr? – Wir ... Rumänisch und Deutsch.

3 Oleg, ... du auch Französisch? – Nein, ich ... nur Russisch und Deutsch.

**b** Vokalwechsel oder nicht? Ergänzen Sie die Verben in der richtigen Form.

schlafen | gehen | lesen | sehen | nehmen | fahren | gehen

Olli ............1............ immer den Bus zur Arbeit. Mittags ............2............ er ein Buch und ............3............ einen Film im Fernsehen. Am Nachmittag ............4............ er aus dem Haus. Er ............5............ mit dem Fahrrad in die Stadt. Am Abend ............6............ er früh ins Bett. Olli ............7............ immer gut.

**c** Ergänzen Sie die Tabelle.

| | **geben** | **lesen** | **fahren** | **laufen** | **essen** | **schlafen** |
|---|---|---|---|---|---|---|
| ich | | | | | | |
| du | *gibst* | | | | | |
| er/sie/es | | *liest* | | | | |
| wir | | | | | | |
| ihr | | | | | | |
| sie/Sie | | | | | | |

## 3 *haben* und *sein*

**a** Ergänzen Sie *sein* in der richtigen Form.

1 ▶ Hallo, ich ..... *bin* ..... Laura. Und wer ............ du?
▷ Mein Name ............ Nadja.

2 ▶ Guten Tag, mein Name ist Herbert Schmidt. Und wer ............ Sie?
▷ Ich ............ Tayo Okoye.

3 ▶ Hallo! ............ ihr Maria und Jorge?
▷ Nein, wir ............ Regin und Hassan. Und du?

> ***haben* oder *sein*?**
> Wir **sind** verheiratet.
> Wir **haben** zwei Kinder.

**b** Ergänzen Sie die richtige Form von *haben* oder *sein*.

1 ..... *Hast* ..... du Kinder? – Ja, einen Jungen.

2 ............ du schon lange in Deutschland? – Ja, ich ............ schon zwei Jahre hier.

3 ............ Sie Kinder? – Nein, ich ............ keine Kinder.

4 Maja und Tom, ............ ihr auch Kinder? – Ja, wir ............ einen Sohn und zwei Töchter.

5 ............ ihr schon lange in Deutschland? – Nein, wir ............ erst einen Monat hier.

6 Herr und Frau Yilmaz ............ seit zwei Jahren in Deutschland. Sie ............ verheiratet und ............ zwei Kinder. Frau Yilmaz ............ Hausfrau. Ihr Sohn Mahmud ............ sechs Jahre und ihre Tochter Ayse ............ sieben Jahre alt. Heute ............ Herr und Frau Yilmaz beide im Deutschkurs. Die Kinder ............ in der Schule und ............ Unterricht.

## 4 Modalverben

**a** Ergänzen Sie die richtige Form von *können*.

1 ▶ *Kannst* ........ du gut schwimmen, Olga?
▷ Ja, ich ........ sehr gut schwimmen. Aber im Moment ........ ich nicht schwimmen, ich bin erkältet.

2 ▶ Haben Sie heute Abend Zeit? ........ Sie Überstunden machen?
▷ Ja, das ........ ich. Kein Problem.

3 ▶ Laura, ........ du mir helfen? Ich ........ die Aufgabe nicht lösen.
▷ Zeig mal. Nein, das ........ ich auch nicht. Aber vielleicht ........ mein Mann helfen.

4 ▶ Karim und Miguel, ........ ihr uns heute Abend abholen?
▷ Klar ........ wir das.

**b** Ergänzen Sie die richtige Form von *müssen*.

1 *Müsst* ........ ihr viele Hausaufgaben machen? – Ja, wir ........ viel lernen.

2 ........ du am Wochenende arbeiten? – Nein, am Wochenende ........ ich nicht ins Büro gehen.

3 ........ Sie früh aufstehen? – Nein, ich ........ erst um 8 Uhr aufstehen. Meine Freundin ........ aber immer sehr früh aufstehen. Sie ........ um 7 Uhr bei der Arbeit sein.

**c** Was passt nicht? Streichen Sie durch.

1 ▶ **~~Kannst~~ / Musst** du heute lange arbeiten? ▷ Ja, bis 20 Uhr. Mein Chef will das.

2 ▶ **Können / Müssen** Sie mir helfen? ▷ Ja, kein Problem.

3 ▶ **Kann / Muss** Pedro gut Fußball spielen? ▷ Ja, er spielt schon sehr lange Fußball.

4 ▶ **Kannst / Musst** du schon gehen? ▷ Ja, es ist schon 12 Uhr. Ich habe einen Termin.

**d** Ergänzen Sie die richtige Form von *wollen*.

1 ▶ *Willst* ........ du heute Abend fernsehen? ▷ Nein, ich ........ lieber ein Buch lesen.

2 ▶ Carola ........ heute ins Kino gehen.
▷ Das ........ wir auch.

3 ▶ Jens und Maria, ........ ihr auch zu uns kommen?
▷ Wir ........ schon, nur leider haben wir keine Zeit.

> ***mögen* oder *möchten*?**
>
> Ich **mag** Kuchen. Aber im Moment **möchte** ich keinen Kuchen essen.

**e** *Mögen* oder *möchten*? Ergänzen Sie die richtigen Formen.

1 Ich ........ Kaffee. Aber im Moment ........ ich keinen.

2 Wir ........ uns für den Deutschkurs bei Frau Schmidt anmelden. Wir ........ sie sehr.

3 Wir ........ Berlin. Wir ........ die Stadt gerne kennenlernen.

**f** Ergänzen Sie die richtige Form von *sollen*.

1 Ich habe starke Kopfschmerzen. Der Arzt sagt, ich *soll* nicht so viel am Computer sitzen.

2 Du musst viel gut schlafen. Der Arzt sagt, du ............ früher ins Bett gehen.

3 Maria muss mehr schreiben. Die Kursleiterin sagt, Maria ............ mehr auf Deutsch schreiben.

4 Karim und Pedro müssen ein Rezept abholen. Der Arzt sagt, sie ............ ein Rezept abholen.

5 Ihr müsst mehr Sport machen. Der Arzt sagt, ihr ............ mehr Sport machen.

**g** Ergänzen Sie die richtige Form von *dürfen*.

1 Du *darfst* in der Schule nicht rauchen. Rauchen ist nicht erlaubt.

2 Sie ............ hier nicht parken. Hier ist Parken verboten.

3 ............ wir heute Abend fernsehen? – Ihr ............ zwei Stunden fernsehen.

4 Pedro ............ heute nicht zur Schule. Er ist krank.

## 5 Modalverben im Satz

Wo stehen die Wörter? Schreiben Sie die Sätze in die Tabelle.

1 Am Wochenende | ich nicht | muss | arbeiten | .

2 Wir | sehr gut Deutsch | können | sprechen | .

3 Paolo | heute nicht | kommen | kann | .

4 Er | soll | machen | wieder Überstunden | .

5 Er | darf | bleiben | am Montag zu Hause | .

> Manchmal kann der Infinitiv auch wegfallen, z. B.:
>
> Ich **möchte** einen Kaffee (trinken).
> Sie **kann** gut Englisch (sprechen).

| | Modalverb | | Infinitiv |
|---|---|---|---|
| 1 *Am Wochenende* | *muss* | *ich nicht* | *arbeiten.* |
| 2 | | | |
| 3 | | | |
| 4 | | | |
| 5 | | | |

## 6 Trennbare Verben

**a** Ergänzen Sie die Verben.

| | | |
|---|---|---|
| 1 | auf\|stehen | Am Samstag *steht* Olli um 9 Uhr *auf*. |
| 2 | ein\|kaufen | Um 11 Uhr ............ er im Supermarkt ............ . |
| 3 | an\|rufen | Am Nachmittag ............ er seine Freundin ............ . |
| 4 | fern\|sehen | Zusammen ............ sie ............ . |

**b** Ergänzen Sie die Tabelle.

| | anrufen | aufräumen | mitbringen | einkaufen | fernsehen |
|---|---|---|---|---|---|
| ich | *rufe an* | | | | |
| du | | | | | *siehst fern* |
| er/sie/es | | | | | |
| wir | | | | | |
| ihr | | | | | |
| sie/Sie | | | | | |

**c** Schreiben Sie Sätze.

1 Giovanni – einkaufen – für die Party

*Giovanni kauft für die Party ein.*

2 Giovanni – anrufen – Karim und Laura

3 Laura – einen Salat – mitbringen – zur Party

4 Nach der Party – Giovanni – am Abend – aufräumen

5 Dann – er – fernsehen – noch etwas

## 7 Imperativ: *Sie* und *du*

Schreiben Sie Sätze wie im Beispiel.

1 Wie komme ich zum Bürgeramt? (immer geradeaus gehen)

*Gehen Sie immer geradeaus!* *Geh immer geradeaus!*

2 Wie finde ich das Stadtmuseum? (mit der S-Bahn S1 fahren)

3 Was soll ich machen? Ich habe Kopfschmerzen. (ins Bett gehen)

4 Ich bin krank. (zu Hause bleiben)

## 1 Konjugation im Präsens

Ergänzen Sie die Verben in der richtigen Form.

| haben \| reden \| sagen \| unterrichten \| machen \| ~~gehen~~ \| gehen \| erreichen |
|---|

Hallo Uta,

*gehst* du zum Elternabend am Montag? Die Lehrerin Frau Klein, die neu in der Klasse ..........1.........., schreibt in ihrer Einladung, dass alle Eltern kommen sollen. Leider kann ich nicht, weil ich wieder Überstunden ..........2.......... . Frau Klein will über die Klassenfahrt im Sommer ..........3.......... . Zu dumm, dass ich nicht da sein kann. Vielleicht ..........4.......... ich Frau Klein ja noch telefonisch, dann ..........5.......... ich ihr meinen Vorschlag persönlich. ..........6.......... es Jens wieder besser? ..........7.......... er noch Halsschmerzen?

Liebe Grüße
Sylvia

## 2 Verben mit Vokalwechsel

Vokalwechsel oder nicht? Ergänzen Sie die Verben in der richtigen Form.

1 geben du *gibst*, er *gibt*
2 gehen du *gehst*, er *geht*
3 sehen du ..........., er ...........
4 leben du ..........., er ...........
5 sprechen du ..........., er ...........
6 trennen du ..........., er ...........
7 essen du ..........., er ...........
8 legen du ..........., er ...........
9 reden du ..........., er ...........
10 empfehlen du ..........., er ...........
11 fallen du ..........., er ...........
12 fragen du ..........., er ...........
13 halten du ..........., er ...........
14 sagen du ..........., er ...........
15 schlafen du ..........., er ...........
16 waschen du ..........., er ...........
17 kaufen du ..........., er ...........
18 laufen du ..........., er ...........

## 3 Modalverben

Welches Modalverb passt? Ergänzen Sie in der richtigen Form.

1 Man *muss* unbedingt den Arbeitsschutz beachten (müssen/können/dürfen).
Im Brandfall ........... Sie Ruhe bewahren (wollen/müssen/können) und Sie ........... auf keinen Fall die Aufzüge benutzen (dürfen/müssen/möchten).

2 Auf dem gesamten Werksgelände ........... Sie nicht rauchen (müssen/dürfen/wollen).
Das ist strengstens verboten.

3 Miguel liest einen Ratgeber zur Gesundheit am Arbeitsplatz. Dort steht: Er .................... immer wieder aufstehen und sich bewegen (sollen/müssen/können). Er .................... nicht den ganzen Tag sitzen (müssen/dürfen/wollen).

4 ▶ .................... ich auf der Baustelle einen Schutzhelm tragen (können/sollen/dürfen)?

▷ Ja, das .................... du unbedingt (müssen/können/wollen). Auf der Baustelle .................... es sehr gefährlich sein (dürfen/können/müssen).

5 ▶ Mein Kollege .................... gern zur Sicherheit Arbeitsschuhe anziehen (dürfen/möchten/müssen). Wo .................... er sie bekommen (wollen/können/dürfen)?

▷ Er .................... sie bei der Werksleitung holen (dürfen/wollen/müssen).

## 4 Modalverben im Satz

Schreiben Sie die Sätze in die Tabelle wie im Beispiel.

1 Du | Arbeitskleidung | anziehen | musst | .

2 Wir | im Büro keine defekten Geräte | dürfen | benutzen | .

3 Die Mitarbeiter | sollen | einhalten | die Regeln zum Arbeitsschutz | .

4 Wo | kann | bekommen | man Schutzkleidung | ?

5 Ihr | eine Stunde Mittagspause | müsst | machen | .

| | Modalverb | | Infinitiv |
|---|---|---|---|
| 1 *Du* | *musst* | *Arbeitskleidung* | *anziehen.* |
| 2 | | | |
| 3 | | | |
| 4 | | | |
| 5 | | | |

## 5 Trennbare Verben

**a** Ergänzen Sie die Verben in der richtigen Form.

abholen | einladen | ~~mitkommen~~ | einkaufen

1 ▶ *Kommst* du *mit* in die Stadt? Wir .................... zusammen .................... . Ich .................... dich zu Hause .................... . Wir können auch ein Eis essen gehen, ich .................... dich .................... .

▷ Ja, super! Und was machen wir heute Abend?

nachfragen | ausdrucken | ~~ausfüllen~~ | herunterladen | abholen | eintragen

2 ▶ Können Sie mir helfen? Wie *fülle* ich das Formular *aus* ?

▷ Zuerst .................... Sie das Formular beim Bürgeramt .................... . Oder Sie .................... es im Internet .................... . Danach .................... Sie es .................... und .................... die Daten .................... . Bei Problemen .................... Sie beim Bürgeramt .................... .

**b** Ergänzen Sie die Verben in der richtigen Form.

| abfahren \| ankommen \| aussteigen \| einsteigen \| umsteigen |
|---|

▶ Guten Tag, können Sie mir helfen? Wie komme ich nach Hanau?

▷ Nehmen Sie die S-Bahn. Sie ............ um 8.30 Uhr an der Ostendstraße ............ . Sie ............ also am Bahnhof Ostendstraße ............ . In Offenbach ............ Sie in den Regionalexpress nach Hanau ............ . Am Hauptbahnhof Hanau ............ Sie dann ............ .

▶ Und wann bin ich in Hanau?

▷ Der Zug ............ um 9.15 Uhr ............ .

**c** Ergänzen Sie die Verben in der richtigen Form.

| aufpassen \| ausgeben \| ausziehen \| umziehen |
|---|

▶ Glückwunsch zur neuen Wohnung! Wann ............ du aus der alten Wohnung ............ ?

▷ Erst nächsten Monat. Ich ............ am 1. Oktober ............ . Die neue Wohnung ist noch nicht fertig. Ich muss auch noch viele Möbel bestellen.

▶ ............ nur ............ und ............ nicht zu viel Geld ............ .

## 6 Trennbare Verben im Haupt- und Nebensatz

Schreiben Sie die Sätze in die Tabellen wie im Beispiel. Achten Sie auf die Verben.

1 aufstehen | Er | Montag bis Freitag um 8 Uhr

2 anfangen | um 9 Uhr | Der Deutschkurs

3 vorlesen | Karim | ein Referat

4 zuhören | Alle Teilnehmer | interessiert

5 anmelden | Am Nachmittag | sie sich

**Hauptsatz**

| | | | |
|---|---|---|---|
| 1 *Er* | *steht* | *Montag bis Freitag um 8 Uhr* | *auf.* |
| 2 | | | |
| 3 | | | |
| 4 | | | |
| 5 | | | |

**Nebensatz**

| | | |
|---|---|---|
| 1 Sie hat gesagt, dass | *er Montag bis Freitag um 8 Uhr* | *aufsteht.* |
| 2 Sie hat gesagt, dass | | |
| 3 Sie hat gesagt, dass | | |
| 4 Sie hat gesagt, dass | | |
| 5 Sie hat gesagt, dass | | |

## 7 Trennbare Verben mit Modalverb

Schreiben Sie Sätze.

1 Wir – am Abend – möchten – fernsehen – .
*Wir möchten am Abend fernsehen.*

2 Sie – an der nächsten Haltestelle – aussteigen – müssen – .

3 ich – Kann – heute Abend – vorbeikommen – bei dir – ?

4 Ich – mitbringen – kann – etwas zu essen – .

5 ich – dich – Nächste Woche – gerne – zu mir – möchte – einladen – .

## 8 Trennbare Verben und ihre Vorsilben

**a** Was passt nicht? Streichen Sie durch und schreiben Sie die richtigen Verben.

| | | | |
|---|---|---|---|
| 1 | zu- | hören / ~~kommen~~ / rufen / nehmen | *zuhören, zurufen, zunehmen* |
| 2 | an- | rufen / kommen / finden / fangen | |
| 3 | um- | steigen / nehmen / tauschen / ziehen | |
| 4 | aus- | füllen / hören / drucken / steigen | |
| 5 | ab- | holen / geben / kommen / heben | |
| 6 | ein- | melden / ziehen / steigen / kaufen | |
| 7 | auf- | stehen / hören / fragen / passen | |
| 8 | mit- | kommen / fahren / fallen / gehen | |

**b** Welche Verben sind trennbar, welche nicht? Ergänzen Sie die richtige Form.

| aufhören | erzählen | empfehlen | entscheiden |
|---|---|---|---|
| ich *höre auf* | du | er | die Kollegen |
| **weggehen** | **ankommen** | **aussteigen** | **bestellen** |
| wir | ihr | die Frau | Tom |

## 9 Reflexive Verben

**a** Ergänzen Sie: *mich – dich – uns – euch – sich.*

1 ▶ Interessieren Sie *sich* für kaufmännische Berufe?
▷ Nein, ich interessiere ........ mehr für technische Berufe.

2 ▶ Und du Laura, interessierst du ........ auch für technische Berufe?
▷ Nein, ich interessiere ........ für Berufe in der Gastronomie.

3 ▶ Guten Tag, können wir ........ hier zur Berufsberatung anmelden?
▷ Ja, aber beeilen Sie ......... Es gibt nur noch bis 11 Uhr Wartenummern.

4 ▶ Pedro interessiert ........ für einen Beruf in der Gastronomie. Interessiert ihr ........ auch dafür?

**b** Ergänzen Sie die Verben in der richtigen Form.

1 Wir *verabreden uns* mit unseren Freunden. (sich verabreden)

2 Ich ........ über meine Nachbarn. ........ du ........ auch über sie? (sich ärgern)

3 Ana ........ auf ihren Urlaub. Ihr Freund ........ auch auf die freie Zeit. (sich freuen)

4 Wir ........ noch an den Deutschkurs. ........ ihr ........ auch? (sich erinnern)

5 Laura und Martin ........ heute im Schwimmbad. (sich treffen)

**c** Ergänzen Sie die Verben in der richtigen Form.

| ~~sich treffen~~ \| sich unterhalten \| sich freuen \| sich verabreden \| sich erinnern \| sich ärgern |
|---|

Wir *treffen uns* einmal im Jahr mit den Teilnehmern aus dem letzten Deutschkurs. Wir ........ 1 ........, dass wir uns wiedersehen und ........ 2 ........ über alles, was in der letzten Zeit passiert ist. Leider ist Lola nicht hier. Ich ........ 3 ........ noch gut an sie und ........ 4 ........ etwas, dass sie nicht hier ist. Wir ........ 5 ........ auf jeden Fall für ein neues Treffen.

**d** Schreiben Sie Fragen.

1 Ich freue mich. *Freust du dich?*

2 Ana freut sich. *Freut* ........?

3 Wir freuen uns auch. ........?

4 Erik und Christian freuen sich. ........?

## 10 Imperativ: *Sie* und *du*

**a** Geben Sie Ratschläge wie im Beispiel.

1 Ich sitze zu viel. (→ immer wieder aufstehen)
*Sie sitzen zu viel? Stehen Sie immer wieder auf!*
*Du sitzt zu viel? Steh immer wieder auf!*

2 Meine Augen tun weh. (→ nicht immer auf den Bildschirm schauen)

3 Ich habe Rückenschmerzen. (→ gerade sitzen)

4 Mein Kopf tut weh. (→ nicht so viel am Computer arbeiten)

**b** Variieren Sie die Sätze aus Aufgabe 10a wie im Beispiel.

1 *Sie sollten immer wieder aufstehen.* *Du solltest immer wieder aufstehen.*
2
3
4

## 11 Imperativ: *ihr*

Geben Sie Ratschläge wie im Beispiel.

1 Wir sind immer müde. (→ mehr Pausen machen)
*Ihr seid immer müde? Macht mehr Pausen!*

2 Wir finden das Essen in der Kantine schlecht. (→ in die Bäckerei an der Ecke gehen)

3 Wir finden viele Unterlagen nicht mehr. (→ den Schreibtisch ordentlich halten)

4 Wir kommen immer zu spät. (→ früher aufstehen)

## Perfekt

| | **haben** | **Partizip II** |
|---|---|---|
| ich | habe | |
| du | hast | gelernt |
| er/sie/es | hat | gegessen |
| wir | haben | fotografiert |
| ihr | habt | |
| sie/Sie | haben | |

| | **sein** | **Partizip II** |
|---|---|---|
| ich | bin | |
| du | bist | gegangen |
| er/sie/es | ist | gefahren |
| wir | sind | geblieben |
| ihr | seid | |
| sie/Sie | sind | |

Perfekt = Präsens von *haben* oder *sein* + Partizip II.
Die meisten Verben bilden das Perfekt mit *haben*.
Einige Verben bilden das Perfekt mit *sein*. Das sind Verben der Bewegung von einem Punkt zu einem anderen Punkt und Verben der Zustandsveränderung.
Beispiele:
kommen – ich bin gekommen, fahren – ich bin gefahren, gehen – ich bin gegangen,
aufstehen – ich bin aufgestanden, einschlafen – ich bin eingeschlafen,
ein-/aus-/umsteigen – ich bin ein-/aus-/umgestiegen
Außerdem: bleiben – ich bin geblieben, sein – ich bin gewesen, passieren – es ist passiert.

**Partizip II**
Das Partizip II hat die Endung *-t*/*-et* (regelmäßig) oder *-en* (unregelmäßig).
Am Anfang steht meistens *ge-* (gekauft, gegessen)

**ge- + ... + -t / -et**
hören – ich habe **ge**hör**t**
leben – ich habe **ge**leb**t**
arbeiten – ich habe **ge**arbeit**et**
heiraten – ich habe **ge**heirat**et**

**ge- + ... + -en**
backen – ich habe **ge**back**en**
lesen – ich habe **ge**les**en**
schreiben – **ge**schrieb**en**
sehen – ich habe **ge**seh**en**

Bei den trennbaren Verben steht das ge- zwischen Präfix und Verb.

**... ge- + ... + -t**
einkaufen – ich habe ein**ge**kauf**t**
abholen – ich habe ab**ge**hol**t**

**... ge- + ... + -en**
anfangen – ich habe an**ge**fang**en**
umsteigen – ich bin um**ge**stieg**en**

Bei den Verben auf *-ieren* (immer Endung *-t*) und bei den nicht trennbaren Verben gibt es kein ge-.

**ohne *ge-***
fotografieren – ich habe fotografier**t**
telefonieren – ich habe telefonier**t**
reparieren – ich habe reparier**t**
studieren – ich habe studier**t**

*be-, emp-, ent-, er-, ge-, miss-, ver-, zer-*:
besuchen – ich habe besuch**t**
empfangen – ich habe empfang**en**
gefallen – es hat gefall**en**
verkaufen – ich habe verkauf**t**

**Perfekt im Satz**

| | **Verb 1** | | **Verb 2 (Partizip II)** |
|---|---|---|---|
| Roberto | hat | gestern sehr lange | gearbeitet. |
| Wir | haben | am Samstag für die ganze Woche | eingekauft. |
| Ich | bin | heute nicht mit dem Auto | gekommen. |
| Im Kurs | haben | wir gestern ein Diktat | geschrieben. |

## Präteritum

| | regelmäßig | | unregelmäßig | | Mischverben | | ! |
|---|---|---|---|---|---|---|---|
| | **wohnen** | **arbeiten** | **kommen** | **gehen** | **denken** | **wissen** | **werden** |
| ich | wohn**te** | arbeit**ete** | kam | ging | dachte | wusste | wurde |
| du | wohn**test** | arbeit**etest** | kamst | gingst | dachtest | wusstest | wurdest |
| er/sie/es | wohn**te** | arbeit**ete** | kam | ging | dachte | wusste | wurde |
| wir | wohn**ten** | arbeit**eten** | kamen | gingen | dachten | wussten | wurden |
| ihr | wohn**tet** | arbeit**etet** | kamt | gingt | dachtet | wusstet | wurdet |
| sie/Sie | wohn**ten** | arbeit**eten** | kamen | gingen | dachten | wussten | wurden |

- regelmäßige Verben: Verbstamm und *-t-* und Endung
- unregelmäßige Verben: Vokalwechsel und Endung. Keine Endung in der 1. und 3. Person Singular
- Mischverben: *denken – ich dachte, kennen – ich kannte, wissen – ich wusste, bringen – ich brachte*

### Präteritum von *haben* und *sein*

| | haben | sein |
|---|---|---|
| ich | hatte | war |
| du | hattest | warst |
| er/sie/es | hatte | war |
| wir | hatten | waren |
| ihr | hattet | wart |
| sie/Sie | hatten | waren |

*Gestern war Montag.*
*Du warst letzte Woche beim Arzt.*
*Wie war dein Wochenende?*
*Wir hatten gestern frei.*
*Ich hatte am Freitag keine Zeit.*

### Präteritum der Modalverben

| | wollen | können | müssen | sollen | dürfen |
|---|---|---|---|---|---|
| ich | wollte | konnte | musste | sollte | durfte |
| du | wolltest | konntest | musstest | solltest | durftest |
| er/sie/es | wollte | konnte | musste | sollte | durfte |
| wir | wollten | konnten | mussten | sollten | durften |
| ihr | wolltet | konntet | musstet | solltet | durftet |
| sie/Sie | wollten | konnten | mussten | sollten | durften |

*ich möchte, du möchtest, ...* wird im Präteritum zu: *ich wollte, du wolltest, ...*

### Präteritum und Perfekt

Beim Sprechen verwendet man meistens das Perfekt als Vergangenheitsform, beim Schreiben oft das Präteritum.

Bei den Modalverben und bei *haben* und *sein* und bei *es gibt* verwendet man auch beim Sprechen fast immer das Präteritum.

*Gestern hatte ich keine Zeit. Ich war in der Schule.*
*Ich musste lernen und konnte nicht schwimmen gehen.*
*Es gab gestern viele Hausaufgaben.*
*Was gab es gestern im Fernsehen?*

## Konjunktiv II

### *würde* + Verb im Infinitiv

| | werden |
|---|---|
| ich | würde |
| du | würdest |
| er/sie/es | würde |
| wir | würden |
| ihr | würdet |
| sie/Sie | würden |

*Ich würde gern weniger Überstunden machen.*
*Wenn du mich fragen würdest, würde ich antworten.*

### *hätte* und *wäre*

| | haben | sein |
|---|---|---|
| ich | hätte | wäre |
| du | hättest | wärst |
| er/sie/es | hätte | wäre |
| wir | hätten | wären |
| ihr | hättet | wärt |
| sie/Sie | hätten | wären |

*Ich hätte gern mehr Zeit.*
*Ich wäre gern am Strand.*

### Modalverben und *wissen*

| | wollen | können | müssen | sollen | dürfen | wissen |
|---|---|---|---|---|---|---|
| ich | wollte | könnte | müsste | sollte | dürfte | wüsste |
| du | wolltest | könntest | müsstest | solltest | dürftest | wüsstest |
| er/sie/es | wollte | könnte | müsste | sollte | dürfte | wüsste |
| wir | wollten | könnten | müssten | sollten | dürften | wüssten |
| ihr | wollet | könntet | müsstet | solltet | dürftet | wüsstet |
| sie/Sie | wollten | könnten | müssten | sollten | dürften | wüssten |

### Verwendung des Konjunktivs II

**Wünsche:** *Ich würde gern in Urlaub fahren, aber leider kann ich nicht. Ich muss arbeiten.*
*Ich hätte gern mehr Zeit, aber leider muss ich noch lernen.*
*Hättest du gern eine Arbeit im Büro? – Ja, ich wäre gern Bürokauffrau.*

**Höfliche Bitten:** *Würden Sie mir bitte Informationen über die Arbeitsstelle geben?*
*Könnten Sie mir bitte mehr Informationen über die Arbeitsstelle geben?*

**Ratschläge:** *Du könntest dich bei der Firma HX-Data bewerben.*

**Vorschläge:** *Wir könnten morgen nach Berlin fahren.*

### Irreale Bedingungssätze

*Wenn ich mehr Geld hätte, (dann) könnte ich den Drucker kaufen.*
*Wenn ich könnte, (dann) würde ich dir helfen.*
*Wenn heute Sonntag wäre, (dann) müsste ich nicht zur Arbeit gehen.*

### Konjunktiv II der Vergangenheit

*haben/sein* im Konjunktiv II + Partizip II
*Ich hätte dich gern abgeholt, aber mein Auto war kaputt.*
*Ich wäre gern zu dir gekommen, aber leider hatte ich keine Zeit.*

## Plusquamperfekt

| | **haben (Präteritum) + Partizip II** | | **sein (Präteritum) + Partizip II** | |
|---|---|---|---|---|
| ich | hatte | getrunken<br>geparkt | war | passiert<br>gefahren |
| du | hattest | | warst | |
| er/sie/es | hatte | | war | |
| wir | hatten | | waren | |
| ihr | hattet | | wart | |
| sie/Sie | hatten | | waren | |

*Der Fahrer hatte Alkohol getrunken. Deshalb ist der Unfall passiert.*
*Der Unfall war schon passiert, als ich ankam.*

Plusquamperfekt = Präteritum von *haben* oder *sein* + Partizip II. Ein Ereignis (Plusquamperfekt) findet vor einem anderen Ereignis (Präteritum/Perfekt) in der Vergangenheit statt.

## Futur I

***werden* + Infinitiv**

| | **werden** |
|---|---|
| ich | werde |
| du | wirst |
| er/sie/es | wird |
| wir | werden |
| ihr | werdet |
| sie/Sie | werden |

Funktionen:

| | |
|---|---|
| etwas versprechen: | *Ich werde keinen Müll mehr auf die Straße werfen.* |
| etwas vermuten/ Vorsätze ausdrücken: | *Morgen wird es wahrscheinlich regnen.* |
| etwas ankündigen: | *Ab morgen werde ich nicht mehr rauchen.* |
| Prognosen ausdrücken: | *In der Zukunft wird es nur noch Elektroautos geben.* |
| Hoffnung ausdrücken: | *Es wird schon nichts passieren.* |

In anderen Situationen, vor allem, wenn der Satz eine Zeitangabe hat, benutzt man für Ereignisse in der Zukunft meistens das Präsens. *Heute Abend gehe ich einkaufen. Danach komme ich bei dir vorbei.*

## Passiv

**Aktiv Präsens**

| | | | Akkusativ |
|---|---|---|---|
| Singular | *Maria* | *kocht* | *den Kaffee.* |
| Plural | *Maria* | *kocht* | *die Spaghetti.* |

**Passiv Präsens**

| | Nominativ | werden (Präsens) Partizip II | |
|---|---|---|---|
| Singular | *Der Kaffee* | *wird* | *gekocht.* |
| Plural | *Die Spaghetti* | *werden* | *gekocht.* |

**Passiv Präteritum**

| | Nominativ | werden (Präteritum) | Partizip II |
|---|---|---|---|
| Singular | *Der Kaffee* | *wurde* | *gekocht.* |
| Plural | *Die Spaghetti* | *wurden* | *gekocht.* |

**Passiv mit Modalverben**

| Nominativ | Modalverb | Partizip II | werden |
|---|---|---|---|
| *Der Kaffee* | *kann* | *serviert* | *werden.* |
| *Die Spaghetti* | *können* | *serviert* | *werden.* |

## 1 Partizip II

**a** Ergänzen Sie die Sätze.

| ~~gefrühstückt~~ \| gekocht \| geschlafen \| gelernt \| gespielt \| gemacht \| geputzt \| gekauft \| repariert |
|---|

Am Samstag hat Alex um 9 Uhr *gefrühstückt*. Dann hat er Kaffee ...........1........... und die Wohnung ...........2........... . Am Mittag hat er im Supermarkt Lebensmittel ...........3........... . Danach hat er Deutsch ...........4........... . Er hat sein Fahrrad ...........5........... und hat dann einen Ausflug ...........6........... . Am Abend hat er noch Fußball ...........7........... . Am Sonntag hat er sehr lange ...........8........... .

**b** Ergänzen Sie Sie die Tabelle.

| **Ich habe ge-...-t** | | **Ich habe ge-...-en** | |
|---|---|---|---|
| frühstücken | *Ich habe gefrühstückt.* | essen | *Ich habe gegessen.* |
| machen | | trinken | |
| hören | | backen | |
| kaufen | | sehen | |
| arbeiten | | lesen | |
| lernen | | schreiben | |
| leben | | schlafen | |
| **Ich habe ...-t** | | **Ich bin ge-...-en** | |
| fotografieren | *Ich habe fotografiert.* | fahren | |
| reparieren | | kommen | |
| telefonieren | | gehen | |

## 2 Perfekt mit *haben* und *sein*

**a** Ergänzen Sie die richtige Form von *haben*.

▶ Julia und Michaela, sagt mal, was ...........1........... ihr am Wochenende gemacht?

▷ Wir ...........2........... lange geschlafen. Und du, Karim, ...........3........... du auch lange geschlafen?

▶ Ja, bis 10 Uhr. Dann ...........4........... ich mit meiner Freundin telefoniert. Sie ...........5........... den ganzen Tag gearbeitet.

**b** Ergänzen Sie die richtige Form von *sein*.

▶ Karim und Ella, sagt mal, wann ...........1........... ihr heute in die Schule gekommen?

▷ Wir ...........2........... schon um halb neun gekommen. Wir ...........3........... mit dem Auto gefahren. Und du, Erik, ...........4........... du auch mit dem Auto gefahren?

▶ Nein, ich ...........5........... heute mit dem Bus gekommen. Mein Auto ist kaputt.

**c** Ergänzen Sie das Partizip und *haben* oder *sein* in der richtigen Form.

Lieber Tayo,

viele Urlaubsgrüße aus München! Ich ............ schon sehr viel ......1...... (machen). Ich ............ viele Museen ......2...... (sehen) und ich ............ durch die Stadt ......3...... (gehen). Ich ............ auch mit dem Fahrrad durch die Stadt ......4...... (fahren), es gibt hier viele Radwege. Heute Morgen ............ ich lange ......5...... (schlafen). Dann ............ noch Freunde aus Frankfurt ......6...... (kommen) und wir ............ zusammen ......7...... (frühstücken). Danach ............ wir im Englischen Garten ......8...... (spazieren gehen). Und du, was ............ du die letzte Woche ......9...... (machen)? Wir ............ viel ......10...... (fotografieren), die Bilder maile ich dir später.

Liebe Grüße

## 3 Perfekt im Satz

**a** Schreiben Sie die Sätze und W-Fragen in die Tabelle.

1 am Wochenende einen Kuchen | Ich | gebacken | habe | .

2 Was | habt | gemacht | ihr am Wochenende | ?

3 Wir | haben | gekauft | auf dem Markt Obst und Gemüse | .

4 Wo | du gestern | gewesen | bist | ?

5 nach Frankfurt | bin | gefahren | Ich | .

6 vorgestern zusammen | Wir | gekocht | haben | .

7 Ich | habe | gegessen | den Kuchen heute allein | .

| | Verb 1 | | Verb 2 (Partizip II) |
|---|---|---|---|
| 1 *Ich* | *habe* | *am Wochenende einen Kuchen* | *gebacken.* |
| 2 | | | |
| 3 | | | |
| 4 | | | |
| 5 | | | |
| 6 | | | |
| 7 | | | |

**b** Schreiben Sie Ja-/Nein-Fragen in die Tabelle.

1 du | gegangen | heute früh ins Bett | Bist | ?

2 ihr | gestern mit dem Auto zur Schule | Seid | gefahren | ?

3 ihr | Habt | gesehen | am Wochenende das Fußballspiel | ?

4 du | Hast | gestern im Fernsehen einen Film | gesehen | ?

5 Ist | Roberto | gekommen | heute mit der U-Bahn | ?

6 Ella | viele Fotos im Urlaub | Hat | gemacht | ?

| Verb 1 | | | Verb 2 (Partizip) |
|---|---|---|---|
| 1 *Bist* | *du* | *heute früh ins Bett* | *gegangen?* |
| 2 | | | |
| 3 | | | |
| 4 | | | |
| 5 | | | |
| 6 | | | |

## 4 Präteritum von *haben* und *sein*

**a** Ergänzen Sie die richtige Form von *haben*.

1 *Hattest* du gestern frei? – Nein, ich .................. so viel zu tun. Und du? .................. du auch viel Arbeit?

2 .................. ihr letzte Woche viel Stress? – Ja, wir .................. sehr viel zu tun.

3 Wo ist Roberto? – Er schläft noch. Er .................. Nachtdienst.

**b** Ergänzen Sie die richtige Form von *sein*.

1 .................. du schon mal an der Ostsee? – Ja, ich .................. letztes Jahr dort.

2 .................. ihr schon mal in Österreich? – Nein, wir .................. noch nie in Österreich. Aber meine Eltern kennen Österreich gut. Sie .................. schon oft in Wien.

**c** Ergänzen Sie *haben* oder *sein*.

▶ Jens, wo ........1........ du gestern?

▷ Ich ........2........ viel Zeit und ........3........ mit meiner Freundin im Schwimmbad. Das Wetter ........4........ schön und wir ........5........ viel Spaß. Wir ........6........ lange im Schwimmbad. ........7........ du auch einen schönen Tag?

▶ Ich ........8........ gestern leider viel Stress. Meine Eltern ........9........ am Abend da und ich ........10........ vorher viel zu tun.

▷ ........11........ ihr dann einen schönen Abend?

▶ Ja, wir ........12........ ein sehr gutes Essen. Alles ........13........ super.

## 1 Partizip II: trennbare Verben

**a** Ergänzen Sie die Infinitive.

| Ich habe ...ge-...-t | Infinitiv | Ich habe ...ge-...-t | Infinitiv |
|---|---|---|---|
| abgeholt | *abholen* | eingekauft | |
| abgemeldet | | eingerichtet | |
| angemeldet | | mitgemacht | |
| aufgemacht | | nachgefragt | |
| aufgepasst | | umgetauscht | |
| ausgedruckt | | vorgestellt | |
| ausgefüllt | | zugehört | |
| **Ich habe ...ge-...-en** | **Infinitiv** | **Ich habe ...ge-...-en** | **Infinitiv** |
| abgegeben | *abgeben* | ferngesehen | |
| abgeschlossen | | heruntergeladen | |
| angefangen | | teilgenommen | |
| angerufen | | vorgeschlagen | |
| eingeladen | | zurückgegeben | |
| **Ich bin ...ge-...-en** | **Infinitiv** | **Ich bin ...ge-...-en** | **Infinitiv** |
| angekommen | *ankommen* | ausgezogen | |
| aufgestanden | | eingezogen | |
| aufgewachsen | | mitgekommen | |
| eingestiegen | | umgestiegen | |
| ausgestiegen | | umgezogen | |

**b** Schreiben Sie wie im Beispiel.

| | Infinitiv | Präsens | Perfekt |
|---|---|---|---|
| 1 | aufstehen | *Ich stehe auf.* | *Ich bin aufgestanden.* |
| 2 | einkaufen | | |
| 3 | abholen | | |
| 4 | einladen | | |
| 5 | ausfüllen | | |
| 6 | ankommen | | |
| 7 | anrufen | | |

## 2 Partizip II: ohne *ge-*

**Partizip II ohne *ge-***
Verben auf *-ieren* haben im Perfekt kein *ge-* und immer ein *-t* am Ende.

**a** Verben auf *-ieren*. Ergänzen Sie die Partizipien.

Gestern habe ich lange mit meiner Freundin *telefoniert* (telefonieren). Danach habe ich mein Fahrrad ..........1.......... (reparieren) und wir sind in die Berge gefahren. Wir haben viel ..........2.......... (fotografieren) und in einem netten Restaurant Essen aus der Region ..........3.......... (probieren). Beim Essen haben wir lange ..........4.......... (diskutieren). Meine Freundin hat mein Deutsch ..........5.......... (korrigieren), das hat mir sehr geholfen. Sonst ist nichts ..........6.......... (passieren).

**b** Nicht trennbare Verben. Ergänzen Sie die Partizipien.

Ich habe doch von meiner neuen Wohnung *erzählt* (erzählen). Am Samstag hat mich mein Freund ..........1.......... (besuchen) und wir waren im Möbelhaus. Der Verkäufer hat uns schöne Möbel ..........2.......... (empfehlen). Wir haben aber noch nicht ..........3.......... (entscheiden), was wir kaufen wollen und haben noch nichts ..........4.......... (bestellen). Wir haben uns bei dem Verkäufer für die Beratung ..........5.......... (bedanken) und uns ..........6.......... (entschuldigen), dass wir noch Zeit brauchen.

## 3 Perfekt mit *haben* oder *sein*

Ergänzen Sie das Partizip und *haben* oder *sein* in der richtigen Form.

Sandro ist in Bolivien geboren. Dort *hat* er ein Mädchen *kennengelernt* (kennenlernen), sie .......... sich sofort ..........1.......... (verlieben) und .......... dann zusammen nach Deutschland ..........2.......... (gehen). Dann .......... sie sehr schnell ..........3.......... (heiraten). Nach zwei Jahren .......... sie sich ..........4.......... (trennen). Sandro .......... aber in Deutschland ..........5.......... (bleiben). Er .......... einen Deutschkurs ..........6.......... (machen) und diesen mit dem B1 Zertifikat ..........7.......... (abschließen). Dann .......... er eine Arbeit ..........8.......... (suchen). Eine Computerfirma .......... ihm eine Praktikumsstelle ..........9.......... (anbieten). Letztes Jahr .......... er eine Ausbildung in der Firma ..........10.......... (anfangen).

## 4 Perfekt im Satz: trennbare Verben

**a** Schreiben Sie die Sätze in die Tabelle.

1 Sandro | umgezogen | ist | von Bolivien nach Deutschland | .
2 Er | seinen Deutschkurs | hat | abgeschlossen | .
3 Dann | er eine Ausbildung | angefangen | hat | .
4 Karim | in Syrien | ist | aufgewachsen | .
5 Er | umgezogen | ist | in eine neue Wohnung | .

| | Verb | | Partizip II |
|---|---|---|---|
| 1 Sandro | ist | von Bolivien nach Deutschland | umgezogen. |
| 2 | | | |
| 3 | | | |
| 4 | | | |
| 5 | | | |

**b** Schreiben Sie die Sätze in die Tabelle.

1 Sandro ist zufrieden, weil (hat | abgeschlossen | er seinen Deutschkurs)

2 Er sagt, dass (hat | angefangen | er eine Ausbildung)

3 Karim erzählt, dass (er in eine neue Wohnung | ist | umgezogen)

4 Er sagt, dass (hat | eingekauft | er viele neue Möbel)

5 Er ist zufrieden, weil (seine Nachbarn ihn | haben | eingeladen)

**Perfekt im Nebensatz**
Zwei Verbformen im Nebensatz?
Das konjugierte Verb steht am Ende.

| | | Partizip II | Verb |
|---|---|---|---|
| 1 Sandro ist zufrieden, weil | er seinen Deutschkurs | abgeschlossen | hat. |
| 2 Er sagt, dass | | | |
| 3 Karim erzählt, dass | | | |
| 4 Er sagt, dass | | | |
| 5 Er ist zufrieden, weil | | | |

## 5 Präteritum der Modalverben

**a** Ergänzen Sie die richtige Form von *müssen*.

1 ▶ Musstest du als Kind viel lernen?
▷ Ja, ich ______ sehr viele Hausaufgaben machen.
▶ ______ ihr als Jugendliche am Abend früh zu Hause sein?
▷ Bis wir 16 waren, ______ wir immer sehr früh zu Hause sein. Danach war es anders.

2 ▶ ______ Sie am letzten Wochenende arbeiten?
▷ Nein. Ich ______ nicht ins Büro gehen. Aber meine Frau ______ arbeiten.

**b** Ergänzen Sie die richtige Form von *können*.

1 ▶ ______ du als Kind auch schon so gut schwimmen, Olga?
▷ Ich ______ mit 8 Jahren gut schwimmen, mein Bruder ______ das schon mit 6.
▶ Und ______ ihr früher auch so gut Tischtennis spielen wie heute?
▷ Nein, das ______ wir nicht. Das haben wir erst später gelernt.

2 ▶ Herr Groß, warum ______ Sie gestern nicht zu unserem Termin kommen?
▷ Ich ______ nicht kommen, weil ich krank war, tut mir leid.

**c** Ergänzen Sie die richtige Form von *wollen.*

1 ▶ Was .................... du früher werden?

▷ Ich .................... Pilot werden. Meine Schwester .................... gern Polizistin werden.

▶ Ihr .................... also einen aufregenden Beruf haben?

▷ Genau. Wir .................... beide nicht im Büro arbeiten.

2 ▶ Frau Yilmaz, .................... Sie noch etwas fragen?

▷ Ja. Ich .................... noch gern wissen, wann unser nächster Termin ist.

**d** Ergänzen Sie die richtige Form von *dürfen.*

▶ .................... ihr als Kinder fernsehen?

▷ Wir .................... fernsehen, wenn wir die Hausaufgaben fertig hatten. Ich .................... dann zwei Stunden am Tag fernsehen, mein Bruder .................... etwas länger, er war ja auch schon älter. Und .................... du fernsehen?

▶ Ja, aber ich .................... nur den Kinderkanal sehen.

**e** Ergänzen Sie die richtige Form von *sollen.*

1 ▶ Als Kind durfte ich nie machen, was ich wollte. Ich .................... immer meiner Mutter helfen.

▷ Und du .................... bestimmt dein Zimmer aufräumen!

2 ▶ Herr Moussa, wie war das Gespräch letzte Woche mit dem Abteilungsleiter? .................... Sie und Ihre Abteilung nicht auf Dienstreise gehen?

▷ Ja, eigentlich .................... wir das. Der Kundentermin ist aber ausgefallen.

**f** Was passt nicht? Streichen Sie durch.

1 Ich **~~konnte~~ / musste** als Kind viel zu Hause helfen.

2 Mit 14 **durfte / wollte** ich gern abends weggehen, aber das **musste / durfte** ich nicht.

3 In der Schule **wollte / musste** ich viel lernen. Aber ich hatte wenig Lust.

4 Ich **wollte / sollte** lieber mit meinen Freunden spielen.

5 Ich **konnte / musste** mit dem Bus zur Schule fahren, aber ich **konnte / wollte** lieber das Fahrrad nehmen.

6 Meine Eltern **wollten / durften** nicht, dass ich das Fahrrad nehme.

**g** Welches Modalverb passt? Ergänzen Sie in der richtigen Form (Präteritum oder Präsens).

1 müssen/können
Früher ………… ich jeden Tag um 7 Uhr aufstehen. Heute ………… ich das nicht mehr. Ich arbeite jetzt selbstständig als Übersetzer und ich ………… meine Arbeitszeit frei einteilen. Das ………… ich früher nicht.

2 wollen/können
Ich ………… gestern mit dem Fahrrad zur Schule fahren, aber ich ………… nicht, weil mein Fahrrad kaputt war. Ich habe es repariert und jetzt ………… ich wieder das Fahrrad nehmen.

3 müssen/dürfen
Früher ………… man hier vor der Firma parken, aber ab heute ist das verboten. Man ………… jetzt einen anderen Parkplatz suchen. Man ………… jetzt aber die Tiefgarage benutzen. Zuerst ………… man aber einen Parkausweis beantragen.

4 sollen/können
Letzte Woche ………… ich viele Überstunden machen. Das ………… ich aber nicht, weil ich wirklich keine Zeit hatte. Aber ich ………… morgen länger im Büro bleiben.

## 6 Konjunktiv II: höfliche Bitten

**a** Schreiben Sie die Fragen im Konjunktiv II.

1 Können Sie mir helfen?
*Könnten Sie mir helfen?*

2 Können Sie mich bitte zurückrufen?
…………

3 Haben Sie einen Augenblick Zeit?
…………

4 Kannst du das Fenster zumachen?
…………

**b** Schreiben Sie höfliche Bitten im Konjunktiv II.

1 Erklär mir bitte das Programm.
*Würdest du mir bitte das Programm erklären?*

2 Gib mir bitte deine Adresse.
…………

3 Schicken Sie bitte die E-Mail an den Kunden.
…………

4 Sagen Sie mir bitte Ihren Namen.
…………

## 1 Perfekt mit *haben* oder *sein*

Welche Verben bilden das Perfekt mit *sein*? Kreuzen Sie an und notieren Sie die Perfektformen.

| | | | |
|---|---|---|---|
| ☒ fahren | ☐ sein | ☐ helfen | ☐ schwimmen |
| ☐ sehen | ☐ aufwachsen | ☐ aufstehen | ☐ passieren |
| ☐ spielen | ☐ bleiben | ☐ schlafen | ☐ einsteigen |
| ☐ kommen | ☐ schreiben | ☐ einschlafen | ☐ aussteigen |
| ☐ ankommen | ☐ abfahren | ☐ finden | ☐ fragen |
| ☐ treffen | ☐ sprechen | ☐ fallen | ☐ antworten |
| ☐ gehen | ☐ anrufen | ☐ denken | ☐ fliegen |

*ich bin gefahren, ich bin gekommen, ...*

## 2 Präteritum

**a** Ergänzen Sie die Tabelle. (Achten Sie im Perfekt auf *haben* oder *sein*.)

| Infinitiv | Präteritum ich ... | Perfekt ich ... | Infinitiv | Präteritum ich ... | Perfekt ich ... |
|---|---|---|---|---|---|
| kommen | *kam* | *bin gekommen* | nehmen | *nahm* | |
| finden | | | aufstehen | *stand auf* | |
| sehen | | | leben | *lebte* | *habe gelebt* |
| sprechen | | | lernen | | |
| geben | | | arbeiten | | |
| bleiben | | | wohnen | | |
| schreiben | | | telefonieren | | |
| schlafen | | | studieren | | |
| gehen | | | abholen | | |
| fahren | | | denken | *dachte* | |
| treffen | | | wissen | *wusste* | |

**b** Ergänzen Sie die Tabelle.

| | regelmäßig | | unregelmäßig | | | Mischformen |
|---|---|---|---|---|---|---|
| | wohnen | leben | kommen | bleiben | mitnehmen | wissen |
| ich | *wohnte* | | *kam* | *blieb* | *nahm mit* | *wusste* |
| du | *wohntest* | | *kamst* | | | |
| er/sie/es | | | *kam* | *blieb* | | |
| wir | | | *kamen* | | | |
| ihr | *wohntet* | | *kamt* | *bliebt* | | *wusstet* |
| sie/Sie | | | *kamen* | | | |

**c** Ergänzen Sie die Sätze im Präteritum.

Früher *gab* (geben) es in meiner Stadt viel weniger Menschen als heute. Auf den Straßen ___1___ (fahren) viel weniger Autos als heute. Auch ___2___ (sehen) man noch nicht so viele Fahrräder auf der Straße. Früher ___3___ (schreiben) man viele Briefe, heute schreibt man meistens E-Mails. Man ___4___ (telefonieren) mit dem Festnetztelefon, es ___5___ (geben) noch keine Handys. Am Abend ___6___ (bleiben) die Menschen zu Hause, weil es noch nicht so viele Straßencafés ___7___ (geben). Die Menschen ___8___ (treffen) sich meistens zu Hause.

**d** Ergänzen Sie die Sätze im Präteritum.

Als ich nach Deutschland ___1___ (kommen), ___2___ (sprechen) ich noch sehr wenig Deutsch. Das Leben ___3___ (sein) nicht einfach, weil meine Eltern noch im Irak ___4___ (leben). Allein in einem fremden Land ___5___ (gefallen) es mir nicht gut. Vor einem Jahr ___6___ (kommen) auch meine Eltern und nach langem Suchen ___7___ (finden) wir auch eine schöne Wohnung. Jetzt geht es uns gut.

## 3 Konjunktiv II: Wünsche

**a** Ergänzen Sie die richtige Form von *würde*.

1 Ich ______ gern weniger Überstunden machen. Aber das ist kaum möglich.

2 ______ ihr gern bei HX Data arbeiten? – Ja, das ______ wir sehr gern.

3 ______ du gern essen gehen? – Ja, wenn es nicht zu teuer ist.

4 Unsere Kinder ______ gern einen Computerkurs machen.

5 Maria, ______ du gern als Bürokauffrau arbeiten? – Ja, das ______ ich gern!

**b** Ergänzen Sie die richtige Form von *hätte*.

1 Ich ______ gern mehr Zeit für meine Hobbys.

2 Wir ______ gern eine eigene Wohnung, aber die kostet viel Geld.

3 ______ du auch gern mehr Urlaub?

4 Oliver und Julia, was ______ ihr gern zum Geburtstag?

5 Meine Kinder ______ immer gern die neuesten Smartphones.

6 Mein Sohn ______ gern bessere Noten. Aber dafür muss er mehr lernen.

**c** Ergänzen Sie die richtige Form von *wäre*.

1 Ich ______ jetzt gern zu Hause, aber leider muss ich arbeiten.

2 Meine Kinder ______ gern jetzt schon auf Klassenfahrt. Sie ist aber erst nächste Woche.

3 Tom ______ gern Lehrer, aber er hat keine Ausbildung.

4 ______ du gern am Strand? – Nein, das finde ich langweilig.

5 Wir ______ jetzt sehr gern im Urlaub. Aber wir müssen lernen.

**d** Ergänzen Sie *würde, wäre, hätte.*

Miriam arbeitet als Kellnerin. Sie ......1...... aber gern als Bürokauffrau arbeiten. Dann ......2...... sie geregelte Arbeitszeiten. Am meisten ......3...... ihr eine Halbtagsstelle gefallen. Dann ......4...... sie zwar nicht so gut verdienen, sie ......5...... weniger Geld, aber sie ......6...... früher zu Hause und sie ......7...... mehr Zeit für die Kinder.

## 4 Konjunktiv II: Vorschläge

Ergänzen Sie die richtige Form von *könnte.*

Wir ......1...... heute ins Kino gehen. Ich ......2...... dann auch noch etwas Leckeres kochen. Und du ......3...... vielleicht einen Nachtisch besorgen. Wir ......4...... auch Rabia und Sarah einladen. Sie ......5...... ein paar Spiele mitbringen. Und Sarah ......6...... ihre Gitarre mitnehmen. Sie spielt so schön.

## 5 Irreale Bedingungssätze

**a** Ergänzen Sie.

| hätte \| hätte \| ~~würde~~ \| wäre \| wäre \| müsste \| könnte |
|---|

Wenn ich viel Geld ......1......, *würde* ich zwei Monate Urlaub am Meer machen. Wenn ich am Meer ......2......, ......3...... ich den ganzen Tag in der Sonne liegen. Ich ......4...... nicht arbeiten, ......5...... viel Zeit, ......6...... glücklich. Aber leider ist das nur ein Traum.

**b** Ergänzen Sie.

| wäre \| wüsste \| hätte \| sollte \| müsste |
|---|

Wenn es keine Handys geben würde, ......1...... ich nicht mehr, wie ich mich verabreden ......2....... Ich ......3...... dann wieder Telefonnummern auswendig lernen wie früher, damit ......4...... ich bestimmt Probleme. Das ......5...... nichts für mich.

## 6 Konjunktiv II der Vergangenheit

**a** Ergänzen Sie *wäre, war, hätte, hatte.*

1 Gestern ............ ich gern gearbeitet. Aber ich konnte nicht. Ich ............ keine Zeit.
2 Gestern ............ ich gern zu dir gefahren. Aber ich konnte nicht. Ich ............ krank.

**b** Ergänzen Sie die richtige Form von *hätte, wäre* und das Partizip.

1 *Hätte* ich gestern nicht so viel ............ (feiern), dann wäre ich heute fitter.
2 ............ du dich früher besser ............ (ernähren), dann wärst du heute gesünder.
3 ............ Michaela früher zum Arzt ............ (gehen), dann würde es ihr heute besser gehen.
4 ............ wir häufiger Fahrrad ............ (fahren), dann hätten wir heute eine bessere Kondition.

## 7 Plusquamperfekt

**a** Ergänzen Sie die Verben im Plusquamperfekt.

| ~~feiern~~ \| schneien \| anfangen \| schlafen \| ankommen \| vergessen \| wegfahren |
|---|

1 Heute Nacht habe ich sehr schlecht geschlafen. Ich *hatte* gestern zu lange *gefeiert*.

2 Ich bin heute sehr spät zur Arbeit gekommen. Ich ........ zu lange ........ .

3 Um 8 Uhr war ich im Bahnhof. Aber der Zug ........ schon ........ .

4 Heute Morgen gab es auch viele Unfälle. In der Nacht ........ es nämlich stark ........ .

5 Dann war ich endlich im Büro. Alle anderen Kollegen ........ schon ........ .
Sie ........ alle schon mit der Arbeit ........ .

6 In der Kantine konnte ich nicht bezahlen. Ich ........ mein Portemonnaie zu Hause ........ .

**b** Perfekt oder Plusquamperfekt? Was passt? Ergänzen Sie *bin, habe, war, hatte.*

Als ich heute Abend zum Restaurant kam, ....1.... meine Freundin schon weggegangen. Sie ....2.... im Restaurant auch keine Nachricht hinterlassen. Ich ....3.... dann versucht, sie auf dem Handy zu erreichen, ....4.... aber festgestellt, dass mein Akku leer war. Ich ....5.... dann wieder nach Hause gegangen und ....6.... eine Nachricht auf meinem Anrufbeantworter gefunden. Meine Freundin ....7.... keine Lust mehr gehabt zu warten.

**c** Präteritum oder Plusquamperfekt? Ergänzen Sie die Verben in der richtigen Form.

Heute um 15 Uhr ....1.... (fahren) auf der Mainzer Landstraße ein Pkw mit überhöhter Geschwindigkeit gegen ein anderes Fahrzeug. Passanten ....2.... (rufen) die Polizei und den Rettungswagen. Glücklicherweise ........ der Rettungsdienst ....3.... (feststellen), dass dem Fahrer nichts ....4.... ........ (passieren). Der Fahrer des Fahrzeugs ........ Alkohol ....5.... (trinken). Nach dem Unfall ....6.... (sperren) die Polizei die Straße noch für zwei Stunden.

## 8 Futur I

**a** Ergänzen Sie die richtige Form von *werden.*

1 ▶ ........ du bald mit dem Rauchen aufhören? ▷ Ja, das ........ ich auf jeden Fall tun.

2 ▶ ........ ihr mich anrufen, wenn ihr in Berlin seid? ▷ Ja, das ........ wir mit Sicherheit tun.

3 ▶ Nächste Woche ........ ich wahrscheinlich nach Berlin fahren. Ich bin aber noch nicht sicher.
▷ ........ Sie bei Freunden wohnen? ▶ Nein, ich ........ ein Hotel nehmen.

4 ▶ Neyla und Yvonne, ich habe euch mein Auto geliehen. Wann kann ich es wiederhaben?
▷ Wir ........ dir das Auto ganz bestimmt morgen zurückgeben.

5 ▶ Wie ........ das Leben in 100 Jahren aussehen?
▷ Die Menschen ........ alle viel länger leben als heute.

**b** Schreiben Sie Sätze mit *werden*.

1 Heute Abend gehe ich einkaufen.
*Heute Abend werde ich einkaufen gehen.*

2 Ich komme morgen Abend zu dir.

3 Besuchst du mich auch einmal?

4 Unsere Kinder studieren nächstes Jahr in Berlin.

5 Fahrt ihr nächsten Monat wirklich zu eurer Tante?

## 9 Passiv

**a** Schreiben Sie die Sätze im Passiv.

1 Frau Klein bestellt Kleidung online. *Die Kleidung wird online bestellt.*
2 Die Firma verschickt die Ware.
3 Die Spedition befördert die Ware.
4 Der Paketdienst liefert die Ware.
5 Frau Klein packt die Sachen aus.
6 Frau Klein überprüft die Lieferung.
7 Frau Klein bezahlt die Rechnung.

**b** Setzen Sie die Passivsätze aus Aufgabe 9a in die Vergangenheit.

1 *Die Kleidung wurde online bestellt.*
2
3
4
5
6
7

**c** Schreiben Sie die Sätze im Passiv.

1 In unserem Haus | der Müll | trennen
2 Der Müll | in verschiedene Mülltonnen | werfen
3 Der Sondermüll | bei Sammelstellen | abgeben
4 Die Mülltonnen | einmal in der Woche | leeren
5 Der Sperrmüll | auf die Straße | stellen
6 Vorher | ein Termin zur Abholung | ausmachen

1 *In unserem Haus wird der Müll getrennt.*
2 ……
3 ……
4 ……
5 ……
6 ……

## 10 Passiv mit Modalverben

Schreiben Sie Sätze mit *müssen, können, sollen*.

1 Die Waren | können | innerhalb von zwei Wochen | zurücksenden
*Die Waren können innerhalb von zwei Wochen zurückgesendet werden.*

2 Auf dem Retourenschein | müssen | die Gründe | angeben
……

3 Die Portogebühr für die Rücksendung | sollen | vom Kunden | bezahlen
……

## 11 Die Zeiten im Deutschen

Ergänzen Sie in allen Sätzen *kochen* in der richtigen Form.

| | | |
|---|---|---|
| 1 | *Präsens* | *Kochst* du gern? – Ja, ich …… sehr gern. |
| 2 | *Perfekt* | …… du heute ……? – Nein, ich …… heute nicht ……. |
| 3 | *Präteritum* | Früher …… man auf dem Holzofen. |
| 4 | *Plusquamperfekt* | Als wir nach Hause kamen, …… meine Freundin schon ……. |
| 5 | *Futur I* | Heute Abend …… ich auf jeden Fall ……. |
| 6 | *Konjunktiv II* | Ich …… gern ……, wenn ich es gelernt hätte. |

## Verben mit Akkusativ

| | **Akkusativ** |
|---|---|
| Wir schreiben | einen Brief. |
| Ich liebe | dich. |

Die meisten Verben haben eine Akkusativergänzung (Personen oder Sachen).
*Ich möchte einen Kaffee. Suchen Sie den Weg? Wir haben den Pullover umgetauscht.*

Beispiele: *brauchen, nehmen, suchen, kaufen, möchten, mögen, umtauschen*

## Verben mit Dativ

Einige Verben stehen immer mit dem Dativ. Der Dativ ist meistens eine Person.
*Hör mir bitte zu! Dann antworte ich dir. Ich gratuliere Ihnen zum Geburtstag.*

Beispiele: *antworten, danken, fehlen, gehören, gefallen, glauben, gelingen, gratulieren, helfen, nützen, passen, raten, schaden, schmecken, zuhören*

## Verben mit Dativ und Akkusativ

| | **Wem? Dativ** | **Was? Akkusativ** |
|---|---|---|
| Wir schreiben | unserem Freund | einen Brief. |

**Dativ**: Person
**Akkusativ**: Sache

*Ich empfehle Ihnen einen Schreibkurs. Wir schenken unserer Mutter Blumen.*
Wenn keine Person genannt wird, können viele dieser Verben auch nur mit dem Akkusativ stehen.
*Ich schreibe einen Brief.*

Beispiele: *bringen, empfehlen, erklären, erzählen, geben, holen, leihen, schenken, schicken, schreiben, senden, verschreiben, wünschen, zeigen*

## Verben mit Reflexivpronomen im Dativ und Akkusativ

| **Nominativ** | **Verb** | **Akkusativ** |
|---|---|---|
| Ich | wasche | mich. |

| **Nominativ** | **Verb** | **Dativ** | **Akkusativ** |
|---|---|---|---|
| Ich | wasche | mir | die Hände. |

Hat der Satz eine Akkusativergänzung, steht das Reflexivpronomen im Dativ. Die Pronomen im Akkusativ und Dativ unterscheiden sich nur in der 1. und 2. Person Singular (*mir/mich, dir/dich*).

## Verben mit Präpositionen

Diese Verben muss man auswendig lernen. Eine Liste der wichtigsten Verben mit Präpositionen finden Sie im Anhang.

**Verben + Präposition + Akkusativ**

achten auf
sich ärgern über
sich bedanken für
sich beschweren über
sich bewerben um
denken an
diskutieren über
sich entschuldigen für
sich entscheiden für
sich erinnern an
sich freuen auf/über
sich gewöhnen an
sich interessieren für
sich kümmern um
lachen über
verzichten auf
nachdenken über
warten auf

**Verben + Präposition + Dativ**

sich bewerben bei
diskutieren mit
sich entschuldigen bei
träumen von
sich treffen mit
sich verabreden mit
teilnehmen an
anfangen mit
sich bedanken bei

*Achten Sie bitte auf den Verkehr! Triffst du dich heute mit deinem Freund?* Manche Verben können auch mehrere Präpositionalergänzungen haben: *Ich entschuldige mich bei der Kursleiterin für mein Fehlen.*

## Die Verben *stehen/stellen, liegen/legen, sitzen/setzen, hängen*

**Wohin?** *(sich) stellen, (sich) legen, (sich) setzen, hängen*

| | Verb | | Präposition + Akkusativ | Zeiten: |
|---|---|---|---|---|
| Wir | stellen | die Vase | auf den Schrank. | *(sich) stellen, stellte, gestellt* |
| Wir | legen | das Buch | auf den Tisch. | *(sich) legen, legte, gelegt* |
| Wir | setzen | uns | auf den Stuhl. | *(sich) setzen, setzte, gesetzt* |
| Wir | hängen | das Bild | an die Wand. | *hängen, hängte, gehängt* |

**Wo?** *stehen, liegen, sitzen, hängen*

| | Verb | Präposition + Dativ | Zeiten: |
|---|---|---|---|
| Die Vase | steht | auf dem Schrank. | *stehen, stand, gestanden* |
| Das Buch | liegt | auf dem Tisch. | *liegen, lag, gelegen* |
| Wir | sitzen | auf dem Stuhl. | *sitzen, saß, gesessen* |
| Das Bild | hängt | an der Wand. | *hängen, hing, gehangen* |

## Das Verb *brauchen*

| | |
|---|---|
| *brauchen* + Akkusativ | *Wir brauchen einen Handwerker.* |
| *nicht brauchen* + *zu* + Infinitiv | *Das brauchen Sie nicht zu machen.* |
| *brauchen* + *nichts* + *zu* + Infinitiv | *Sie brauchen nichts mitzubringen.* |
| *brauchen* + *kein/keine/keinen* + *zu* + Infinitiv | *Sie brauchen keine Überstunden zu machen.* |
| *nur brauchen* + *zu* + Infinitiv | *Sie brauchen den Brief nur auszudrucken.* |

## Das Verb *lassen*

| | |
|---|---|
| ich | lasse |
| du | lässt |
| er/sie/es | lässt |
| wir | lassen |
| ihr | lasst |
| sie/Sie | lassen |

(1) (etwas nicht selbst machen)
*Ich lasse das Zeugnis übersetzen.*
*Ich muss das Zeugnis übersetzen lassen.*

(2) (etwas nicht tun)
*Ich lasse das heute sein.*

(3) (etwas verbieten)
*Lass das. Tu das nicht.*

## Das Verb *werden*

| ich | werde |
|---|---|
| du | wirst |
| er/sie/es | wird |
| wir | werden |
| ihr | werdet |
| sie/Sie | werden |

(1) Veränderung:
*Ich möchte Architekt werden.*
*Gestern wurde es schon früh dunkel.*
(2) Futur I/Versprechen/Vermutung:
*Ich werde Ihnen das Geld morgen zurückgeben.*
*In einem Jahr werden wir sehr gut Deutsch sprechen.*
*In 20 Jahren wird es wahrscheinlich nur noch Elektroautos geben.*
(3) Passiv:
*Wie werden Handys hergestellt?*
*Letzte Woche wurde die Schule renoviert.*

## Infinitiv mit *zu*

*Es ist nicht gestattet, auf dem Balkon zu grillen. Ich bitte Sie, die Regeln einzuhalten.*

Bei trennbaren Verben steht *zu* zwischen der Vorsilbe und dem Verbstamm.
Ich habe Lust, heute Abend ein Essen **zu** machen.
Ich habe keine Lust, morgen früh auf**zu**stehen.

Der Infinitiv mit *zu* steht nach:
(1) Nomen + *haben*:
*Ich habe keine Zeit, heute Sport zu machen.*
*Wir haben Lust, ins Kino zu gehen.*
(2) Ausdrücken mit *es*:
*Es ist schwer, die deutsche Grammatik zu lernen.*
*Es ist schön, schwimmen zu gehen.*
(3) Einigen Verben. Hier die wichtigsten:
*anfangen, aufhören, versuchen, planen, hoffen, vergessen, bitten, nicht brauchen*
*Ich habe angefangen, die Aufgabe zu lösen.*
*Vergiss bitte nicht einzukaufen. Sie brauchen nichts mitzubringen.*

! Kein *zu* bei den Modalverben. *Ich möchte Sie gern einladen.*

! Kein *zu*, wenn das Subjekt im Satz wechselt.
*Ich habe Lust, zu kommen.* (zweimal das gleiche Subjekt → Infinitiv mit *zu*)
aber:
*Ich habe Lust, dass du kommst.* (unterschiedliches Subjekt → *dass*-Satz)

## Die Satzklammer

| | | **Position 2** | | **Satzende** |
|---|---|---|---|---|
| Trennbare Verben | Ich | stehe | morgens immer früh | auf. |
| Modalverben | Wir | können | heute Abend zusammen | kochen. |
| Futur I | Meine Nachbarin | wird | in meiner Wohnung die Blumen | gießen. |
| Perfekt | Gestern | haben | wir viel | eingekauft. |
| Plusquamperfekt | Das | hatten | wir nicht | gedacht. |
| Passiv | Gestern | wurde | mein Fahrrad | repariert. |
| Konjunktiv II | Wir | würden | euch sehr gern | besuchen. |

## 1 Verben mit Akkusativ

haben
brauchen
mögen
kaufen
umtauschen
finden
kochen
machen
essen
trinken
**mit Akkusativ!**

Ergänzen Sie die Artikel im Akkusativ.

1 ▶ Wir gehen einkaufen. Was brauchen wir?
▷ Wir haben kein *en* Käse und kein ..... Milch. Dann brauchen wir auch noch ein ..... Kasten Wasser, ein ..... Dose Erbsen und ein ..... Pfund Tomaten.
▶ Und wir kaufen ein ..... Packung Tee.

2 ▶ Wir haben ein ..... neue Wohnung und brauchen noch Möbel. Wir brauchen ein ..... Lampe für das Schlafzimmer, ein ..... Sofa, ein ..... Bett haben wir schon, ein ..... Sessel für das Wohnzimmer, ein ..... Schrank für den Fernseher und ...

3 ▶ Guten Tag. Kann ich d..... Mantel hier umtauschen? Er ist zu groß. Ich brauche d..... Mantel in Größe 40.
▷ Nein, tut mir leid, in Größe 40 haben wir d..... Mantel nicht mehr. Aber wir haben hier ein ..... Jacke in Größe 40. Ich finde d..... Jacke sehr schön, und Sie?

4 ▶ Was kochen wir?
▷ Wir kochen ein ..... Gemüsesuppe, danach machen wir ein ..... Rinderbraten. Als Nachtisch essen wir noch ein ..... Eis und trinken ein ..... leckeren Espresso.

## 2 Verben mit Dativ

Ergänzen Sie die Personalpronomen.

1 ▶ Julia, wie gefällt *dir* der Rock?
▷ Der gefällt .......... sehr gut, aber ich glaube, er passt .......... nicht.

2 ▷ Der Pullover passt .......... ganz gut. Was denkst du?
▶ Ja, er gefällt .......... auch.

3 ▶ Guten Tag, wie kann ich .......... helfen?
▷ Ja, diese Schuhe gefallen .......... sehr gut.
▶ Und passen Sie ..........?
▷ Ja, sie passen .......... sehr gut.

4 ▶ Sami und Kiara, schmeckt .......... die Suppe?
▷ Nein, sie schmeckt .......... gar nicht.

gefallen
passen
helfen
schmecken
**mit Dativ!**

## 1 Verben mit Dativ

Ergänzen Sie die richtigen Pronomen.

1 Können Sie .................... helfen? (mich/mir). – Ja, ich helfe .................... (Sie/Ihnen) gern.

2 Wem gehört das Handy? – Das Handy gehört .................... (mir/mich).

3 Ich habe .................... (die/der) Kundin geantwortet. Sie hatte eine Frage.

4 Hören Sie .................... (dem/den) Kursleiter immer genau zu!

5 Das Essen hat .................... (mir/mich) sehr gut geschmeckt.

6 Die neuen Schuhe passen .................... (sie/ihr) sehr gut.

## 2 Verben mit Dativ und Akkusativ

**a** Ergänzen Sie *wünschen – geben – empfehlen* in der richtigen Form.

1 Der Arzt .................... mir Übungen gegen Rückenschmerzen.

2 Der Arzt .................... mir eine Salbe.

3 Er .................... mir gute Besserung.

**b** Ergänzen Sie die richtigen Pronomen.

1 Können Sie .................... (mir/mich) den Weg zum Marktplatz zeigen?

2 Ich schenke .................... (Sie/Ihnen) einen Stadtplan.

## 3 Die Verben *stehen/stellen, liegen/legen, sitzen/setzen, hängen*

**a** *stellen – legen – hängen*. Ergänzen Sie in der richtigen Form.

1 Tayo .................... das Bild an die Wand.

2 Tayo .................... die Lampe in die Ecke.

3 Tayo .................... die CD in das Regal.

**Akkusativ** → Wohin?
stellen, legen, setzen, hängen

**Dativ** → Wo?
stehen, liegen, sitzen, hängen

**b** *stehen – liegen – hängen*. Ergänzen Sie in der richtigen Form.

1 Das Bild .................... jetzt an der Wand.

2 Die Lampe .................... jetzt in der Ecke.

3 Die CDs .................... jetzt im Regal.

**c** *stehen/stellen, liegen/legen, sitzen/setzen, hängen*. Ergänzen Sie.

1 Das Bett .................... jetzt noch im Flur. Wir .................... es ins Schlafzimmer.

2 Das Bild .................... noch in der Küche. Wir .................... es über das Bett.

3 Der Teppich .................... noch im Keller. Wir .................... ihn unter das Bett im Schlafzimmer.

4 Die Katze .................... unter dem Tisch. Wir .................... sie auf das Sofa.

## 1 Verben mit Dativ und Akkusativ

**a** Schreiben Sie die Verben in eine Tabelle in Ihr Heft.

~~antworten~~ | ~~fragen~~ | zuhören | brauchen | ~~bringen~~ | nehmen | suchen | gratulieren | verstehen | einladen | lieben | möchten | gefallen | schmecken | mögen | leihen | schenken | helfen | glauben | umtauschen | sehen | finden | lesen | raten | empfehlen | bestellen | passen | erklären | erzählen | geben | kaufen | schicken | gelingen | schreiben | verschreiben | zeigen | danken | bitten | gehören | wünschen

| Verben mit Akkusativ | Verben mit Dativ | Verben mit Dativ und Akkusativ |
|---|---|---|
| *fragen* | *antworten* | *bringen* |
| | | |

**b** Was passt nicht? Streichen Sie durch.

1 Ich liebe **dich / ~~dir~~**. Ich verstehe **dich / dir**.

2 Ich zeige **dich / dir** den Weg.

3 Ich frage **dich / dir**. Ich antworte **dich / dir**.

4 Ich bitte **Sie / Ihnen** um Hilfe. Ich danke **Sie / Ihnen**.

5 Ich frage **Sie / Ihnen** nach dem Weg.

6 Ich gratuliere **dich / dir** zum Geburtstag.

7 Ich danke **dich / dir** für die Einladung.

8 Ich wünsche **Ihnen / Sie** ein schönes Wochenende.

9 Zum Geburtstag schenke ich **meine / meiner** Mutter Blumen.

10 Wir erklären **unseren / unsere** Kollegen den neuen Kopierer.

**c** Wo stehen die Wörter? Schreiben Sie die Sätze in die Tabelle.

1 Anja | ihren Freunden | zeigt | einen Online-Shop

2 Herr Mutlu | der Kundin | gibt | einen Kaufvertrag

3 Maria | ihrer Mutter | einen Gutschein | schenkt

4 Tomek | seinem Sohn | ein neues Fahrrad | kauft

5 Die Verkäuferin | dem Kunden | empfiehlt | ein Sonderangebot

| Wer? | Verb | Wem? | Was? |
|---|---|---|---|
| 1 Anja | *zeigt* | *ihren Freunden* | *einen Online-Shop.* |
| 2 Herr Mutlu | | | |
| 3 Maria | | | |
| 4 Tomek | | | |
| 5 Die Verkäuferin | | | |

**d** Schreiben Sie die Sätze richtig.

1 Frau Yilmaz | leihen | die Kollegin | ihr Auto
2 Frau Lachmann | bestellen | ihr Mann | eine DVD
3 Eduardo | schenken | seine Freundin | ein Gutschein
4 Die Kinder | schicken | die Eltern | eine SMS

1 *Frau Yilmaz leiht der Kollegin ihr Auto.*
2 ……
3 ……
4 ……

## 2 Verben mit Reflexivpronomen im Dativ und Akkusativ

Ergänzen Sie: *mir, dir* oder *mich, dich.*

1 Gestern habe ich …… bei einem Unfall verletzt. Ich habe …… die Hand verletzt und hatte starke Schmerzen.
2 Zieh …… warm an. Es wird kalt. – Kein Problem, ich habe …… einen warmen Mantel angezogen.
3 Interessierst du …… für Elektrofahrräder? – Ja, ich habe …… schon so ein Fahrrad gekauft.
4 Wasch …… die Hände und kämm …… ordentlich! – Ich habe …… doch schon die Hände gewaschen und …… die Haare gekämmt.

## 3 Verben mit Präpositionen

**a** Was passt? Markieren Sie.

| | | | | |
|---|---|---|---|---|
| 1 | achten | zu | auf | über |
| 2 | sich ärgern | an | vor | über |
| 3 | sich bedanken | an | vor | für |
| 4 | sich beschweren | für | über | von |
| 5 | sich bewerben | an | von | um |
| 6 | denken | an | für | zu |
| 7 | diskutieren | auf | über | von |
| 8 | einladen | auf | für | zu |
| 9 | sich entschuldigen | für | um | von |
| 10 | sich freuen | an | auf | vor |
| 11 | sich freuen | um | über | zu |
| 12 | sich interessieren | für | an | über |
| 13 | sich kümmern | an | um | für |
| 14 | lachen | auf | um | über |
| 15 | verzichten | an | auf | von |
| 16 | nachdenken | an | auf | über |
| 17 | warten | auf | für | zu |
| 18 | anfangen | an | auf | mit |
| 19 | sich gewöhnen | an | für | über |
| 20 | sprechen | für | über | vor |
| 21 | träumen | auf | von | über |
| 22 | teilnehmen | an | auf | mit |
| 23 | sich treffen | an | mit | zu |
| 24 | sich vorbereiten | auf | über | zu |

**b** Welche Präpositionen passen? Ergänzen Sie.

1 Rabia hat sich .................. eine Stelle beworben und freut sich .................. das Vorstellungsgespräch nächste Woche. Sie hat sich sehr gut vorbereitet .................. das Gespräch und freut sich .................. die Hilfe, die sie bei der Vorbereitung von Ilona bekommen hat. Jetzt wartet sie noch .................. einen genauen Termin für das Gespräch. Sie weiß bis jetzt nur, dass der Personalchef sich .................. ihr am Dienstagnachmittag treffen möchte. Auf jeden Fall hat sie sich schon für Dienstagabend .................. Ilona verabredet.

2 Tayo träumt .................. einer anderen Arbeit. Er kann sich .................. das schlechte Arbeitsklima in seiner Abteilung nicht gewöhnen und ärgert sich sehr .................. seine Kollegen. Er interessiert sich .................. eine andere Tätigkeit in der Firma und hat .................. eine Arbeit im Außendienst nachgedacht. Er möchte jetzt mit seinem Chef .................. einen möglichen Wechsel sprechen.

3 ▶ Hast du dich .................. die laute Musik gestern Abend bei deinen Nachbarn beschwert?

▷ Nein, zuerst habe ich mich zwar .................. die Nachbarn geärgert, dann kamen sie aber zu mir herunter, sagten, dass sie eine große Party hätten, haben sich .................. die Musik entschuldigt und mich .................. ihrer Party eingeladen. Leider konnte ich nicht .................. ihrer Feier teilnehmen. Ich musste heute früh aufstehen. Na ja, sie haben die Musik dann leiser gemacht.

## 4 Die Verben *stehen / stellen, liegen / legen, sitzen / setzen, hängen*

**a** *stehen – stellen – liegen – legen – hängen*. Ergänzen Sie im Perfekt.

1 ▶ Hast du das Bild schon an die Wand ..........................?

▷ Ja, es hängt da schon seit einer Stunde.

2 ▶ Ich suche meine Brille. Sie hat hier auf der Kommode ...........................

▷ Ich weiß, wo sie ist. Ich habe sie auf den Tisch ...........................

3 Den Fernseher habe ich aufs Regal ........................... Vorher hat er auf dem Boden ...........................

**b** *setzen – sitzen*. Ergänzen Sie. Achten Sie auf die Zeiten.

1 ▶ Herr Nagy, wollen Sie sich nicht ..........................?

▷ Nein, ich .......................... immer den ganzen Tag am Schreibtisch. Auch heute habe ich über vier Stunden am Computer ........................... Ich bleibe lieber stehen.

2 Die Katze .......................... sich gern auf das Sofa. Heute .......................... sie aber vor dem Fenster.

## 5 Das Verb *brauchen*

**a** Schreiben Sie die Sätze anders. Verwenden Sie *brauchen nicht + zu* und *brauchen nur + zu*.

Die Arbeit ist fertig.

1 Wir <u>müssen nicht</u> länger bleiben. *Wir brauchen nicht länger zu arbeiten.*

2 Wir <u>müssen nicht</u> mehr telefonieren. ..........

3 Wir <u>müssen nur</u> den Computer ausmachen. ..........

4 Und wir <u>müssen nur</u> noch abschließen. ..........

**b** Schreiben Sie einen Text. Verwenden Sie *brauchen nur + zu*.

den Kopierer einschalten → Papier einlegen → die Zahl der Kopien einstellen → auf Start drücken → und dann abwarten

*Du brauchst den Kopierer nur einzuschalten. Du brauchst nur Papier* ..........

..........

..........

## 6 Das Verb *lassen*

Ergänzen Sie die richtige Form von *lassen*.

1 Ich renoviere die Wohnung nicht selbst, ich .......... sie renovieren.

2 Laura weiß nicht, wie der Scanner funktioniert. Sie .......... es sich erklären.

3 Wo kann ich mein Zeugnis übersetzen ..........?

4 Laura, .......... mich das machen. Ich kann das besser.

5 Hört auf mit dem Lärm. .......... das! Ihr müsst noch Hausaufgaben machen.

## 7 Das Verb *werden*

Ergänzen Sie die richtige Form von *werden*. Achten Sie auf die Zeiten.

1 ▶ Was *wird* diese Woche passieren?

▷ Diese Woche .......... unsere Wohnung renoviert.

Die Handwerker sind fast fertig. Nur der Flur muss noch gestrichen ..........

Wir .......... das aber selbst machen.

2 Gestern .......... Jonathan 30 Jahre alt.

Gestern Abend .......... dann ein großes Fest gefeiert.

3 ▶ Tom .......... ja immer größer. Er wächst und wächst ...

▷ Ja, wir .......... schon wieder neue Klamotten für ihn besorgen müssen.

▶ Im Second-Hand-Laden .......... schöne Kinderklamotten angeboten.

## 8 Infinitiv mit *zu*

**a** Schreiben Sie die Sätze mit dem Infinitiv mit *zu*.

1 Es ist wichtig, | die Hausordnung lesen
2 Es ist sinnvoll, | die Haustür abschließen
3 Es ist schön, | Kontakt zu den Nachbarn haben
4 Vergiss bitte nicht, | die Bücher mitbringen
5 Wir bitten Sie, | uns morgen anrufen
6 Ich hoffe, | Sie bald wiedersehen

1 *Es ist wichtig, die Hausordnung zu lesen.*
2 ………… *abzuschließen.*
3 …………
4 …………
5 …………
6 …………

**b** Was passt nicht? Streichen Sie durch.

Liebe Nachbarn,
ich möchte Sie gern am Samstag zu einem Fest in meiner Wohnung **einladen / ~~einzuladen~~** und bitte Sie, mir Bescheid **sagen / zu sagen**, wenn Sie nicht kommen können. Ich hoffe, Sie alle **sehen / zu sehen** und dass wir einen schönen Abend **haben / zu haben**. Ich finde es schön, uns alle auf diese Art und Weise **kennenlernen / kennenzulernen**. Sie brauchen nichts **mitbringen / mitzubringen**. Für Essen und Trinken ist gesorgt.
Viele Grüße

## 9 Die Satzklammer

Wo stehen die Wörter? Schreiben Sie die Sätze in die Tabelle.

Morgen | wir nicht | arbeiten | müssen | .
Gestern | wir viele Überstunden | gemacht | haben | .
Den ganzen Tag | bearbeitet | wurden | viele Bestellungen | .
Vorher | hatten | telefoniert | wir mit den Kunden | .
Wir | heute Abend noch | ein | kaufen | .
Nächste Woche | wir in Urlaub | werden | fahren | .
Wir | euch gerne | würden | mitnehmen | .

| | | **Position 2** | | **Satzende** |
|---|---|---|---|---|
| Trennbare Verben | | | | |
| Modalverben | *Morgen* | *müssen* | *wir nicht* | *arbeiten.* |
| Futur I | | | | |
| Perfekt | | | | |
| Plusquamperfekt | | | | |
| Passiv | | | | |
| Konjunktiv II | | | | |

## Komparativ und Superlativ

Mit dem Komparativ und dem Superlativ von Adjektiven kann man etwas miteinander vergleichen:

| | Komparativ | Superlativ |
|---|---|---|
| groß | größer | am größten |

**Komparativ und Superlativ bei regelmäßigen Adjektiven**

| | -er | am -sten |
|---|---|---|
| klein | klein**er** | **am** klein**sten** |
| schnell | schnell**er** | **am** schnell**sten** |
| schön | schön**er** | **am** schön**sten** |

**Komparativ und Superlativ bei regelmäßigen Adjektiven mit Besonderheiten**

| | -er | am -sten | Umlaute |
|---|---|---|---|
| jung | jüng**er** | **am** jüng**sten** | **u → ü** |
| warm | wärm**er** | **am** wärm**sten** | **a → ä** |
| groß | größ**er** | **am** größ**ten** | **o → ö** |

| | -er | am -esten | nach -t, -d, -ß, -sch |
|---|---|---|---|
| weit | weit**er** | **am** weit**esten** | |
| alt | ält**er** | **am** ält**esten** | |
| schlecht | schlecht**er** | **am** schlecht**esten** | |
| gesund | gesünd**er** | **am** gesünd**esten** | |
| heiß | heiß**er** | **am** heiß**esten** | |
| hübsch | hübsch**er** | **am** hübsch**esten** | |

| | -er | am -sten | -e entfällt im Komparativ |
|---|---|---|---|
| dunkel | dunkl**er** | **am** dunkel**sten** | |
| teuer | teur**er** | **am** teuer**sten** | |

| | -er | am -ten | -h-, -ch- wird -chs- im Superlativ |
|---|---|---|---|
| nah | näh**er** | **am** näch**sten** | |
| hoch | höh**er** | **am** höch**sten** | |

**Komparativ und Superlativ bei unregelmäßigen Adjektiven**

| | | |
|---|---|---|
| gut | besser | am besten |
| gern | lieber | am liebsten |
| viel | mehr | am meisten |

## Vergleiche

**Vergleiche mit *als***

schneller
besser } als = unterschiedlich
teurer

*Ein Tiger ist schneller als eine Schnecke.*
*Der Sportwagen ist teurer als das Fahrrad.*

Bei *als* verwendet man den Komparativ.

**Vergleiche mit *genauso ... wie***

genauso ... wie = gleich

*Luisa ist genauso schön wie Lotta.*
*Lutz ist genauso sportlich wie Rasmus.*

Negation:

*Ella ist nicht so groß wie Linda.*

Bei *genauso ... wie* verwendet man das Adjektiv.

## Ordinalzahlen

| | | 1.–19. **-te** | | | ab 20. **-ste** |
|---|---|---|---|---|---|
| eins | | **erste** | zwanzig | | zwanzig**ste** |
| zwei | | zwei**te** | einundzwanzig | | einundzwanzig**ste** |
| drei | | **dritte** | dreißig | | dreißig**ste** |
| vier | | vier**te** | fünfundvierzig | der, | fünfundvierzig**ste** |
| fünf | der, | fünf**te** | neunundneunzig | die, | neunundneunzig**ste** |
| sechs | die, | sechs**te** | hundert | das | hundert**ste** |
| sieben | das | **siebte** | tausend | | tausend**ste** |
| acht | | ach**te** | zehntausend | | zehntausend**ste** |
| neun | | neun**te** | | | |
| zehn | | zehn**te** | | | |
| neunzehn | | neunzehn**te** | | | |

Achtung: *beim/am/zum* **-ten** / **-sten** ers**ten**/zwei**ten**/zwanzig**sten**

## Adjektivdeklination

Wenn das Adjektiv vor dem Nomen, aber nach dem Artikel steht, ändert sich seine Endung:

Die Jacke ist groß. → Die groß**e** Jacke.

**Adjektivdeklination mit bestimmtem Artikel**

| | **Nominativ** | **Akkusativ** | **Dativ** |
|---|---|---|---|
| maskulin | der gut**e** Film | den gut**en** Film | dem gut**en** Film |
| feminin | die groß**e** Jacke | die groß**e** Jacke | der groß**en** Jacke |
| neutral | das neu**e** Auto | das neu**e** Auto | dem neu**en** Auto |
| Plural | die blau**en** Stiefel | die blau**en** Stiefel | den blau**en** Stiefeln |

**Adjektivdeklination mit unbestimmtem Artikel**

| | **Nominativ** | **Akkusativ** | **Dativ** |
|---|---|---|---|
| maskulin | ein gut**er** Film | einen gut**en** Film | einem gut**en** Film |
| feminin | eine groß**e** Jacke | eine groß**e** Jacke | einer groß**en** Jacke |
| neutral | ein neu**es** Auto | ein neu**es** Auto | einem neu**en** Auto |
| Plural | blau**e** Stiefel | blau**e** Stiefel | blau**en** Stiefeln |

**Adjektivdeklination ohne Artikel**

| | **Nominativ** | **Akkusativ** | **Dativ** |
|---|---|---|---|
| maskulin | frisch**er** Saft | frisch**en** Saft | frisch**em** Saft |
| feminin | alt**e** Liebe | alt**e** Liebe | alt**er** Liebe |
| neutral | alt**es** Holz | alt**es** Holz | alt**em** Holz |
| Plural | gut**e** Freunde | gut**e** Freunde | gut**en** Freunden |

## Partizip I (Partizip Präsens) und Partizip II (Partizip Perfekt) als Adjektiv

Die Partizipien I und II kann man als Adjektive verwenden. Die Endungen sind dann wie bei den Adjektiven.

| | | |
|---|---|---|
| Partizip Präsens (Partizip I)<br>Infinitiv + d + Adjektivendung | spielen + d = spielen**d**<br>Etwas passiert jetzt gerade. | *Das spielen**de** Kind ist im Garten.*<br>*Ich rufe das spielen**de** Kind.* |
| Partizip Perfekt (Partizip II)<br>Perfekt + Adjektivendung | stehlen → gestohlen<br>Etwas ist schon passiert. | *Das gestohlen**e** Auto ist weg.*<br>*Wir haben das gestohlen**e** Auto gesucht.* |

## 1 Komparativ

| | |
|---|---|
| groß | gr**ö**ßer |
| warm | w**ä**rmer |
| alt | **ä**lter |
| kalt | k**ä**lter |

**a** Markieren Sie den Komparativ.

1 Deutschland ist klein, aber die Schweiz ist kleiner.

2 Europa ist groß, aber die USA sind größer.

3 In Italien ist es warm, aber in Afrika ist es wärmer.

4 Der Wein ist alt, aber der Cognac ist älter.

5 Im Herbst ist es in Norwegen kalt, aber im Winter ist es kälter.

**b** Ergänzen Sie den Komparativ.

1 (beliebt)
Tennis oder Fußball? Welche Sportart ist *beliebter*?

2 (gut)
Joggen oder Schwimmen? Welche Sportart trainiert die Muskeln ..................?

3 (schnell)
Radfahren oder Inlineskating? In welcher Sportart fährt man ..................?

4 (selten)
Eishockey oder Eisstockschießen? Welche Sportart ist ..................?

5 (teuer)
Reiten oder Golf spielen?
Welche Sportart ist ..................?

| | |
|---|---|
| teuer | te**ur**er |
| dunkel | dun**kl**er |

6 (schön)
Turnen oder Gymnastik machen? Welche Sportart ist ..................?

**c** Ordnen Sie die Adjektive zu und bilden Sie den Komparativ.

dick | hoch | kalt | lang | weich

1 Der letzte Winter war sehr .................., aber vor zwei Jahren war es ...................

2 Das Handtuch ist .................., aber das Badetuch ist ...................

3 Das Grammatikbuch ist sehr .................., aber das Wörterbuch ist ...................

4 Lauras Haare sind .................., aber Sonjas Haare sind ...................

5 Dieser Apfelbaum ist sehr .................., aber der Kirschbaum ist ...................

## 2 Superlativ

Was passt zusammen? Ergänzen Sie die Adjektive und bilden Sie den Superlativ.

| langweilig \| bequem \| ~~spannend~~ \| hübsch \| gern |
|---|

1 [c] Actionfilme sind *spannend*,

2 [ ] Karim isst Spaghetti ..........,

3 [ ] Dieses Buch ist ..........,

4 [ ] Die Schuhe sind ..........,

5 [ ] Die Pflanze ist ganz ..........,

a aber Pizza isst er ...........

b aber die Stiefel sind ...........

c aber Dokumentationen sind *am spannendsten*.

d aber dieser Blumenstrauß ist ...........

e aber der Film dazu ist ...........

## 3 Komparativ und Superlativ bei unregelmäßigen Adjektiven

Schreiben Sie Sätze wie im Beispiel.

| gut | besser | am besten |
|---|---|---|
| gern | lieber | am liebsten |
| viel | mehr | am meisten |

1 Was isst Lilli gern? (☺ Salat ☺☺ Kuchen ☺☺☺ Schokolade)
*Lilli isst gern Salat. Aber sie isst lieber Kuchen.*
*Und sie isst am liebsten Schokolade.*

2 Was macht Joana viel? (☺ arbeiten ☺☺ lernen ☺☺☺ Sport machen)

3 Was kann Sergej gut? (☺ backen ☺☺ kochen ☺☺☺ zeichnen)

4 Was macht Rasmus gern? (☺ Fahrrad fahren ☺☺ Computerspiele spielen ☺☺☺ schlafen)

## 4 Vergleiche mit *als*

Schreiben Sie Sätze mit dem Komparativ und *als*.

1 Die Schweiz | klein | Deutschland
*Die Schweiz ist kleiner als Deutschland.*

2 Die USA | groß | Europa
……………………………………………

3 Die Donau | lang | der Rhein
……………………………………………

4 Das Matterhorn | hoch | die Zugspitze
……………………………………………

5 Capri | klein | Sizilien
……………………………………………

## 5 Vergleiche mit *genauso ... wie*

Schreiben Sie Sätze mit *genauso ... wie*.

1 Lea | fleißig | Leon
*Lea ist genauso fleißig wie Leon.*

2 Tim | unordentlich | Tina
……………………………………………

3 Die Hose | eng | der Rock
……………………………………………

4 Der Stuhl | bequem | der Sessel
……………………………………………

5 Das Buch | interessant | der Film
……………………………………………

## 6 Vergleiche mit *genauso ... wie* oder *als*

Schreiben Sie Sätze mit *genauso ... wie* oder *als*.

1 Tobias ist zwanzig Jahre alt. Sein Freund Simon auch.
Tobias ist …………………… Simon.

2 Der Berliner Fernsehturm ist 368 Meter hoch. Der Kölner Dom ist 157 Meter hoch.
Der Berliner Fernsehturm ist …………………… der Kölner Dom.

3 In Berlin leben viele Einwohner (3,5 Millionen). In Köln leben 1 Million Einwohner.
In Berlin leben …………………… Einwohner …………………… in Köln.

4 Kaviar ist teuer. Champagner ist auch teuer.

Kaviar ist .................................................. Champagner.

5 Smoothies trinken ist gesund. Viel Obst essen ist auch gesund.

Smoothies trinken ist .................................................. viel Obst essen.

## 7 Ordinalzahlen

**a** Schreiben Sie die Zahlen in Worten.

1 Der *erste* (1.) Preis geht an den Victoria Turnverein.

2 Tom macht nun schon das .................... (3.) Mal seine Führerscheinprüfung.

3 Frau Müller hat eigentlich nur alle vier Jahre Geburtstag. Ihr Geburtstag ist am .................................................. (28.) Februar.

4 Der .................................................. (32.) Hochzeitstag! Die Mayers feiern ihn in Spanien.

5 Schäfer Diederichs hat 99 Schafe. Das .................................................. (100.) Schaf bekommt er von Bauer Henrichs geschenkt.

**b** Was passt? Ergänzen Sie.

1 Frau Müller kauft .................... Kilo Tomaten. — a) fünf b) fünfte

2 Rabia hat heute .................... Mal versucht, Sven telefonisch zu erreichen. — a) vier b) vierte

3 Arlena hat die B1-Prüfung erst beim .................... Versuch geschafft. — a) zwei b) zweiten

4 Klaus hat letztes Jahr zum .................... Mal geheiratet. — a) drei b) dritten

5 Miguel hat .................... Paar Turnschuhe. — a) zwölf b) zwölften

6 Aicha und Mohammed wohnen jetzt im .................... Jahr in Deutschland. — a) sieben b) siebten

## 1 Komparativ

**a** Ergänzen Sie die Komparative und beantworten Sie dann die Fragen.

1 weit | nah

Ist dein Heimatland *weiter* oder *näher* als die USA?

Mein Heimatland ist .................... als die USA.

2 groß | klein

Ist dein Heimatland .................... oder .................... als Deutschland?

Mein Heimatland ist .................... als Deutschland.

3 warm | kalt

Ist es in deinem Heimatland .................... oder .................... als in Deutschland?

In meinem Heimatland ist es .................... als in Deutschland.

4 wenig | viel

Wohnen in deinem Heimatland .................... oder .................... Menschen als in Deutschland?

In meinem Heimatland wohnen .................... Menschen als in Deutschland.

5 schön | hässlich

Ist es in deinem Heimatland .................... oder .................... als in Deutschland?

In meinem Heimatland ist es .................... als in Deutschland.

**b** Schreiben Sie zu den Sätzen gegensätzliche Aufforderungen mit dem Komparativ.

| ordentlich \| laut \| früh \| wenig \| ~~langsam~~ |
|---|

1 Sie sprechen zu schnell. *Sprechen Sie bitte langsamer*.

2 Ihr geht zu spät ins Bett. .....................................................

3 Du arbeitest unordentlich. .....................................................

4 Sie lesen zu leise. .....................................................

5 Du isst zu viel Kuchen. .....................................................

## 2 Komparativ und Superlativ

Schreiben Sie Sätze mit dem Komparativ und dem Superlativ.

1 langsam: ICE (+) IC (++) Fernbus (+++)

*Der IC ist langsamer als der ICE. Der Fernbus ist am langsamsten.*

2 kühl: Cola (+) Mineralwasser (++) Eistee (+++)

3 gemütlich: Sofa (+) Sessel (++) Bett (+++)

4 lecker: Schokolade (+) Bonbon (++) Sahnetorte (+++)

## 3 Vergleiche mit *genauso ... wie* und *als*

Schreiben Sie Sätze mit *genauso ... wie* und *als*.

1 Anton | gern | trinken

*Anton trinkt genauso gern Tee wie Kaffee* .

*Anton trinkt lieber Tee als Kaffee* .

2 Ramira | viel | fahren

3 Luisa | schwierig | finden

4 Wafaa | gern | spielen

## 4 Adjektivdeklination mit bestimmtem Artikel: Nominativ und Akkusativ

**a** Ergänzen Sie die Adjektivendungen.

1 Ich finde die braun...... Jacke und die rot...... Schuhe gut.

2 Lisa hat das schön......, groß...... Auto gekauft.

3 Der klein......, schwer...... Koffer gehört Frau Aziz.

4 Die kurz...... und kariert...... Hosen sind sehr teuer.

5 Tom fragt den freundlich...... und nett...... Verkäufer.

**b** Schreiben Sie Sätze. Notieren Sie dann Nominativ (N) oder Akkusativ (A).

1 Die Hose | dunkel | sein | zu teuer

*Die dunkle Hose ist zu teuer*. *N*

2 Der Strand | schön | sein | menschenleer

...................................................... . ..........

3 Die Gäste | essen | der Braten | lecker

...................................................... . ..........

4 Nora | tragen | das Kleid | blau

...................................................... . ..........

## 5 Adjektivdeklination mit unbestimmtem Artikel: Nominativ und Akkusativ

**a** Ordnen Sie zu und ergänzen Sie die richtigen Formen. Kreuzen Sie dann an.

1 Was brauchen Sie nicht zum Kuchen backen?

heiß | sauber | frisch | kalt

- ☐ vier ...................... Eier
- ☐ ¼ Liter ...................... Milch
- ☐ eine ...................... Schüssel
- ☐ einen ...................... Grill

2 Was nehmen Sie nicht mit in den Kurs?

blau | praktisch | modern | neu

- ☐ ein ...................... Heft
- ☐ eine ...................... Kaffeemaschine
- ☐ einen ...................... Kugelschreiber
- ☐ eine ...................... Schulmappe

3 Was können Sie nicht am Bahnhof kaufen?

aktuell | schnell | interessant | groß

- ☐ einen ...................... Stadtplan
- ☐ eine ...................... Zeitung
- ☐ ein ...................... Buch
- ☐ ein ...................... Fahrrad

**b** Ergänzen Sie die richtigen Formen.

1 Ich habe im Internet ein .................................... (günstig) Angebot gefunden.

2 Das war wirklich ein .................................... (wunderschön) Urlaub.

3 An der Ecke gibt es eine .................................... (neu) Buchhandlung.

4 Mein Sohn braucht unbedingt eine .................................... (dick) Winterjacke.

5 Ich suche einen .................................... (rot) Rock.

6 .................................... (gepunktet) Tischdecken passen sehr gut zur Dekoration.

## 6 Adjektivdeklination mit bestimmtem und unbestimmtem Artikel: Nominativ und Akkusativ

**a** Schreiben Sie die Sätze.

1 Der Mann | fleißig | aus der 3. Etage | machen | oft | Reparaturen | klein

*Der fleißige Mann aus der 3. Etage macht oft kleine Reparaturen*.

2 Die Frau | alt | brauchen | eine Brille | neu

.........................................................................................................................

3 Die Mieterin | nett | haben | zwei | Hunde | jung

.........................................................................................................................

4 Die Verkäuferin | unfreundlich | verkaufen | mir | ein Pullover | teuer

.........................................................................................................................

5 Das Mädchen | dünn | suchen | ein Kleid | günstig und hübsch

.........................................................................................................................

**b** Was passt nicht? Streichen Sie durch.

1 Herr Brand ist ein **junge / junger** Mann und trägt eine **schwarze / schwarzer** Brille.

2 Helene Fischer ist in Deutschland eine **bekannte / bekannten** Sängerin.

3 **Kleine / Kleinen** Kinder mögen oft **süße / süßen** Schokolade.

4 Herr Mutlu hat sich den **schneller / schnellen** Wagen von seiner Frau geliehen.

5 In der Lessingstraße ist die **alte / alter** Dorfkirche und daneben gibt es ein **neuer / neues** Geschäft.

## 1 Adjektivdeklination mit bestimmtem Artikel: Nominativ, Akkusativ und Dativ

**a** Ergänzen Sie die Adjektivendungen.

1 Der alt...... Mann spricht mit dem neu...... Nachbarn.

2 Das dick...... Buch steht im niedrig...... Regal.

3 Der Bürgermeister hat das herrlich...... Büro im historisch...... Rathaus.

4 Wir haben den kurz...... Ausflug mit der langsam...... Dampflock gemacht.

5 Die Floristin stellt die bunt...... Blumen in die grau...... Vase.

**b** Ergänzen Sie die richtigen Formen.

kaputte | kaputten

1 Du kannst nicht mit der ...... Hose zum Vorstellungsgespräch gehen.

2 Den ...... Laptop kann man nicht mehr reparieren.

3 Schade, die ...... Brille war sehr teuer.

4 Ich habe das ...... Fahrrad verschenkt.

5 Wirf endlich die ...... Schuhe mit den ...... Sohlen weg.

gebrauchte | gebrauchten

6 Julia verkauft die ...... Bücher auf dem Flohmarkt.

7 Was soll ich denn mit dem ...... Handtuch machen?

8 Lena bekommt immer die ...... Handys ihrer Mutter.

9 Die ...... Handtasche ist noch gut.

**c** Formulieren Sie Fragen und Antworten.

1 der Mantel | rot | Gefallen | dir

...... ?

2 der Mantel | rot | gefallen | mir

*Ja,* ...... .

3 die Kette | modern | Schenken | du | deine Mutter

...... ?

4 die Schuhe | teuer | ich | schenken | ihr

*Nein,* ...... .

5 Das Zimmer | mit dem Bad | hübsch | ich | reservieren | Sollen

...... ?

6 das Zimmer | mit der Aussicht | herrlich | ich | lieber | reservieren | möchten

*Nein,* ...... ?

**d** Was passt zusammen? Ordnen Sie zu und ergänzen Sie die Adjektivendungen.

1 (f) Der schwer *e* Koffer nervt, — a aber die alt ...... Kleider braucht kein Mensch.
2 ( ) Das alt ...... Kleid ist zwar schön, — b bei dem groß ...... Reitturnier getragen.
3 ( ) Die grün ...... Hose habe ich — c mit der schmal ...... Krawatte kombinieren.
4 ( ) Die unbequem ...... Schuhe und — d zusammen mit der gelb ...... Tasche in Paris gekauft.
5 ( ) Den groß ...... Hut hat Lilli — e zur klein ...... Reinigung im Citycenter bringen.
6 ( ) Das weiß ...... Hemd kannst du — f aber ich reise immer mit dem schwer ...... Koffer.
7 ( ) Den dick ...... Mantel müssen wir — g die unmodern ...... Stiefel gebe ich weg.

## 2 Adjektivdeklination mit unbestimmtem Artikel: Nominativ, Akkusativ und Dativ

**a** Ergänzen Sie die richtigen Formen.

1 komisch: Frau Basler hat schon .................... Ideen.
2 ordentlich: Mit einem .................... Schulabschluss hast du bessere Chancen.
3 neugierig: Das ist aber eine .................... Person.
4 vernünftig: Man sollte immer eine .................... Entscheidung treffen.
5 lustig: Laura möchte sich einen .................... Film anschauen.
6 ängstlich: Ein Kater mit einem .................... Blick.
7 kompliziert: Der Test bestand nur aus .................... Aufgaben.
8 großzügig: Alice hat eine .................... Oma.

**b** Ergänzen Sie die richtigen Formen.

1 Ein .................... Zimmer mit einer .................... Küche. (möbliert/klein)
2 Ein .................... Geschäft in einer .................... Lage. (renoviert/zentral)
3 Ein .................... Büro in einem .................... Bürogebäude. (großzügig/modern)
4 Ein .................... Haus in einem .................... Viertel. (schön/ruhig)
5 Eine .................... Garage mit einem .................... Stellplatz. (preiswert/weiter)

## 3 Adjektivdeklination mit bestimmtem und unbestimmtem Artikel: Nominativ, Akkusativ und Dativ

Kreuzen Sie das richtige Adjektiv an.

1 Kennst du das Buch mit den a ☐ spannenden b ☐ spannende Geschichten?

2 Haben Sie schon ein a ☐ attraktiven b ☐ attraktives Angebot erhalten?

3 Steht mir die a ☐ sportliches b ☐ sportliche Hose?

4 Möchtet ihr nicht einen a ☐ unvergesslichen b ☐ unvergesslicher Urlaub machen?

5 Waren Max und Moritz a ☐ braven b ☐ brave Kinder?

6 Was halten Sie von einem a ☐ leckere b ☐ leckeren Bier?

## 4 Adjektivdeklination mit unbestimmtem Artikel und ohne Artikel

Ergänzen Sie die Adjektivendungen.

1

*Nicht mehr ganz jung........ Frau mit groß........ Haus und wunderschön........ Garten sucht älter........, attraktiv........ Mann mit gemeinsam........ Interessen wie Gartenarbeit und Wandern.*
*Chiffre ATBX278*

2

Sportlich........, attraktiv........ und junggeblieben........ Mann, geschieden, sucht eine neu........ Beziehung. Du solltest eine sportlich........ Frau mit humorvoll........ Charakter sein.
Chiffre ZQLT935

3

Sympathisch........ und schüchtern........, älter........ Frau um die 70, verwitwet, sucht einen liebevoll........ und nett........ Mann. Chiffre SPAI337

4

Lang........ Wanderungen, schön........ Konzertabende, aber auch gut........ Bücher lesen sind meine Hobbys. Wenn du ähnlich........ Interessen hast und eine ehrlich........, freundlich........ und gebildet........ Person suchst, melde dich. Ich bin eine unabhängig........, ledig........ Frau Mitte 60.
Chiffre QAPW7017

5

Eine einsam........ Rentnerin sein? Nein, das möchtest du sicher auch nicht. Elegant........ Rentner mit gemütlich........ Zuhause und vielseitig........ Interessen sucht eine ebenso lebenslustig........ Rentnerin für gemeinsam........ Unternehmungen. Kino, Kochen, Sprachkurs, Reisen. Wenn auch du abwechslungsreich........ Zeit in gut........ Gesellschaft verbringen möchtest, melde dich unter:
Chiffre QMSO8417

## 5 Partizip II

**a** Formulieren Sie um.

1 Die Sachen wurden gefunden. – *die gefundenen Sachen*

2 Der Fahrradfahrer wurde verletzt. – ……

3 Die Autotür wurde beschädigt. – ……

4 Das Fahrrad ist gestohlen. – ……

5 Das Buch ist gebraucht. – ……

**b** Ersetzen Sie den bestimmten durch den unbestimmten Artikel. Achten Sie auf die Adjektivendungen.

1 der verletzte Fahrradfahrer – *ein verletzter Fahrradfahrer*

2 das beschädigte Fahrzeug – ……

3 die geöffnete Tür – ……

4 die gebrauchten Handys – ……

5 der geschlossene Kiosk – ……

6 die gestohlenen Computer – ……

## 6 Partizip I

**a** Formulieren Sie um.

1 ein Kind, das lacht – *das lachende Kind*

2 eine Frau, die tanzt – ……

3 ein Mann, der schimpft – ……

4 Hunde, die bellen – ……

5 ein Kind, das weint – ……

**b** Formulieren Sie um.

1 ein Kind, das lacht – *ein lachendes Kind*

2 eine Frau, die tanzt – ……

3 ein Mann, der schimpft – ……

4 Hunde, die bellen – ……

5 ein Kind, das weint – ……

## Lokale Präpositionen

Mit lokalen Präpositionen beschreibt man, wo etwas ist (Position). Auch werden damit Bewegungen in einer Richtung beschrieben (wohin/woher).

**Wo?**

| | |
|---|---|
| → **bei** | **Dativ** |
| Personen: | Sie ist bei Eleni und Youssef. Er ist beim Arzt. |
| Ort: | Wir arbeiten bei telc. |
| → **in** | **Dativ** |
| Ort: | Die Frau ist in der Bäckerei. Der Mann ist im Museum. |
| Länder: | Peter ist in Deutschland. Mustafa ist in der Türkei. |
| Erdteile: | Wir sind in den Alpen. Silvia ist in Afrika. |
| → **an** | **Dativ** |
| Ort: | Wir sind am Rathausplatz. |
| → **auf** | **Dativ** |
| Ort: | Wir machen Urlaub auf einer Insel. |

**Wohin?**

| | |
|---|---|
| → **zu** | **Dativ** |
| Personen: | Sie fährt zu Eleni und Youssef. Er fährt zum Arzt. |
| Ort: | Wir gehen zum Rathausplatz. Lili geht zur Volkshochschule.<br>Der Mann geht zum Museum. |
| → **nach** | **Dativ** |
| Länder: | Lisa fährt nach Dänemark und Sven fährt nach Holland. |
| Erdteile: | Silvia fliegt nach Afrika. Ramon fliegt nach Asien. |
| Städte/Orte: | Bernd fliegt nach Hamburg. Rosi fährt nach Bergisch Gladbach. |
| → **in** | **Akkusativ** |
| Ort: | Die Frau geht in die Bäckerei. Der Mann geht ins Museum. |
| Länder: | Mustafa fliegt in die Türkei. Heidi fährt in die Schweiz. |
| Erdteile: | Wir fahren in die Alpen. |

**Woher?**

| | |
|---|---|
| → **von** | **Dativ** |
| Personen: | Anne kommt von Eleni und Youssef. Er kommt vom Arzt. |
| Ort: | Die Frau kommt von der Bäckerei. Der Mann kommt vom Museum.<br>Wir kommen vom Rathausplatz. |
| → **aus** | **Dativ** |
| Ort: | Die Frau kommt aus der Bäckerei. Der Mann kommt aus dem Museum.<br>Wir kommen aus dem Supermarkt. |
| Länder: | Georg kommt aus Österreich. |
| Erdteile: | Tasneem kommt aus Asien. |
| Städte/Orte: | Michael kommt aus Berlin. |
| | **Akkusativ** |
| → **durch** | Der Zug fährt durch den Tunnel. |
| → **um ... herum** | Die Blätter liegen um den Baumstamm herum. |
| → **entlang** | Lisa fährt mit dem Kanu den Fluss entlang. |
| → **über** | Carlos fährt über die Brücke. |
| | **Dativ** |
| → **an ... vorbei** | Fahren Sie am Bahnhof vorbei. |
| → **gegenüber** | Gegenüber der Apotheke ist eine Bücherei. |
| → **hinter** | Hinter dem Bahnhof ist ein Café. |
| → **bis ... zu** | Gehen Sie bis zur Ampel. |

## Wechselpräpositionen

Wechselpräpositionen können mit Akkusativ oder mit Dativ stehen.

**Wo?** (stehen, liegen, sitzen, hängen)
→ **in, an, auf, unter, über, vor, hinter, neben, zwischen**

**Dativ**
Der Schrank steht im Flur.
Das Bild hängt neben dem Regal.

**Wohin?** (stellen, legen, setzen, hängen)
→ **in, an, auf, unter, über, vor, hinter, neben, zwischen**

**Akkusativ**
Wir stellen den Schrank in den Flur.
Wir hängen das Bild neben das Regal.

## Temporale Präpositionen

Mit temporalen Präpositionen beschreibt man, wann etwas geschieht (Zeit, Zeitraum).

| | |
|---|---|
| **Wann?** | **Akkusativ** |
| → **um** | Peter kommt um 9 Uhr. |
| **Wie lange?** | **Akkusativ** |
| → **bis** | Wir arbeiten bis sechs. |
| → **von ... bis** | Der Unterricht geht von 8 bis 12 Uhr. |
| → **für** | Alissa fährt für drei Wochen in Urlaub. |
| → **über** | Sie musste über zwei Stunden fahren. |
| **Wann?** | **Dativ** |
| → **an/am** | Der Kurs beginnt am Montag. Der Kurs endet am 31. Mai. |
| → **in/im** | Der Kurs beginnt im Sommer. In einer Stunde beginnt die Sitzung. |
| → **vor** | Lisa frühstückt vor dem Unterricht. |
| → **nach** | Laura geht nach der Arbeit zum Sport. |
| → **seit** | Swetlana wohnt seit zwei Jahren in Deutschland. |
| → **ab** | Ab morgen arbeite ich nur noch Teilzeit. |
| **Wann?** | **Genitiv** |
| → **während** | Während des Unterrichts müssen die Handys ausgeschaltet sein. |
| → **innerhalb** | Sie hat die Aufgaben innerhalb einer Stunde gemacht. |
| → **außerhalb** | Sie ruft außerhalb der Sprechzeiten an. |

## Modale Präpositionen

Mit modalen Präpositionen beschreibt man, wie man etwas macht (Art und Weise).

| | |
|---|---|
| | **Akkusativ** |
| → **für** | Sabine hat für die Schuhe nur 30 Euro bezahlt. |
| → **ohne** | Claudia fährt nie ohne ihren Hund in Urlaub. |
| | **Dativ** |
| → **mit** | Miguel fährt mit der Straßenbahn in die Stadt. |

## Kausale Präpositionen

Mit kausalen Präpositionen beschreibt man, warum man etwas macht (Grund, Ursache).

| | |
|---|---|
| | **Genitiv** |
| → **wegen** | Wegen des Pilotenstreiks fallen heute alle Flüge aus. |
| → **trotz** | Trotz einer Krankheit arbeitet Amira. |

## 1 Lokale Präpositionen: *in, nach, aus*

**a** Was passt nicht? Streichen Sie durch.

1 Catherine kommt **aus** / ~~**nach**~~ England.

2 Manuel fährt im Sommer **aus / nach** Spanien.

3 Bob und Lucy wohnen jetzt **in der / im** Goethestraße.

4 Freitags geht Yvonne immer um 15 Uhr **nach / zu** Hause.

5 Mohammed hat Verwandte **im / in der** Schweiz.

6 Lisa hat Besuch **aus / nach** Kanada.

7 Wir sind am Wochenende **nach / in** Paris.

8 Anna fährt **nach / in** Kiel.

**b** *in* oder *nach*? Ergänzen Sie.

1 Lisa fährt ................ die Türkei.

2 Paul fährt ................ Berlin.

3 Joe fährt ................ Asien.

4 Miguel fährt ................ die USA.

5 Anna fährt ................ Dänemark.

6 Sergej fährt ................ die Ukraine.

**c** Was passt zusammen? Ordnen Sie zu.

1 ☐ Rabia zieht im Mai — a aus dem Urlaub.

2 ☐ Leider kommt Lutz morgen schon — b nach Hause gehen.

3 ☐ *f* Hedi wandert nicht. Sie fährt nie — c in Köln und Düsseldorf.

4 ☐ Tayo möchte heute gern früh — d nach München.

5 ☐ Der Zug hält nicht — e aus Mailand.

6 ☐ Das hier ist die neue Mode — f in die Alpen.

## 2 Lokale Präpositionen: *in, zu, nach, bei, an, aus, ...*

**a** Wohin fährt Celina? Wo ist Celina? Ergänzen Sie.

Celina fährt ....

zu | ~~zum~~ | zum | zum | zum | zur | zur | zur

Celina ist ...

im | im | im | in der | in der | bei | beim | bei der

| | Celina fährt .... | Celina ist ... |
|---|---|---|
| 1 | *zum* Krankenhaus. | ........ Krankenhaus. |
| 2 | ........ Bibliothek. | ........ Bibliothek. |
| 3 | ........ Supermarkt. | ........ Supermarkt. |
| 4 | ........ Friseur. | ........ Friseur. |
| 5 | ........ Apotheke. | ........ Apotheke. |
| 6 | ........ Kino. | ........ Kino. |
| 7 | ........ Tom. | ........ Tom. |
| 8 | ........ Ärztin. | ........ Ärztin. |

**Wohin?**
zu + Dativ
zu dem = zum
zu der = zur

**Wo?**
in + Dativ
in dem = im

bei + Dativ
bei dem = beim

**b** Schreiben Sie die Antworten.

1 Wo haben Peter und Anne Urlaub gemacht?

einer Pension | Frankreich | in | In

*In einer Pension in Frankreich.*

2 Woher hat Eleni die schöne Handtasche?

Flohmarkt | Stuttgart | Vom | in

........

3 Wohin zieht die Familie Okoye?

ein Haus | Stadtrand | am | In

........

4 Wo hat Louis einen Tauchkurs gemacht?

einer Insel | Mittelmeer | Auf | im

........

5 Woher kommen eure Freunde?

einem Dorf | den Alpen | Aus | in

........

**c** Was passt? Kreuzen Sie an.

| **Wo?** Sie ist ... | **Wohin?** Sie fährt/geht ... | **Woher?** Sie kommt ... |
|---|---|---|
| 1 im | 2 zur | 3 aus dem |
| ☐ Kino. | ☐ Kino. | ☐ Kino. |
| ☐ Bushaltestelle. | ☐ Bushaltestelle. | ☐ Bushaltestelle. |
| 4 beim | 5 in die | 6 von der |
| ☐ Apotheke. | ☐ Apotheke. | ☐ Apotheke. |
| ☐ Nachbarn. | ☐ Nachbarn. | ☐ Nachbarn. |
| 7 am | 8 in die | 9 aus der |
| ☐ Strand. | ☐ Strand. | ☐ Strand. |
| ☐ Bank. | ☐ Bank. | ☐ Bank. |
| 10 in der | 11 ins | 12 aus der |
| ☐ Café. | ☐ Café. | ☐ Café. |
| ☐ Bäckerei. | ☐ Bäckerei. | ☐ Bäckerei. |
| 13 im | 14 auf den | 15 aus dem |
| ☐ Büro. | ☐ Büro. | ☐ Büro. |
| ☐ Parkplatz. | ☐ Parkplatz. | ☐ Parkplatz. |

**d** Schreiben Sie Sätze.

**Wohin?** zu | ~~in~~ | nach

1 Mohammed | gehen | ab Montag | der Deutschkurs

*Mohammed geht ab Montag in den Deutschkurs.*

2 Alissa | fahren | für drei Wochen | Afrika

.....................................................................

3 Akono | laufen | morgens | der Bahnhof

.....................................................................

**Woher?** von | aus

4 Anitas Familie | kommen | Polen

.....................................................................

5 Johanna | kommen | um 12.30 Uhr | das Arbeitsamt

.....................................................................

**Wo?** | bei | in | an |

6 Die Volkshochschule | sein | der Rathausplatz

..........

7 Frau Mutlu | warten | der Arzt

..........

8 Lasse | wohnen | die Lessingstraße

..........

## 3 Temporale Präpositionen: *am, um, im, von ... bis, für, nach, ...*

**a** Ergänzen Sie.

| um | um | nach | am | bis |

*Liebe Christa,*

*zu meiner Geburtstagsfeier .......... 12. September möchte ich Dich gerne einladen. Es gibt Kaffee und Kuchen .......... 15 Uhr. .......... dem Kaffeetrinken gehen wir in Joe's Club. Die Party beginnt .......... 20 Uhr.*

*Bitte gib mir .......... 10. September Bescheid, ob Du kommst.*

*Liebe Grüße*

*Manja*

**b** Ergänzen Sie.

| um | von ... bis | für | am | am | am | am | im | im | im | vor | nach | ab |

Fatima und Mustafa besuchen einen Deutschkurs. Der Kurs geht ....1.... 8.30 Uhr ....2.... 12.30 Uhr. Fatima frühstückt ....3.... dem Kurs. Dann fährt sie mit dem Bus zum Deutschkurs. ....4.... dem Kurs arbeitet Mustafa ....5.... Montag, ....6.... Mittwoch und ....7.... Freitag als Aushilfe im Supermarkt. ....8.... 16 Uhr geht er nach Hause und macht dann ....9.... Abend seine Hausaufgaben und lernt noch für den Kurs. Im Moment wohnen sie in einer kleinen Wohnung in der Hauptstraße, aber ....10.... November ziehen sie in ein Haus am Stadtrand. Mustafa arbeitet ....11.... 15. November bei einer Firma. Fatima schließt den Kurs ....12.... Dezember ab. ....13.... Sommer macht sie ....14.... zwei Wochen ein Praktikum in einem Geschäft.

## 1 Lokale Präpositionen: *in, zu, nach, bei, an, aus, ...*

**a** Wohin gehen die Personen? Ergänzen Sie die richtige Präposition.

1 Kaya und Karolina gehen...
zu | zum | zur | zum

.......... Barbarossaplatz.
.......... Peter und Hanne.
.......... Sprachschule.
.......... Friseur.

2 Lara und Ben fahren ...
nach | in | ins | nach

.......... die Schweiz.
.......... Köln.
.......... Holland.
.......... Theater.

3 Lisa fliegt ...
in | auf | in | nach

.......... den Urlaub.
.......... Istanbul.
.......... die Karibik.
.......... die Malediven.

**b** Wo sind die Personen? Ergänzen Sie die richtige Präposition.

1 Raoul ist ...
bei | bei | beim

.......... Arzt.
.......... Eleni und Youssef.
.......... der Schwiegermutter.

2 Clara ist ...
im | im | in

.......... der Volkshochschule.
.......... Supermarkt.
.......... Schwimmbad.

3 Der Bus steht ...
am | am | an

.......... Hauptbahnhof.
.......... der Ecke Bergstraße.
.......... Schwimmbad.

**c** Woher kommen die Personen? Ergänzen Sie die richtige Präposition.

1 Berti kommt ...
von | vom | von

.......... Marktplatz.
.......... Jérôme.
.......... der Bäckerei.

2 Agnieszka kommt ...
von | aus | aus

.......... Polen.
.......... der Volkshochschule.
.......... Julia.

3 Lena kommt ...
aus | von | vom

.......... Schwimmbad.
.......... dem Schwimmbad.
.......... der Luisenstraße.

## 2 Wechselpräpositionen: *in, an, auf, unter, über, vor, hinter, neben, zwischen*

**a** Wo ist der Ball? Ordnen Sie die Präpositionen zu und ergänzen Sie den Artikel.

| an \| auf \| hinter \| in \| über \| neben \| ~~unter~~ \| vor \| zwischen |
|---|

Der Ball ist ...

1 *unter dem* Buch.

2 .......... Buch.

3 .......... Buch.

4 .......... Buch.

5 .......... Buch.

6 .......... Buch.

7 .......... Büchern.

8 .......... Buch.

9 .......... Buch.

**b** Wohin legt Ina den Ball? Schreiben Sie Sätze zu Aufgabe 2a.

1 *Ina legt den Ball unter das Buch* .
2 ........ .
3 ........ .
4 ........ .
5 ........ .
6 ........ .
7 ........ .
8 ........ .
9 ........ .

## 3 Wechselpräpositionen: *Wohin* oder *wo*?

**a** Wohin kommen die Sachen? Wo sind sie? Ergänzen Sie den Artikel.

| | | |
|---|---|---|
| 1 | Carla hängt das Bild über ........ Fernseher. | Das Bild hängt über ........ Fernseher. |
| 2 | Felix legt die Geldbörse in ........ Schublade. | Die Geldbörse liegt in ........ Schublade. |
| 3 | Sie hängen die Gardinen an ........ Fenster. | Die Gardinen hängen ........ Fenster. |
| 4 | Sie stellen das Buch *ins* Regal. | Das Buch steht *im* Regal. |
| 5 | Olivia stellt die Schuhe vor ........ Tür. | Die Schuhe stehen vor ........ Tür. |
| 6 | Tayo legt die Tasche hinter ........ Garderobe. | Die Tasche liegt hinter ........ Garderobe. |
| 7 | Er legt die Brille neben ........ Computer. | Die Brille liegt neben ........ Computer. |
| 8 | Sie stellt die Vase zwischen ........ Bücher. | Die Vase steht zwischen ........ Büchern. |
| 9 | Der Hund läuft unter ........ Bett. | Der Hund schläft unter ........ Bett. |
| 10 | Die Katze setzt sich auf ........ Fensterbank. | Die Katze sitzt auf ........ Fensterbank. |

**b** *Wohin* oder *Wo*? Ergänzen Sie.

1 ........ hängt das Bild? – An der Wand.
2 ........ stellst du das Regal? – Ins Wohnzimmer.
3 ........ steht der Schrank? – Neben der Lampe.
4 ........ soll ich die Decke legen? – Auf das Bett.
5 ........ stehen meine neuen roten Schuhe? – Im Flur.
6 Hast du vielleicht gesehen, ........ mein Handy liegt? – Ja, auf dem Fernseher.
7 Was meinst du, ........ sollen wir das Bild hängen? – Über das Bett.

> **Wohin? → Akkusativ**
> stellen, legen, setzen, hängen
>
> **Wo? → Dativ**
> stehen, liegen, sitzen, hängen

## 4 Wechselpräpositionen: *stellen, stehen, legen, liegen, hängen*

**a** Ergänzen Sie in der richtigen Form.

| hängen \| legen \| liegen \| stellen \| stehen |
|---|

▶ Was meinst du? Sollen wir den Sessel in die Ecke ............?

▷ Ja, das ist eine gute Idee! Und den kleinen Teppich ............ wir vor den Sessel.

▶ Und was machen wir mit dem runden Teppich?

▷ Im Moment ............ der Teppich vor dem Fernseher. Das finde ich gut so. Aber die kleine Kommode, die im Flur ............, gefällt mir nicht.

▶ Ja, das stimmt ... Und was ist mit dem Kalender? Wohin kommt der?

▷ Den Kalender ............ wir in die Küche neben den Kühlschrank.

▶ Okay, das finde ich gut!

**b** Wo *steht / liegt / hängt* was? Schreiben Sie Sätze.

1 Die Töpfe *stehen auf dem Herd*.

2 Die Vase ............ .

3 Die Bilder ............ .

4 Die Stühle ............ .

5 Die Kissen ............ .

6 Die Blumen ............ .

7 Der Teppich ............ .

**c** Wohin *stellen / legen / setzen / hängen* die Personen was? Schreiben Sie Sätze im Imperativ.

1 Du | stellen | Tasche | neben | Koffer — *Stell die Tasche neben den Koffer*.

2 Sie | legen | Heft | auf | Tisch ............ .

3 Du | hängen | Foto | an | Kühlschrank ............ .

4 Du | setzen | Katze | auf | Sofa ............ .

5 Sie | hängen | Jacke | an | Garderobe ............ .

6 Du | legen | Teppich | unter | Tisch ............ .

## 5 Modale Präpositionen: *mit, ohne, für*

**a** Schreiben Sie die Wörter in die Tabelle.

Bus | S-Bahn | Fahrrad | Auto | Schiff | Straßenbahn | U-Bahn | Flugzeug

| Er fährt/fliegt **mit dem ...** | Er fährt **mit der ...** |
|---|---|
| | |
| | |
| | |
| | |
| | |

**b** Was passt zusammen? Ergänzen Sie die modalen Präpositionen *mit* und *ohne*.

1 ☐ Wie trinkst du deinen Tee?

2 ☐ Möchtest du Milch?

3 ☐ Fahren wir heute ........ dem Fahrrad?

4 ☐ Ich kann meinen Führerschein nicht finden. Weißt du, wo er ist?

5 ☐ Lili ist allein an die Nordsee gefahren.

6 ☐ Hast du meine Brille gesehen? ........ meine Brille kann ich das hier nicht lesen.

a Nein, wir nehmen heute den Bus.

b Ach ja? Sie fährt sonst nie ........ ihren Hund in den Urlaub.

c Nein, ich trinke Kaffee immer ........ Milch.

d Ja, aber das ist so klein geschrieben, das kann man auch ........ Brille nicht gut lesen.

e ........ ein wenig Zitrone.

f Nein, aber ........ deinen Führerschein darfst du nicht Auto fahren.

**c** Welche Präposition ist richtig? Kreuzen Sie an.

mit + Dativ
ohne + Akkusativ
für + Akkusativ

1 Laura lernt im Moment ☐ für ☐ ohne ☐ mit ihre Abschlussprüfung.

2 Alicija geht ☐ für ☐ ohne ☐ mit ihrer Mutter zum Arzt.

3 Julian freut sich schon auf den Urlaub ☐ für ☐ ohne ☐ mit seiner Freundin.

4 Herr Aziz geht niemals ☐ für ☐ ohne ☐ mit sein Handy aus dem Haus.

5 Paul und Clara wollen ☐ für ☐ ohne ☐ mit ihre Hochzeit noch etwas Geld sparen.

6 Wir möchten gerne ☐ für ☐ ohne ☐ mit dir ins Kino gehen. Hast du Lust?

7 Ich lade dich zum Essen ein! Am Freitagabend koche ich ☐ für ☐ ohne ☐ mit dich. Einverstanden?

## 1 Lokale Präpositionen: *entlang, gegenüber, um ... herum, bis zu, durch, ...*

**a** Was passt nicht? Streichen Sie durch.

1 Rabia geht die Straße **entlang / durch**.

2 Der Supermarkt ist **gegenüber / herum** der Bäckerei.

3 Das Autokino befindet sich in der Frankfurter Straße, **vorbei / hinter** dem Park.

4 Tom schwimmt **herum / durch** das Schwimmbecken.

5 Jessi kommt jeden Tag an der Volkshochschule **herum / vorbei**.

6 Fahren Sie **bis zur / entlang** Ampel und danach rechts.

**b** Ergänzen Sie.

| über \| durch \| gegenüber \| an ... vorbei \| hinter \| um ... herum \| bis zur \| entlang |
|---|

1 Gehen Sie weiter .................... Kreuzung und dann links.

2 Wie komme ich zu dir? – Du musst nur noch .................... die Brücke laufen, dann siehst du meine Straße schon!

3 Wo geht es hier zur Buchhandlung? – Da drüben auf der anderen Straßenseite. .................... der Apotheke befindet sich die Buchhandlung.

4 Jeden Morgen fahre ich .................... Bahnhof .................... und fahre dann weiter Richtung Sprachschule.

5 Gestern ist Eleni 20 Kilometer am Fluss .................... gefahren.

6 Wir waren joggen. Wir sind .................... den ganzen Park gelaufen!

7 Entschuldigung, wo ist denn hier die nächste Bank? – Fahren Sie einfach .................... den Rathausplatz .................... und dann die nächste Straße rechts.

8 .................... der Bücherei links gibt es ein nettes Café mit leckerem Kuchen.

## 2 Temporale Präpositionen: *am, um, im, von ... bis, seit, ab, für, nach, ...*

**a** Was passt zusammen? Ergänzen Sie die temporalen Präpositionen.

| um \| vom ... bis \| im \| am \| nach \| bis |
|---|

1 ☐ Wann beginnt der Deutschkurs? — a ........ 20. Januar ........ 10. Oktober.

2 ☐ Wie lange geht der Kurs? — b ........ Sommer.

3 ☐ Um wie viel Uhr beginnt der Unterricht? — c ........ der zweiten Unterrichtsstunde.

4 ☐ Bis wie viel Uhr ist täglich Unterricht? — d ........ 8.30 Uhr.

5 ☐ Wann ist Pause? — e ........ 20. Januar.

6 ☐ Wann gibt es Ferien? — f ........ 12.30 Uhr.

**b** Was passt? Markieren Sie.

1 Swetlana ist **am / um / in** 5. November 1983 in Petersburg geboren.

2 **Von / Seit / Ab** zwei Monaten lebt sie in Köln.

3 **Von / Seit / Vor** einem Jahr ist sie nach Deutschland gekommen.

4 **Am / Ab / Für** Vormittag besucht sie einen Deutschkurs.

5 **Ab / Im / In** drei Wochen hat sie Prüfung.

6 **Nach / Seit / Über** der Prüfung fährt sie **von / über / für** eine Woche zu Besuch in ihr Heimatland.

**c** Ergänzen Sie.

1 Wann fahren Sie zur Arbeit? ........ 7 Uhr.

2 Seit wann arbeiten Sie dort? ........ fünf Jahren.

3 Wann haben Sie Urlaub? ........ Mai.

4 Wann gehen Sie zum Sport? ........ der Arbeit.

5 Wie lange fahren Sie nach Berlin? ........ vier Tage.

6 Wann machen Sie den Führerschein? ........ zwei Wochen.

**d** Welche Präposition ist richtig? Kreuzen Sie an.

1 Wie lange arbeitest du schon für die Firma Müller?
- ☐ Seit zwei Jahren.
- ☐ Für zwei Jahre.

2 Wie lange fährt Maya in Urlaub?
- ☐ Um drei Wochen.
- ☐ Für drei Wochen.

3 Wann fängt Lisas Fortbildung an?
- ☐ Im 1. April.
- ☐ Am 1. April.

4 Wann habt ihr geheiratet?
- ☐ Über fünf Jahre.
- ☐ Vor fünf Jahren.

5 Wann trefft ihr euch?
- ☐ Um sieben vor dem Kino.
- ☐ Von sieben vor dem Kino.

6 Wann macht Miguel heute Feierabend?
- ☐ Seit 18 Uhr.
- ☐ Nach 18 Uhr.

## 3 Temporale Präpositionen: *innerhalb, außerhalb, während*

**a** Ergänzen Sie.

| innerhalb \| außerhalb \| während |
|---|

1 ............ der Sommerferien ist unser Büro von montags bis freitags von 9.00 bis 12.00 Uhr geöffnet.

2 Sie müssen sich ............ der nächsten Woche zur Prüfung anmelden.

3 Mobiltelefone müssen ............ des gesamten Fluges ausgeschaltet bleiben.

4 Sie rufen leider ............ unserer Bürozeiten an.

5 Ich muss mich ............ der nächsten Stunde entscheiden.

6 Bitte zahlen Sie den Betrag ............ der Zahlungsfrist.

**b** Schreiben Sie Sätze mit *innerhalb, außerhalb, während*.

> innerhalb + Genitiv
> außerhalb + Genitiv
> während + Genitiv

1 Wir | müssen | das Projekt | ein Jahr | abschließen

............................................................ .

2 die Sommerferien | stattfinden | kein Deutschkurs

............................................................ .

3 die Sprechzeiten | sein | das Telefon | nicht besetzt

............................................................ .

## 4 Kausale Präpositionen: *wegen, trotz*

**a** Welche Aussagen sind gleich? Ordnen Sie zu.

1 ☐ Wegen des Regens fällt der Betriebsausflug heute aus.
2 ☐ Trotz des Regens findet der Betriebsausflug statt.
3 ☐ Wegen einer starken Erkältung kann Peter heute nicht arbeiten.
4 ☐ Trotz einer starken Erkältung arbeitet Peter heute.
5 ☐ Wegen eines Schadens fährt der Wagen nicht.
6 ☐ Trotz eines Schadens fährt der Wagen.

a Peter kann heute nicht arbeiten, weil er eine starke Erkältung hat.
b Der Wagen fährt nicht, weil er einen Schaden hat.
c Obwohl Peter eine starke Erkältung hat, arbeitet er heute.
d Der Betriebsausflug fällt aus, weil es regnet.
e Obwohl der Wagen einen Schaden hat, fährt er.
f Obwohl es regnet, findet der Betriebsausflug statt.

**b** *Wegen* oder *weil*? Ergänzen Sie.

1 Simona meldet sich im Turnverein an, ............ sie Sport machen will.
2 Louis muss ............ eines Zugschaffnerstreiks mit dem Auto fahren.
3 Lisa bekommt ............ ihrer Ausbildung den neuen Job.
4 Moussa macht eine Fortbildung, ............ er sich weiterbilden will.
5 Sandra muss morgen ............ eines Termins früher zur Arbeit fahren.
6 Sandro fährt in die Karibik, ............ er einen Tauchkurs macht.

**c** Schreiben Sie Sätze mit *wegen*.

1 Lutz | können | am Tag | schlecht schlafen (Grund: der Nachtdienst)
*Lutz kann am Tag wegen des Nachtdiensts schlecht schlafen*.

2 Amira | müssen | eine Stunde | Zug fahren (Grund: die neue Arbeitsstelle)
............................................................................................................................................................ .

3 Andrea | können | schlecht Treppen laufen (Grund: die Knieprobleme)
............................................................................................................................................................ .

4 Paul | machen | viele Überstunden (Grund: die Auftragslage)
............................................................................................................................................................ .

## Temporale Adverbien

Temporaladverbien geben Auskunft darüber, wann und wie oft etwas passiert. Man unterscheidet zwischen: Häufigkeit, Wiederholung, Zeitpunkt und Reihenfolge.

**Adverbien der Häufigkeit**

| | |
|---|---|
| immer | Er trinkt immer viel Milch. |
| täglich | Youssef geht täglich zum Sport. |
| meistens | Sara nimmt meistens den Bus. |
| oft | Tom fährt oft mit dem Motorrad zur Arbeit. |
| manchmal | Lisa isst manchmal Pizza. |
| selten | Paul fährt selten in Urlaub. |
| nie | Anton war noch nie in den USA. |

**Adverbien der Wiederholung**

| | |
|---|---|
| montags, dienstags, mittwochs, donnerstags, freitags, samstags, sonntags | Clarissa besucht montags einen Yoga-Kurs.<br>Max geht freitags zum Fußballtraining. |
| morgens | Frau Okoye putzt morgens die Wohnung. |
| vormittags | Elise arbeitet nur vormittags. |
| mittags | Alessio isst mittags nur ein Sandwich. |
| nachmittags | Der Schwimmkurs findet nachmittags statt. |
| abends | Anna geht abends ins Kino. |
| nachts | Louis sieht nachts fern. |

**Adverbien des Zeitpunkts**

| | |
|---|---|
| Vergangenheit | |
| damals | Frau Maier hat damals in Frankfurt gewohnt. |
| früher | Ich habe früher als Krankenschwester gearbeitet. |
| früh | Lisa hat schon früh Fahrrad fahren gelernt. |
| vorgestern | Simon war vorgestern in Köln. |
| gestern | Er hat sie gestern angerufen. |
| vorher | Ich komme nach dem Sport vorbei, aber vorher muss ich noch duschen. |
| Gegenwart | |
| heute | Gehen wir heute einkaufen? |
| gerade | Ich habe gerade mit Miguel telefoniert. |
| jetzt | Ich muss jetzt zum Bahnhof fahren. |
| sofort | Mach bitte sofort deine Hausaufgaben! |
| Zukunft | |
| gleich | Einen Moment bitte. Ich habe gleich Zeit für dich. |
| später | Wir gehen später in den Zoo. |
| nachher | Wir fahren nachher in den Baumarkt. |
| morgen | Gitta kommt morgen aus dem Krankenhaus. |
| übermorgen | Die Prüfung ist schon übermorgen! |
| bald | Wir haben es bald geschafft. |

**Adverbien der Reihenfolge**

| | |
|---|---|
| zuerst | Zuerst ist Eleni aufgestanden. |
| dann | Dann hat sie geduscht. |
| danach | Danach hat sie sich angezogen. |
| später | Später hat sie gefrühstückt. |
| anschließend | Anschließend hat sie Zeitung gelesen. |
| schließlich | Schließlich ist sie zur Bushaltestelle gegangen. |
| zuletzt | Zuletzt ist sie zur Arbeit gefahren. |

## Lokale Adverbien

Lokaladverbien geben Auskunft darüber, woher und wohin etwas oder jemand kommt/geht oder wo etwas ist/passiert. Man unterscheidet zwischen: Herkunft (woher?), Richtung (wohin?) und Ort (wo?).

**Adverbien der Herkunft** (woher?)

| | |
|---|---|
| von hier | Meine Eltern sind von hier. |
| von da/dort | Das Fahrrad kam von da/dort. |
| von links/rechts | Das Auto kam von rechts. |
| von oben/unten/vorn/hinten | Der Regen kommt von oben. |
| drinnen/draußen | Silvia holt die Post von draußen. |
| herauf/herunter/herein/ heraus/herüber | Miguel bringt den Einkauf herein. |

**Adverbien der Richtung** (wohin?)

| | |
|---|---|
| hierhin | Meine Eltern fahren hierhin. |
| dahin/dorthin | Das Fahrrad kommt dahin/dorthin. |
| nach links/rechts | Das Auto fährt nach rechts. |
| nach oben/unten/vorn/hinten | Rasmus geht nach oben ins Schlafzimmer. |
| nach drinnen/draußen | Tim geht nach draußen eine Zigarette rauchen. |
| hinauf/hinunter/hinein<br>hinaus/hinüber | Milazim bringt die Wäsche hinunter in den Waschkeller. |

**Adverbien des Ortes** (wo?)

| | |
|---|---|
| hier | Meine Eltern wohnen hier. |
| da/dort | Das Fahrrad steht da/dort. |
| links/rechts | Das Handy liegt links neben der Vase. |
| oben/unten/vorn/hinten | Die Bücher sind oben im Regal. |
| drinnen/draußen | Heute ist es draußen wieder neblig. |

## Präpositionaladverbien

Präpositionaladverbien bildet man aus Präposition und Pronomen. Folgt eine Präposition mit Vokal oder Umlaut am Anfang (auf, über, aus, an, um) wird ein *r* eingefügt.

| **Fragewort** | **Präpositionaladverb/ Präposition** | **Fragewort** | **Präpositionaladverb/ Präposition** |
|---|---|---|---|
| Wofür | dafür/für | Woraus | daraus/aus |
| Womit | damit/mit | Wovon | davon/von |
| Worauf | darauf/auf | Woran | daran/an |
| Worüber | darüber/über | Worum | darum/um |

## Gradpartikeln

Gradpartikeln benutzt man, um eine Aussage zu verstärken oder abzuschwächen.

| | | |
|---|---|---|
| ++ | sehr/besonders/total/wirklich echt | Er hat sich sehr um seine Gäste gekümmert. |
| + | ziemlich | Die Prüfung war ziemlich schwer. |
| - | nicht so/nicht besonders | Das Buch hat mir nicht so gefallen. |
| -- | gar nicht/überhaupt nicht | Ich interessiere mich überhaupt nicht für Fußball. |

## Modalpartikeln

Modalpartikeln verwendet man in der gesprochenen Sprache, um dem Gesagten mehr Ausdruck zu geben.

| | | | |
|---|---|---|---|
| eben/halt | - allgemeine Aussage | wohl | - Unsicherheit |
| eigentlich | - freundliche Frage | aber | - Erstaunen und Überraschung |
| doch | - Aufforderungen und Bitten werden freundlicher<br>- Vorwürfe<br>- Wiederholung von etwas Bekanntem | mal | - Aufforderungen und Bitten werden freundlicher |
| denn | - freundliche Frage<br>- Vorwurf | ja | - etwas wird erwartet<br>- Überraschung<br>- Warnung |

## 1 Temporale Adverbien: Häufigkeit, Wiederholung oder Zeitpunkt?

Was ist richtig? Kreuzen Sie an.

| | Häufigkeit | Wiederholung | Zeitpunkt |
|---|---|---|---|
| 1 Lisa hat **heute** einen Termin. | ☐ | ☐ | ☒ |
| 2 Elif kauft **manchmal** rote Blumen. | ☒ | ☐ | ☐ |
| 3 Lars isst **mittags** immer in der Kantine. | ☐ | ☒ | ☐ |
| 4 Herr Mayer geht **abends** mit dem Hund spazieren. | ☐ | ☐ | ☐ |
| 5 Fatima und Swetlana haben **bald** eine Prüfung. | ☐ | ☐ | ☐ |
| 6 Der Deutschkurs findet **montags**, **dienstags** und **mittwochs** statt. | ☐ | ☐ | ☐ |
| 7 Klaus geht **selten** ins Kino. | ☐ | ☐ | ☐ |
| 8 Frau Hellmann liest **oft** die Zeitung. | ☐ | ☐ | ☐ |

## 2 Temporale Adverbien: Adverbien der Häufigkeit

**a** Ergänzen Sie: *manchmal, oft, immer, nie.*

.................... .................... .................... ....................

100% 0%

**b** Ergänzen Sie.

| immer \| manchmal \| oft \| selten \| nie |
|---|

1 Laura isst .................... Fleisch, sie ist Vegetarierin. Sie mag nur Gemüse und isst kein Fleisch.

2 Tayo kauft .................... Schokolade im Supermarkt. Er isst jeden Tag eine Tafel Schokolade!

3 Regin geht am Wochenende .................... mit Freunden ins Restaurant. Am Samstag oder am Sonntag.

4 Rebecka hat mittags .................... Zeit. Sie kocht .................... Nudeln mit Soße – das geht schnell.

## 3 Temporale Adverbien: Adverbien der Wiederholung

**a** Schreiben Sie wie im Beispiel.

jeden Morgen = morgens
jeden Dienstag = dienstags

1 Lisa geht jeden Morgen um 8.30 Uhr ins Büro.

*Lisa geht morgens um 8.30 Uhr ins Büro*.

2 Caroline geht jeden Dienstag um 18.00 Uhr zum Yoga-Kurs.

.............................................................................................

3 Tom fährt jeden Sonntag Fahrrad.

.............................................................................................

4 Franka fährt jeden Mittag mit dem Bus am Goetheplatz.

.............................................................................................

5 Akim kommt jeden Abend spät nach Hause.

.............................................................................................

**b** Schreiben Sie die Sätze anders und markieren Sie die Adverbien der Wiederholung.

1 Irma trinkt nachmittags Tee.

*Nachmittags trinkt Irma Tee*.

2 Paul und Paula gehen freitags ins Kino.

.............................................................................................

3 Fatima besucht vormittags einen Deutschkurs.

.............................................................................................

4 Frau Okoye fährt samstags ins Einkaufszentrum.

.............................................................................................

5 Louis sieht nachts Filme.

.............................................................................................

6 Sie gehen montags zum Sport.

.............................................................................................

## 4 Temporale Adverbien: Adverbien des Zeitpunkts

**a** Schreiben Sie Sätze.

1 Clara | mit ihrer Mutter | telefonieren | jetzt

*Clara telefoniert jetzt mit ihrer Mutter* .

2 übermorgen | Sie | in Urlaub | fahren

.......................................................................... .

3 fernsehen | später | Laura

.......................................................................... .

4 Anita | ihre Ausbildung | beginnen | bald

.......................................................................... .

5 Rana | lernen | Englisch | gerade

.......................................................................... .

6 machen | morgen | einen Ausflug | Familie Mutlu

.......................................................................... .

7 Anissa | zur Apotheke | gleich | gehen

.......................................................................... .

**b** Was passt zusammen?

1 ☐ Können wir gleich in den Supermarkt fahren?

2 ☐ Mach bitte sofort die Hausaufgaben!

3 ☐ Hat Tom gestern angerufen?

4 ☐ Schon so spät? Ich muss sofort zur Bushaltestelle gehen.

5 ☐ Wann kommt deine Familie zu Besuch?

6 ☐ Wann räumen wir den Keller auf?

a Oh, das habe ich ganz vergessen: Er hat vorgestern angerufen.

b Wir können ihn morgen aufräumen. Das schaffen wir heute nicht mehr.

c Nein, das geht nicht. Ich habe gleich einen Termin.

d Sie kommen heute Nachmittag um 15.00 Uhr.

e Jetzt nicht. Ich mache sie später.

f Nimm doch das Auto, dann kannst du später losgehen.

## 5 Gradpartikeln

**a** Ergänzen Sie.

| sehr gern \| sehr gut \| nicht so gern \| nicht so gut |
|---|

1 Das Abendessen war …………………………………………… .

2 Toma isst …………………………………………… Bananen.

3 Simona ist …………………………………………… in Sprachen.

4 Maria hört …………………………………………… Jazzmusik.

5 Familie Müller geht …………………………………………… ins Schwimmbad.

6 Clarissa mag …………………………………………… Milchkaffee.

7 Judith kann …………………………………………… malen.

8 Karim geht es heute …………………………………………… .

**b** Was passt nicht? Streichen Sie durch.

1 Estrella kann **sehr gut / sehr gern** Spanisch kochen.

2 Ihr Freund Max mag **sehr gut / sehr gern** mediterranes Essen.

3 Alissa fährt **nicht so gut / nicht so gern** lange Auto.

4 Peter geht **nicht so gut / nicht so gern** zum Arzt.

5 Tim kann **nicht so gut / nicht so gern** schwimmen.

6 Anna versteht **sehr gut / sehr gern** Arabisch, aber sie kann es **nicht so gut / nicht so gern** schreiben.

**c** Schreiben Sie Sätze mit *sehr gern, sehr gut, nicht so gern, nicht so gut.*

1 Er | die Wohnung | putzen ……………………………………………

2 Bücher | Lara | lesen ……………………………………………

3 Wir | können | schlafen | im Hotel ……………………………………………

4 Deutsch sprechen | können | Das Kind ……………………………………………

## 1 Temporale Adverbien: Adverbien der Reihenfolge

**a** Ergänzen Sie in der richtigen Reihenfolge.

| ~~später~~ \| danach \| schließlich \| zuletzt \| ~~dann~~ \| zuerst |
|---|

1 ........................ 2 *dann* ........................ 3 ........................

4 *später* ........................ 5 ........................ 6 ........................

**b** Bringen Sie die Sätze in die richtige Reihenfolge.

☐ Danach hat Peter die Zeitung gelesen und ich ein Buch.

☐ Zuletzt sind wir nach Hause gegangen und haben ferngesehen.

☐ Wir haben später einen Waldspaziergang gemacht.

☐ Am Sonntag haben wir zuerst zusammen gefrühstückt.

☐ Schließlich haben wir im Waldcafé Kuchen gegessen und Kaffee getrunken.

☐ Dann habe ich den Tisch aufgeräumt.

**c** Bringen Sie die Sätze in die richtige Reihenfolge und ergänzen Sie.

| danach \| schließlich \| zuletzt \| ~~dann~~ \| dann \| zuerst |
|---|

**Tee kochen**

[2] *Dann* ........................ nehmen Sie den Tee.

☐ ........................ lassen Sie den Tee 5 bis 10 Minuten ziehen.

☐ ........................ geben Sie zwei Löffel Tee in die Kanne.

☐ ........................ muss das Wasser im Wasserkocher kochen.

☐ ........................ geben Sie den Tee in die Tasse.

☐ ........................ gießen Sie das kochende Wasser in die Kanne.

## 2 Temporale Adverbien: Adverbien des Zeitpunkts

**a** Schreiben Sie die Adverbien in die Tabelle.

sofort | nachher | damals | gleich | ~~gestern~~ | übermorgen | jetzt | vorher | vorgestern | gerade | später | ~~heute~~ | früher | ~~morgen~~ | bald

| **Vergangenheit** | **Gegenwart** | **Zukunft** |
|---|---|---|
| *gestern* | *heute* | *morgen* |
| | | |
| | | |
| | | |
| | | |
| | | |

**b** Was passt nicht? Streichen Sie durch.

1 ▶ Oma, wie hast du deinen 18. Geburtstag gefeiert?

▷ Gar nicht. **Früher / Vorher** war man mit 18 noch nicht volljährig.

2 ▶ Hast du den Brief gestern zur Post gebracht?

▷ Den habe ich schon **damals / vorgestern** weggebracht.

3 ▶ Kannst du bitte die Wäsche in den Keller bringen? Ich will gleich Wäsche waschen.

▷ Das geht jetzt nicht. Kann ich die nicht **gerade / später** runterbringen?

4 ▶ Schon 10 Uhr! **Jetzt / Morgen** machen wir erst mal eine Pause. Was meinst du?

▷ Ja, das ist eine gute Idee.

5 ▶ Ich fahre morgen in die Stadt. Kommst du mit?

▷ Nein, ich muss leider **übermorgen / heute** hinfahren. Ich habe gleich um 15 Uhr einen Termin.

6 ▶ Am Montag fahre ich in Urlaub und muss noch meinen Koffer packen und ein paar Sachen einkaufen.

▷ Dann musst du dich beeilen! Heute ist Samstag und du fliegst ja schon **nachher / übermorgen** und morgen haben die Geschäfte geschlossen.

7 ▶ Deine Mutter hat angerufen. Du sollst sie bitte sofort zurückrufen.

▷ Ja, das mache ich **gleich / früher**.

## 3 Lokale Adverbien: Herkunft, Richtung oder Ort?

**a** Was ist richtig? Kreuzen Sie an.

| | | Herkunft (woher?) | Richtung (wohin?) | Ort (wo?) |
|---|---|---|---|---|
| | ▶ Celina, hast du meine Geldbörse gesehen? | | | |
| 1 | ▷ Schau doch mal **dahinten**. | ☐ | ☐ | ☒ |
| 2 | ▶ **Dort** ist sie nicht. | ☐ | ☐ | ☐ |
| 3 | ▷ Und neben dem Telefon? **Dahin** legst du sie doch manchmal. | ☐ | ☐ | ☐ |
| 4 | ▶ Nein, **dorthin** habe ich sie schon lange nicht mehr gelegt. | ☐ | ☐ | ☐ |
| 5 | ▷ Liegt sie **oben** im Schlafzimmer? | ☐ | ☐ | ☐ |
| 6 | ▶ Ich nehme meine Geldbörse nie mit **hinauf** ins Schlafzimmer. | ☐ | ☐ | ☐ |
| 7 | ▷ Aber du steckst sie oft in deine Hosentasche **hinein**. | ☐ | ☐ | ☐ |
| 8 | ▶ Ja, aber ich nehme sie auch immer wieder **heraus**. | ☐ | ☐ | ☐ |
| 9 | ▷ Ist sie vielleicht **draußen** im Auto? | ☐ | ☐ | ☐ |
| 10 | ▶ Ich bin mir sicher, dass ich sie mit **herein** gebracht habe. | ☐ | ☐ | ☐ |
| 11 | ▷ Dann weiß ich es auch nicht. Ach, liegt sie **da vorn**? | ☐ | ☐ | ☐ |
| 12 | ▶ Wo? Ich kann sie **dort** nicht sehen. | ☐ | ☐ | ☐ |
| 13 | ▷ Na **da**, **rechts** neben der Vase auf dem Esstisch. | ☐ | ☐ | ☐ |
| 14 | ▶ Warum liegt sie denn **hier**? | ☐ | ☐ | ☐ |
| 15 | ▷ Wahrscheinlich hast du sie **von draußen** hereingebracht. | ☐ | ☐ | ☐ |

**b** Was passt? Kreuzen Sie an.

1 **Wohin?**

Herr Okoye, kommen Sie bitte mit ☐ hinauf ☐ herauf in den 1. Stock.

2 **Wohin?**

Lisa, kannst du das Bild bitte ein bisschen mehr ☐ von links ☐ nach links hängen.

3 **Wohin?**

Lars, bring bitte den Abfall ☐ von draußen ☐ nach draußen.

4 **Woher?**

Ich habe den Radfahrer nicht gesehen. Er kam plötzlich ☐ von rechts ☐ nach rechts.

5 **Woher? Wohin?**

Diese Kisten kommen ☐ von oben ☐ nach oben und müssen ☐ von unten ☐ nach unten in den Keller.

## 4 Gradpartikeln

**a** Ergänzen Sie.

1 Lisa kann (++) ............ gut kochen. (ziemlich / wirklich / überhaupt nicht)

2 Herr Meinz hat sich auf der Party (--) ............ amüsiert. (sehr / nicht besonders / überhaupt nicht)

3 Der Ausflug war leider (-) ............ schön. (nicht so / total / echt)

4 Miguel kann (+) ............ gut Gitarre spielen. (total / ziemlich / echt)

5 Ich freue mich über die Glückwünsche, aber (++) ............ über die schönen Blumen. (ziemlich / gar nicht / besonders)

6 Anna hat Kopfschmerzen und kann sich heute (--) ............ konzentrieren. (gar nicht / nicht so / echt)

**b** Ordnen Sie zu und ergänzen Sie.

| ~~nicht besonders~~ \| echt \| total \| überhaupt nicht \| ziemlich |
|---|

1 [c] Wie war es am Samstag auf Toms Party?

2 [ ] Wie war denn das Buffet?

3 [ ] Gab es denn genug Getränke?

4 [ ] Hat dir denn überhaupt etwas gefallen?

a Das Essen war (+) ............ gut.

b Nun ja, die Musik war (++) ............ toll und die Leute waren (++) ............ nett.

c Die Party war (-) *nicht besonders* gut.

d Ja, aber das Bier war zu warm und hat mir (--) ............ geschmeckt.

## 5 Modalpartikeln

Was passt nicht? Streichen Sie durch.

1 Ihr seid **ja / denn** schon da!

2 Das war **denn / ja** ganz einfach!

3 Was machst du **mal / denn** da?

4 Hast du **denn / ja** schon die Hausaufgaben gemacht?

5 Die Prüfung war dieses Mal **denn / aber** besonders schwer.

6 Vielleicht sollten wir **doch / aber** lieber etwas früher fahren?

7 Kannst du mir dabei bitte **ja / mal** helfen?

8 Wie konnte das passieren? Ich habe dir das **doch / denn** genau erklärt.

9 Danke Lisa, das ist **denn / aber** eine schöne Überraschung!

## 1 Temporale Adverbien: Adverbien der Reihenfolge

**a** Bringen Sie die Sätze in die richtige Reihenfolge und ergänzen Sie.

| später \| schließlich \| zuerst \| danach \| zuletzt \| dann |
|---|

**Lisas Bewerbung**

☐ ………… schreibt sie das Bewerbungsschreiben und den Lebenslauf.
[4] ………… lässt sie neue Bewerbungsfotos machen.
☐ ………… ruft sie bei der Firma an und fragt, ob die Stelle noch frei ist.
☐ ………… liest Lisa eine Stellenanzeige.
☐ ………… bringt sie die Bewerbung zur Post.
☐ ………… druckt sie die Bewerbung aus.

**b** Schreiben Sie Sätze mit *zuerst, dann, danach, …*

1 ins Reisebüro gehen *Zuerst geht man ins Reisebüro*.
2 sich über eine Reise erkundigen ………….
3 eine Reise buchen ………….
4 Koffer packen ………….
5 zum Flughafen fahren ………….
6 in den Urlaub fliegen ………….

**c** Bringen Sie die Stichpunkte in die richtige Reihenfolge und schreiben Sie Sätze mit *zuerst, dann, danach,* …

| Spaghetti in ein Sieb gießen \| Spaghetti kochen lassen \| ~~das Wasser zum Kochen bringen~~ \| Spaghetti auf einem Teller servieren \| Spaghetti ins Wasser geben \| Salz in das kochende Wasser geben |
|---|

1

2

3

4

5

6

**Spaghetti kochen**

1 *Bringen Sie zuerst das Wasser zum Kochen.*
2 ………….
3 ………….
4 ………….
5 ………….
6 ………….

## 2 Lokale Adverbien

Ergänzen Sie.

drinnen | nach draußen | von draußen

1 ▶ Ich gehe ................ eine Zigarette rauchen. Kommst du mit?
▷ Nein, ich bleibe lieber ................ .

2 ▶ Macht bitte die Tür zu. Sonst kommt die Kälte ................ rein.

hinein | dahinten | herein

3 ▶ Sammy sucht wie immer sein Handy.
▷ Aber das liegt doch ................ .

4 ▶ Bringst du bitte den Einkauf von draußen ................ ?
▷ Den habe ich doch schon ................ getragen.

hinauf | hinunter

5 ▶ Der Schrank soll in den Keller? Wie wollt ihr denn diesen großen Schrank durch das Treppenhaus ................ tragen?
▷ Das wissen wir auch nicht. Wie habt ihr ihn denn vor zwei Jahren ................ bekommen?

nach oben | nach unten

6 ▶ Diese Kleidung gehört ................ in den Wäschekorb im Keller.
▷ Das trage ich aber alles noch!
▶ Na schön, dann bring sie doch bitte ................ – in den Schrank im Dachgeschoss.

## 3 Präpositionaladverbien

**a** Ergänzen Sie.

1 *Worauf* achtest du beim Einkaufen?
Auf frische Produkte.
*Darauf* sollte ich auch mehr achten.

2 ................ denkst du gerade?
An unseren schönen Sommerurlaub.
................ denke ich auch sehr oft.

3 ................ hast du schon mal geträumt?
Von einer Weltreise.
................ träume ich ständig.

4 ................ interessierst du dich?
Für Sport.
................ interessiere ich mich überhaupt nicht.

5 ................ ärgerst du dich?
Über die Handygebühren.
................ ärgere ich mich auch.

6 ................ besteht die Lasagne?
Aus Nudeln und Hackfleischsoße.
Nur ................ ?

7 ................ kochst du Suppe?
Mit Gemüsebrühe.
................ koche ich auch viel.

**b** Schreiben Sie Fragen und ergänzen Sie die Antworten.

1 der Pullover | bestehen | aus

▶ *Woraus besteht der Pullover?*

▷ Aus 100 % Baumwolle. *Daraus* bestehen alle diese Pullover.

2 du | sparen | dein Geld | für

▶ ……………………………………?

▷ Für ein neues Auto. ………… sparst du doch auch, oder?

3 du | sich freuen | auf

▶ ……………………………………?

▷ Auf die Weihnachtsferien. Freust du dich denn nicht …………?

4 du | mit Herrn Maier | gestern | sprechen | über

▶ ……………………………………?

▷ Über den Putzplan.

▶ ………… habe ich auch schon mit ihm gesprochen.

**c** Ordnen Sie zu und ergänzen Sie.

1 *d* Wovon möchtest du das neue Fahrrad bezahlen?

2 ☐ Womit hast du die Fenster geputzt?

3 ☐ Wofür hast du diese Farbe gebraucht?

4 ☐ Worauf hast du heute Lust?

5 ☐ Worum hast du deinen Chef gebeten?

6 ☐ Woran arbeitet Lisa gerade?

a Für diese Wand. Ich dachte du wolltest sie ………… verwenden.

b An einem großen Projekt. Sie wollte unbedingt ………… arbeiten.

c Mit diesem Reiniger. ………… kann man gut putzen.

d Von meinen Ersparnissen. *Davon* kann ich mir ein gutes Fahrrad leisten.

e Auf einen Kinobesuch. Hast du ………… keine Lust?

f Um einen freien Nachmittag. Hätte ich ihn nicht ………… bitten sollen?

## 4 Gradpartikeln

Was passt? Kreuzen Sie an.

1 ▶ Sollen wir heute zusammen joggen? Ich fühle mich heute (++) ☐ nicht besonders ☐ überhaupt nicht ☐ wirklich gut.

▷ Das tut mir leid, aber heute passt es (--) ☐ sehr ☐ überhaupt nicht ☐ nicht so. Ich habe gleich einen wichtigen Termin und heute Abend gehe ich ins Kino.

2 ▶ Ich finde der Kuchen schmeckt (++) ☐ sehr ☐ ziemlich ☐ nicht so lecker. Was meinst du?

▷ Ach ja, es geht so. Ich finde ihn (+) ☐ nicht besonders ☐ gar nicht ☐ ziemlich trocken.

3 ▶ Ich habe das, was er gesagt hat, (--) ☐ besonders ☐ wirklich ☐ gar nicht verstanden. Und du?

▷ Doch schon, aber er hat (++) ☐ gar nicht ☐ sehr ☐ nicht besonders undeutlich und schnell gesprochen.

## 5 Modalpartikeln

Was passt? Markieren Sie.

1 ▶ Hallo Jacob, wie geht es dir? Wir haben uns lange nicht mehr gesehen. Was machst du **wohl / denn** jetzt so?

▷ Ich mache jetzt eine Ausbildung als Krankenpfleger.

2 ▶ Ach, das ist **aber / halt** eine Überraschung. Wolltest du **mal / denn** nicht Elektriker werden? Du hast **doch / wohl** immer so über den Beruf geschwärmt.

3 ▷ Das ist schon richtig. **Eben / Eigentlich** finde ich den Beruf auch immer noch gut. Das mit der Krankenpflege hat sich **halt / denn** so ergeben.

4 ▶ Du scheinst **mal / ja** nicht so begeistert zu sein.

5 ▷ Doch schon. Es macht mir viel Spaß und die Kollegen sind auch sehr nett. Der Nachtdienst ist **denn / aber** sehr anstrengend. Daran werde ich mich **wohl / mal** nie richtig gewöhnen.

6 ▶ Ach, das ist **doch / denn** nicht immer so! Du hast **ja / mal** nicht ständig Nachtdienst.

7 ▷ Das stimmt. Ich muss jetzt zum Dienst. Ruf mich **wohl / mal** an, dann können wir uns verabreden.

▶ Das ist eine gute Idee.

## Fragewörter

| | | | |
|---|---|---|---|
| Personen: | **wer** | Wer ist das?<br>Wen treffen Sie?<br>Wem gehört das Buch?<br>Wessen Buch ist das? | Nominativ<br>Akkusativ<br>Dativ<br>Genitiv |
| Sachen/Sachverhalten: | **was** | Was ist das?<br>Was machst du? | |
| Ort:<br>Herkunft:<br>Richtung: | **wo**<br>**woher**<br>**wohin** | Wo wohnen Sie?<br>Woher kommen Sie?<br>Wohin gehen Sie? | |
| Art und Weise, Qualität: | **wie** | Wie geht es Ihnen?<br>Wie schmeckt das Essen?<br>Wie alt sind Sie? | Wie + Verb<br><br>Wie + Adjektiv |
| Menge, Preis, Zahlen, Uhrzeit:<br><br>Anzahl: | **wie viel**<br><br><br>**wie viele** | Wie viel kostet das Buch?<br>Wie viel ist 4 + 4?<br>Wie viel Uhr ist es jetzt?<br>Wie viele Bücher sind hier? | <br><br><br>Wie viele + Nomen im Plural |
| Häufigkeit: | **wie oft** | Wie oft gehen Sie ins Kino? | |
| Dauer: | **wie lange** | Wie lange dauert die Fahrt? | |
| Auswahl aus einer Gruppe oder Menge: | **welcher, welches, welche** | Welches Buch möchten Sie?<br>Welche Politiker findest du sympathisch? | |
| Eigenschaft von Sachen/Personen: | **was für ein ...**<br>**was für ...** | Was für einen Pullover möchten Sie?<br>Was für Leute kennst du? | |
| Zeit/Zeitpunkt, Uhrzeit: | **wann** | Wann fährt der Zug?<br>Von wann bis wann geht der Kurs?<br>Ab wann beginnst du mit der Arbeit?<br>Seit wann bist du in Deutschland? | |
| Grund, Ursache: | **warum, weshalb, wieso** | Warum musst du schon gehen?<br>Weshalb hast du mir nicht geantwortet?<br>Wieso machen Sie das? | |

## Fragewörter bei Verben mit Präpositionen

Man unterscheidet zwischen Personen und Sachen/Sachverhalten. Bei **Personen** steht die Präposition vor dem Fragewort wen oder wem, abhängig, welchen Fall das Verb + Präposition braucht (wen = Akkusativ, wem = Dativ).

Auf wen wartest du?
Auf meine Freundin.
Mit wem haben Sie telefoniert?
Mit meinem Chef.

Bei **Sachen/Sachverhalten** benutzt man wo(r) + Präposition. Beginnt die Präposition mit einem Vokal und treffen dadurch zwei Vokale aufeinander, wird zwischen den Vokalen ein r eingeschoben.

Worauf wartest du?
Auf den Bus.
Worüber haben Sie sich geärgert?
Über das Wetter.

wo + mit → womit, wo + von → wovon
wo + vor → wovor, wo + nach → wonach
wo + für → wofür, wo + zu → wozu
wo + auf → worauf, wo + an → woran
wo + über → worüber, wo + um → worum

## W-Fragen

Die W-Frage (Frage mit Fragewort) ist eine offene Frage, jede Antwort ist möglich.

Welche Sprachen sprichst du?
Ich spreche Deutsch, Spanisch und ...
Was machst du heute?
Ich gehe schwimmen, einkaufen ...

Bei der W-Frage steht das Fragewort auf Position 1 und das konjugierte Verb auf Position 2.

| Position 1: Fragewort | Position 2: Verb | |
|---|---|---|
| Wie | heißt | du? |
| Woher | kommst | du? |
| Wer | ist | das? |
| Wo | arbeiten | Sie? |

Gibt es außer dem konjugierten Verb ein weiteres Verb (im Infinitiv, als Partizip oder ein Präfix), steht dieses Wort am Satzende.
Am Ende der Frage steht ein Fragezeichen.

Was möchtest du jetzt machen?
Wen haben Sie heute Morgen gesehen?
Wen holst du später ab?

## Ja-/Nein-Fragen

Auf die Ja-/Nein-Frage (Frage ohne Fragewort) folgt als Antwort eine Zustimmung oder Ablehnung: ja, nein, doch, natürlich, sicher, ...

Sprichst du Deutsch?
Hast du heute Zeit?
Ja. / Nein. / Natürlich. / Sicher ...

Bei der Ja-/Nein-Frage steht das konjugierte Verb immer auf Position 1. Auf Position 2 steht das Subjekt.

| Position 1: Verb | Position 2: Subjekt | |
|---|---|---|
| Sprichst | du | Deutsch? |
| Kommen | Sie | aus der Ukraine? |
| Sind | Sie | Herr Meyer? |

Gibt es außer dem konjugierten Verb ein weiteres Verb (im Infinitiv, als Partizip oder ein Präfix), steht dieses Wort am Satzende.
Am Ende der Frage steht ein Fragezeichen.

Möchtest du einen Kaffee trinken?
Haben Sie meinen Freund gesehen?
Holst du heute die Kinder ab?

## Indirekte Fragen

Indirekte Fragen sind Nebensätze. Durch indirekte Fragen werden die Fragen höflicher.

Indirekte Fragen mit Fragewort:
Das Fragewort leitet den Nebensatz ein.

Welche Sprachen sprichst du?

| Hauptsatz | Nebensatz |
|---|---|
| Ich würde gern wissen, | welche Sprachen du sprichst. |

Indirekte Fragen mit ob:
Bei den Fragen ohne Fragewort (Ja-/Nein-Fragen) benutzt man die Konjunktion ob.

Kommen Sie aus der Ukraine?

| Hauptsatz | Nebensatz |
|---|---|
| Können Sie mir sagen, | ob Sie aus der Ukraine kommen? |

Da die indirekten Fragen Nebensätze sind, steht das konjugierte Verb am Satzende.

## 1 Fragewörter: *wer, was, wo, ...*

**a** Ergänzen Sie.

| wer \| woher \| wo \| was \| wie \| wer |
|---|

1 .................... kommt aus Eritrea?

2 .................... alt sind Sie?

3 .................... kommt unsere Lehrerin?

4 .................... machst du heute?

5 .................... ist der Deutschkurs?

6 .................... hat ein Auto?

**b** Ergänzen Sie.

| woher \| wohin \| wo |
|---|

1 .................... kommen Sie, Herr Jankowski? – Ich komme aus Polen.

2 Und .................... wohnen Sie? – In Frankfurt.

3 Und .................... gehen Sie jetzt? – Zum Deutschkurs.

## 2 Fragewörter: *wie viel, wie viele*

*wie viel* oder *wie viele*? Ergänzen Sie.

1 .................... kostet das Brot? – Es kostet einen Euro.

2 Und .................... kosten die Brötchen? – Ein Brötchen kostet 25 Cent.

3 Dann hätte ich gerne ein paar Brötchen. – .................... Brötchen möchten Sie?

4 Vier Brötchen, bitte. Um .................... Uhr machen Sie eigentlich zu? – Unser Geschäft ist bis 19 Uhr geöffnet.

## 3 Fragewörter: *welcher, welches, welche*

*welcher, welches* oder *welchen*? Ergänzen Sie.

1 .................... Sprachen sprechen Sie? – Ich spreche Deutsch und Spanisch.

2 .................... U-Bahn fährt zum Bahnhof? – Die U 4 fährt zum Bahnhof.

3 .................... Pullover gefällt dir? – Der rote Pullover gefällt mir gut.

4 .................... Pullover möchtest du kaufen? – Ich nehme den roten.

5 .................... T-Shirt möchtest du kaufen? – Das weiße T-Shirt finde ich schön.

6 .................... Jacke gefällt dir? – Mir gefällt die schwarze Jacke.

7 .................... Schuhe gefallen dir? – Die schwarzen Schuhe gefallen mir am besten.

| **Nominativ** | |
|---|---|
| der Rock | → welch<u>er</u>? |
| die Hose | → welch<u>e</u>? |
| das Hemd | → welch<u>es</u>? |
| die Schuhe | → welch<u>e</u>? |
| **Akkusativ** | |
| der Rock | → welch**<u>en</u>**? |
| die Hose | → welch<u>e</u>? |
| das Hemd | → welch<u>es</u>? |
| die Schuhe | → welch<u>e</u>? |

## 4 Fragewörter: *wann*

*von wann bis wann*, *wann* oder *bis wann*? Ergänzen Sie.

1 Paola, .................................... beginnt dein Deutschkurs? – Der Kurs beginnt um 9.00 Uhr.

2 Und .................................... geht der Kurs? – Bis 12 Uhr.

3 Und .................................... musst du arbeiten? – Jeden Tag von 16 bis 20 Uhr.

## 5 W-Fragen

**a** Was passt zusammen?

1 [e] Wie heißen Sie?
2 [ ] Wie geht es Ihnen?
3 [ ] Wo wohnen Sie?
4 [ ] Woher kommen Sie?
5 [ ] Wer ist das?
6 [ ] Was ist das?

a In Berlin.
b Das ist unser Lehrer.
c Danke, gut.
d Das ist ein Kursbuch.
e Mein Name ist Tayo Okoye.
f Aus Frankfurt.

**b** Schreiben Sie die Fragen richtig.

1 Sie | kommen | woher | ?
2 Ihre Adresse | wie | ist | ?
3 alt | wie | ist | Ihr Kind | ?
4 wo | Tayo und Michaela | wohnen | ?
5 heute | was | ihr | macht | ?
6 Chinesisch | wer | spricht | ?

> **W-Fragen**
> Verb auf Position 2:
> Woher kommen Sie?

1 *Woher kommen Sie?*
2 ....................................
3 ....................................
4 ....................................
5 ....................................
6 ....................................

**c** Schreiben Sie vier Fragen.

| wie \| was \| woher \| wer | kommen \| machst \| heißen \| ist | Sie \| du \| unser Lehrer \| Sie |
|---|---|---|

1 ....................................
2 ....................................
3 ....................................
4 ....................................

## 6 W-Fragen mit Modalverben

Wo stehen die Wörter? Schreiben Sie die Fragen in die Tabelle.

1 was | ich für Sie | kann | tun | ?

2 ich Ihnen | wie | helfen | kann | ?

3 was | kaufen | möchten | Sie | ?

4 wie viele Äpfel | geben | darf | ich Ihnen | ?

5 bezahlen | wie | möchten | Sie | ?

| Position 1 | Position 2 | | Satzende |
|---|---|---|---|
| 1 *Was* | *kann* | *ich für Sie* | *tun?* |
| 2 | | | |
| 3 | | | |
| 4 | | | |
| 5 | | | |

## 7 Ja-/Nein-Fragen

**a** Was passt zusammen?

1 [*f*] Sind Sie verheiratet?
2 [ ] Haben Sie Kinder?
3 [ ] Wohnen Sie in Frankfurt?
4 [ ] Kommen Sie aus Griechenland?
5 [ ] Ist das Alexandra?
6 [ ] Ist das Ihr Handy?

a Nein. Ich habe keine Kinder.
b Ja, das ist mein Handy.
c Ja, ich wohne in Frankfurt.
d Nein, das ist Paula.
e Ja, ich komme aus Athen.
f Ja, ich bin verheiratet.

**b** Schreiben Sie Fragen wie im Beispiel.

1 du | sprichst | Deutsch | ?
*Sprichst du Deutsch?* – Ja, ich spreche Deutsch.

2 in Berlin | ihr | wohnt | ?
.................... – Ja, wir wohnen in Berlin.

3 du | bist | verheiratet | ?
.................... – Ja, ich bin verheiratet.

4 nach Berlin | ihr | fahrt | ?
.................... – Ja, wir fahren nach Berlin.

5 du | hast | Kinder | ?
.................... – Nein, ich habe keine Kinder.

6 ihr | Kaffee | trinkt | ?
.................... – Ja, wir trinken Kaffee.

**Ja-/Nein-Fragen**
Verb auf Position 1:
Sprichst du Deutsch?

## 8 Ja-/Nein-Fragen mit Modalverben

Wo stehen die Wörter? Schreiben Sie die Fragen in die Tabelle.

1 du | musst | arbeiten | viel | ?

2 du | aufstehen | musst | morgens früh | ?

3 machen | du | musst | auch Überstunden | ?

4 du | vor der Firma | parken | darfst | ?

5 du | eine andere Arbeit | möchtest | haben | ?

| Position 1 | Position 2 | | Satzende |
|---|---|---|---|
| 1 *Musst* | *du* | *viel* | *arbeiten?* |
| 2 | | | |
| 3 | | | |
| 4 | | | |
| 5 | | | |

## 9 W-Fragen und Ja-/Nein-Fragen

**a** Schreiben Sie W-Fragen und Ja-/Nein-Fragen wie im Beispiel.

1 woher | Sie | kommen | ?
*Woher kommen Sie?*

Sie | kommen | aus Eritrea | ?
*Kommen Sie aus Eritrea?*

2 Sie | was | möchten | ?

einen Kaffee | Sie | möchten | ?

3 Sie | nehmen | was | ?

nehmen | eine Cola | Sie | ?

4 wo | du | wohnst | ?

in Frankfurt | du | wohnst | ?

5 dir | wie | es | geht | ?

gut | geht | dir | es | ?

**b** Schreiben Sie Fragen zu den Antworten.

1 *Sind Sie verheiratet?* – Ja, ich bin verheiratet.

2 ............ – Ich habe zwei Kinder.

3 ............ – Mein Sohn ist vier Jahre alt.

4 ............ – Ich wohne in Frankfurt.

5 ............ – Ja, ich wohne im Zentrum.

6 ............ – Ja, natürlich habe ich ein Telefon.

7 ............ – Meine Telefonnummer ist 069 – 42 33 33.

8 ............ – Nein, ich habe kein Auto.

## 1 Fragewörter: *wer*

Ergänzen Sie: *wer – wer – wem – wem – wen – wen.*

| | |
|---|---|
| Wer? | → Nominativ |
| Wen? | → Akkusativ |
| Wem? | → Dativ |

1 .................... ist neu im Kurs? – Paolo und Johan.

2 .................... gehört das Handy? – Es gehört meinem Freund.

3 .................... triffst du heute Abend? – Meine Freundin.

4 Mit .................... hast du dich verabredet? – Mit meiner Freundin.

5 Für .................... ist das Geschenk? – Für unsere Kursleiterin.

6 .................... hat es gekauft? – Wir alle.

## 2 Fragewörter: *wo* und *wohin*

*wo* oder *wohin*? Ergänzen Sie.

Wohin? →
Wo? •

1 .................... wohnen Sie?

2 .................... fahren Sie in Urlaub?

3 .................... gehst du heute Abend?

4 .................... steht dein Fahrrad?

5 .................... hast du dein Fahrrad gestellt?

6 .................... bist du gestern gewesen?

## 3 Fragewörter: *welcher, welches, welche*

**a** Ergänzen Sie die Endungen.

1 Welch........ U-Bahn fährt zum Bahnhof? – Sie müssen die U 2 nehmen.

2 Mit welch........ Bus kann ich zum Flughafen fahren? – Nehmen Sie die Linie 112.

3 Welch........ Zug fährt nach Berlin? – Das ist der ICE 1090.

4 Und von welch........ Gleis fährt der Zug? – Von Gleis 9.

5 In welch........ Kino gibt es heute einen schönen Film? – In der Harmonie läuft Titanic und im Astoria gibt es Harry Potter.

6 Welch........ Film möchtest du am liebsten sehen? In welch........ Kino wollen wir gehen?

7 Welch........ Buch möchtest du lesen? Den Roman oder den Krimi? – Den Krimi!

8 Welch........ Hausaufgaben müssen wir eigentlich machen? – Wir sollen den Text auf Seite 20 vorbereiten.

**b** Schreiben Sie Fragen zu den Antworten.

1 *Welchen Salat hätten Sie gern?* – Ich hätte gern den griechischen Salat.

2 .................................... – Ich möchte bitte das Erdbeereis.

3 .................................... – Mir schmeckt der Apfelkuchen.

4 .................................... – Ich möchte die Gemüsesuppe.

## 4 Fragewörter: *was für ein* ... und *welch-* ...

*was für ein* ... oder *welch-* ...? Ergänzen Sie in der richtigen Form.

1 *Was für einen* Kuchen möchtest du essen? – Gerne einen Apfelkuchen.

2 *Welche* Pizza möchten Sie? – Die Pizza mit Salami und Schinken.

3 .................... Wohnung suchen Sie? – Eine 3-Zimmerwohnung mit Balkon.

4 .................... Wohnung haben Sie gemietet? – Die Wohnung im ersten Stock.

5 Für .................... Fahrrad interessieren Sie sich? – Für das Damenrad hier vorne.

6 .................... Fernseher möchten Sie kaufen? – Einen Fernseher, der nicht so teuer ist.

7 Für .................... Kurs möchten Sie sich anmelden? – Für den B1-Kurs.

## 5 Fragewörter: *warum*

Schreiben Sie die Fragen richtig.

1 haben | Sie | keine Zeit | warum | ?
*Warum haben Sie keine Zeit?* – Weil ich arbeiten muss.

2 warum | du | schon | gehst | ?
.................................... – Weil ich morgen früh aufstehen muss.

3 du | warum | keinen Kaffee | trinkst | ?
.................................... – Weil mich Kaffee nervös macht.

4 Sie | die Aufgaben | warum | nicht | gemacht | haben | ?
.................................... – Weil ich krank war.

5 ihr | warum | so müde | seid | ?
.................................... – Weil wir schlecht geschlafen haben.

6 du | nicht im Kurs | warst | gestern | warum | ?
.................................... – Weil ich einen wichtigen Termin hatte.

7 warum | du | mich | angerufen | nicht | hast | ?
.................................... – Weil ich es leider vergessen habe.

## 6 Fragewörter

Was passt? Markieren Sie.

1 **Seit wann / Wann / Bis wann** arbeiten Sie schon in der Firma?

2 **Wie / Wann / Wie viel** hat die Kantine geöffnet?

3 **Wie oft / Wie viel / Wie lange** dauert die Mittagspause?

4 **Wo / Woher / Wohin** ist die Personalabteilung?

5 **Wie / Wie viele / Wie oft** Überstunden müssen Sie machen?

6 **Wohin / Wo / Was** kann ich Kopierpapier bekommen?

7 **Wer / Welcher / Was** Kollege ist für den Arbeitsschutz zuständig?

8 **Warum / Wie / Woher** müssen wir so viele Überstunden machen?

## 7 Ja-/Nein-Fragen: Höfliche Fragen

Schreiben Sie Fragen wie im Beispiel.

1 Sie | helfen | mir | bitte | würden | ?
*Würden Sie mir bitte helfen?*

2 Sie | mich | morgen | könnten | zurückrufen | ?

3 Zeit | für eine Besprechung | hätten | Sie | ?

4 ihr | anrufen | mich | würdet | ?

5 du | hättest | morgen | Zeit | ?

## 8 W-Fragen und Ja-/Nein-Fragen

Was passt zusammen?

1 ☐ Leben Sie schon lange in Deutschland?
2 ☐ Wie lange sind Sie schon in Deutschland?
3 ☐ Wann sind Sie nach Deutschland gekommen?
4 ☐ Haben Sie eine gute Arbeit gefunden?
5 ☐ Was ist Ihr Beruf?
6 ☐ Sind Sie verheiratet?
7 ☐ Hat Ihre Frau eine Arbeit?
8 ☐ Haben Sie Kinder?
9 ☐ Wie alt ist Ihr Sohn?
10 ☐ Geht er schon zur Schule?

a Ja, einen Sohn.
b Drei Jahre.
c Nein, ich suche noch.
d Ja, in die erste Klasse.
e Ja, seit drei Jahren.
f Ich bin Ingenieur.
g Vor drei Jahren.
h Er ist sechs Jahre alt.
i Ja, ich bin verheiratet.
j Ja, sie arbeitet im Büro.

## 9 Indirekte Fragen mit Fragewort

**a** Schreiben Sie indirekte Fragen wie im Beispiel.

1 Wie ist Ihr Name?
Können Sie mir sagen, *wie Ihr Name ist?*

2 Wo arbeiten Sie?
Können Sie mir sagen, ……

3 Wie funktioniert der Kopierer?
Wissen Sie, ……

4 Was bedeutet PIN?
Weiß jemand, ……

5 Wie lange dauert die Mittagspause?
Wissen Sie, ……

6 Wo bekomme ich das Formular?
Weißt du, ……

**b** Schreiben Sie indirekte Fragen wie im Beispiel.

Zwei Verbformen im Nebensatz? ➞ Das konjugierte Verb steht am Satzende.

1 Wo kann ich das Formular bekommen?
Weißt du, *wo ich das Formular bekommen kann?*

2 Wie soll ich den Vertrag ausfüllen?
Können Sie mir sagen, ……

3 Wie lange hat die Kantine geöffnet?
Wissen Sie, ……

4 Wo kann ich die Personalabteilung finden?
Können Sie mir sagen, ……

5 Wie kann man Kopierpapier bekommen?
Können Sie mir sagen, ……

6 Wo muss man das Papier einlegen?
Wissen Sie, ……

7 Was soll ich heute noch alles erledigen?
Können Sie mir sagen, ……

8 Was hat der Chef gesagt?
Weißt du, ……

## 1 Fragewörter: *wer*

Ergänzen Sie: *wer – wem – wen – wessen*.

1 ............ gehört der Koffer? – Das ist der Koffer von Karim.

2 Und ............ Koffer ist das? – Das ist Rabias Koffer.

3 Mit ............ haben Sie gestern telefoniert? – Mit Herrn Lutz.

4 ............ haben Sie noch angerufen? – Unsere Kunden.

5 ............ trefft ihr heute? – Unsere Freunde.

6 ............ Buch ist das? – Ich glaube, das Buch gehört Luisa.

7 Für ............ sind die Blumen? – Für meine Mutter.

8 ............ hat euch gestern besucht? – Unsere Nachbarn.

9 Und bei ............ wart ihr gestern zu Besuch? – Bei meinen Eltern.

10 ............ lädst du zu deiner Party ein? – Alle meine Freunde.

Wessen? → Genitiv

## 2 Fragewörter: *wer, was, wie, ...*

Ergänzen Sie.

wer | wohin | was | wie | warum | welche | wann | wer | wie | warum

1 ............ ist die Hausverwaltung am Wochenende erreichbar? Auch am Sonntag?

2 ............ soll ich die Miete überweisen? Auf welches Konto?

3 ............ muss ich bei der Hausordnung beachten?

4 ............ Regeln gibt es noch?

5 ............ darf man im Hinterhof nicht parken?

6 ............ wohnt im dritten Stock?

7 ............ werden die Mülltonnen so selten geleert?

8 ............ ist der Hausmeister?

9 ............ heißt er?

10 ............ ist seine Telefonnummer?

## 3 Fragewörter: *wieso, weshalb, warum*

Schreiben Sie die Fragen richtig.

1 das Internet | weshalb | ist | für Sie | wichtig | ?

..........

2 warum | immer weniger | Zeitungen | gelesen | werden | ?

..........

3 so viele Leute | wieso | kaufen | jedes Jahr | ein neues Handy | ?

..........

4 warum | immer das neueste Modell | haben | muss | man | ?

..........

5 die Internetverbindung | so schlecht | hier immer noch | ist | weshalb | ?

..........

## 4 Fragewörter bei Verben mit Präpositionen

Person:
Präposition + wen/wem
Sache: wo(r) + Präposition

**a** Was passt? Ergänzen Sie.

| | | | |
|---|---|---|---|
| 1 | *Worüber* sprecht ihr? | – Über die Prüfung. | (Worüber / Über wen) |
| 2 | *Über wen* sprecht ihr? | – Über unseren Lehrer. | (Worüber / Über wen) |
| 3 | .......... interessierst du dich? | – Für Musik. | (Wofür / Für wen) |
| 4 | .......... freust du dich? | – Über das Geschenk. | (Worüber / Über wen) |
| 5 | .......... ärgerst du dich? | – Über meinen Nachbarn. | (Worüber / Über wen) |
| 6 | .......... bist du enttäuscht? | – Von meinem Freund. | (Wovon / Von wem) |
| 7 | .......... warten Sie? | – Auf den Zug. | (Worauf / Auf wen) |
| 8 | .......... warten Sie? | – Auf meinen Chef. | (Worauf / Auf wen) |
| 9 | .......... denkst du? | – An meine Kinder. | (Woran / An wen) |
| 10 | .......... denkst du? | – An die Prüfung. | (Woran / An wen) |
| 11 | .......... träumen Sie oft? | – Von meinem Urlaub. | (Wovon / Von wem) |
| 12 | .......... geben Sie viel Geld aus? | – Für Kleidung. | (Wofür / Für wen) |
| 13 | .......... diskutieren Sie gern? | – Über Politik. | (Worüber / Mit wem) |
| 14 | .......... diskutieren Sie gern? | – Mit meinem Kollegen. | (Worüber / Mit wem) |

**b** Fragen Sie nach den unterstrichenen Satzgliedern wie im Beispiel.

1 Ich freue mich auf die Ferien.
2 Ich habe mich mit Karim getroffen.
3 Ich interessiere mich für die deutsche Grammatik.
4 Ich gebe viel Geld für Kleidung aus.
5 Wir warten auf Tom und Lisa.
6 Ich warte auf die U-Bahn.
7 Ich denke an die Prüfung.
8 Wir diskutieren nicht gerne über Politik.
9 Ich habe mich über meine Freundin geärgert.
10 Wir ärgern uns oft über das schlechte Essen.
11 Auf teure Möbel kann ich verzichten.
12 Heute Nacht habe ich von einem wunderschönen Urlaub geträumt.

1 *Worauf freust du dich?*
2 *Mit wem hast du dich getroffen?*
3 ...
4 ...
5 ...
6 ...
7 ...
8 ...
9 ...
10 ...
11 ...
12 ...

## 5 Indirekte Fragen mit Fragewort

Schreiben Sie die Fragen aus Aufgabe 2 wie im Beispiel.

1 Wissen Sie, *wann die Hausverwaltung am Wochenende erreichbar ist* ?
2 Können Sie mir sagen, ... ?
3 Ich würde gern wissen, ... .
4 Können Sie mir sagen, ... ?
5 Wissen Sie, ... ?

6 Können Sie mir sagen, ...................................................... ?

7 Ich würde gern wissen, ...................................................... .

8 Können Sie mir sagen, ...................................................... ?

9 Können Sie mir sagen, ...................................................... ?

10 Ich möchte gern wissen, ...................................................... .

## 6 Indirekte Fragen mit *ob*

Schreiben Sie Sätze wie im Beispiel.

1 Kann ich den Mietvertrag am Samstag unterschreiben?

Können Sie mir sagen, *ob ich den Mietvertrag am Samstag unterschreiben kann* ?

2 Muss ich hier unterschreiben?

Können Sie mir sagen, ...................................................... ?

3 Kann ich schon nächsten Monat einziehen?

Ich würde gern wissen, ...................................................... .

4 Muss ich die Wohnung noch renovieren?

Können Sie mir sagen, ...................................................... ?

5 Ist der Hausmeister auch am Sonntag erreichbar?

Wissen Sie, ...................................................... ?

6 Darf ich eine Satellitenschüssel auf meinen Balkon stellen?

Können Sie mir sagen, ...................................................... ?

## 7 Indirekte Fragen mit Fragewort und *ob*

Formen Sie die direkten Fragen in indirekte Fragen um.

1 Wann könnte ich die Wohnung besichtigen?

Können Sie mir sagen, ...................................................... ?

2 Kann ich heute Abend noch vorbeikommen?

Ich würde gern wissen, ...................................................... .

3 Passt es Ihnen auch am Samstag?

Können Sie mir sagen, ...................................................... ?

4 Welche Unterlagen soll ich mitbringen?

Ich würde gern wissen, ...................................................... .

## Hauptsätze und Nebensätze

| | |
|---|---|
| Es gibt Hauptsätze (HS) und Nebensätze (NS).<br>Hauptsätze können alleine stehen. | *Ich lerne Deutsch*. (HS)<br>*Ich lerne Deutsch, weil ich in Deutschland lebe*. (NS) |
| In Hauptsätzen steht das **Verb** in der Mitte (auf Position 2). | Position 1: **Position 2:**<br>*Ich lerne Deutsch.*<br>*Am Wochenende lerne ich Deutsch.* |
| In Nebensätzen steht das **Verb** am Ende. | *..., weil ich in Deutschland lebe.* |
| Man kann Sätze miteinander verbinden: **HS + HS** oder **HS + NS**. Zwischen HS und NS steht ein Komma. | HS + HS: *Ich heiße Tayo und (ich) lerne Deutsch.*<br>HS + NS: *Ich lerne Deutsch, weil ich in Deutschland lebe.* |
| Der Nebensatz kann auch am Anfang stehen. | NS + HS: *Weil ich in Deutschland lebe, lerne ich Deutsch.* |

## Negation: *nicht, kein/keine*

| | |
|---|---|
| In negativen Sätzen benutzt man *nicht* oder *kein/keine*. | *Ich bin nicht verheiratet.*<br>*Ich habe keine Kinder.* |
| *Kein/keine* hat unterschiedliche Formen im Nominativ, Akkusativ, Dativ und Genitiv.<br>Die Formen finden Sie in Kapitel 2. | *Das ist kein Heft.*<br>*Wir haben keinen Sohn.*<br>*Ich habe die Schuhe in keinem Laden gefunden.* |
| *Kein/keine* benutzt man nur bei **Nomen** mit unbestimmtem Artikel oder ohne Artikel. | *Ist das ein Apfel? – Nein, das ist kein Apfel.*<br>*Hast du Zeit? – Nein, ich habe keine Zeit.* |
| Bei allen anderen Wörtern benutzt man nicht, z. B. bei Nomen mit bestimmtem Artikel, Verben, Adjektiven, aber auch bei Namen. | *Das ist nicht das Haus von meinen Eltern.*<br>*Ich bin nicht krank.*<br>*Das ist nicht Herr Rösler.* |
| *Nicht* steht oft:<br>- **vor** dem Element, das man verneinen will<br>- **am Satzende** (verneint den ganzen Satz) | *Ich bin nicht* ***müde****.*<br>*Die Kinder spielen nicht* ***auf der Straße.***<br>*Ich komme heute nicht.* |
| Die Position von *nicht* hängt auch von der Betonung ab. | *Ich kaufe das Hemd nicht.*<br>*Ich kaufe nicht* ***das Hemd*** *(sondern* ***die Hose****).* |

## Satzverbindungen

| | |
|---|---|
| Man benutzt Verbindungswörter, um Sätze zu verbinden. Dazu gehören **Konjunktionen** (*und, weil*, etc.), bestimmte **Adverbien** (*trotzdem, deshalb*, etc.) und **Relativpronomen**. | *Ich heiße Paula und (ich) komme aus Spanien.*<br>*Ich bin müde. Deshalb bleibe ich zu Hause.*<br>*Der Mann, der nebenan wohnt, ist Arzt.* |
| **und, oder, aber, denn:** Diese Wörter verbinden zwei Hauptsätze. Vor *aber* und *denn* steht ein Komma. | *Wir bleiben zu Hause oder (wir) gehen ins Kino.*<br>*Ich habe ein Fahrrad, aber (ich habe) kein Auto.*<br>*Ich lerne Deutsch, denn ich lebe in Deutschland.* |
| Mit **denn, weil/da** und **deshalb/daher** werden Kausalsätze eingeleitet. Das sind Sätze, mit denen man erklärt, warum etwas passiert (*Warum, wieso, weshalb, aus welchem Grund?*). | *Er konnte nicht kommen, ...*<br>*... weil/da er krank war.* (HS + NS)<br>*... denn er war krank.* (HS + HS)<br>*Er war krank. Deshalb/Daher konnte er nicht kommen.* |
| **obwohl** und **trotzdem** benutzt man, wenn etwas überraschend oder unlogisch ist. | *Ich kann nicht schlafen, obwohl ich müde bin.*<br>*Ich bin müde. Trotzdem kann ich nicht schlafen.* |

| | |
|---|---|
| Mit **wenn** formuliert man eine Bedingung: *Wenn XY passiert, (dann) ....* | *Wenn ich groß bin, (dann) werde ich Astronaut.*<br>*Wenn es regnet, (dann) bleibe ich zu Hause.* |
| **falls und wenn**: *Falls* benutzt man, wenn etwas nicht wahrscheinlich ist: *Ich glaube nicht, dass XY passiert, aber wenn doch, dann ...* | *Wenn ich Laura sehe, frage ich sie. (Ich sehe sie bestimmt bald.)*<br>*Falls ich Laura sehe, frage ich sie. (Ich glaube nicht, dass ich sie sehe.)* |
| **wenn** und **als**: Zwischen *wenn* und *als* muss man nur unterscheiden, wenn man über die **Vergangenheit** spricht: *als* beschreibt einen bestimmten Moment oder einen Zeitpunkt, *wenn* eine Wiederholung (*immer, wenn ...*). Für **Präsens** und **Zukunft** benutzt man *wenn*. | *Als Leo Anja kennenlernte, war er sofort verliebt. (Kennenlernen = Zeitpunkt)*<br>*Immer, wenn er sie sah, hatte er Herzklopfen. (Wiederholung: er hatte jedes Mal Herzklopfen)*<br>*Wenn Leo heute nach Hause kommt, ruft er Anja an.* |
| **dass:** Mit *dass-Sätzen* kann man berichten, was andere Personen gesagt haben.<br>Man benutzt *dass-Sätze* auch, wenn man über Gefühle und Meinungen spricht (*hoffen, glauben, sich freuen, Angst haben, ...*). | *Ana: „Ich war beim Arzt".*<br>*→ Ana hat gesagt, dass sie beim Arzt war.*<br>*Ich hoffe, dass es dir gut geht.*<br>*Wir freuen uns, dass du kommst.*<br>*Tayo hat Angst, dass er keinen Job findet.* |
| **dass** und **ob:** Man benutzt *dass*, wenn man sicher ist und *ob*, wenn man nicht sicher ist. | *Ich bin sicher, dass das klappt.*<br>*Ich weiß nicht, ob das klappt.* |
| **bevor, während, nachdem, bis, seit, seitdem:** Diese Konjunktionen leiten temporale Nebensätze ein. Das sind Sätze, mit denen man sagt, wann etwas passiert oder wie lange etwas dauert. | *Bevor wir losgefahren sind, haben wir gefrühstückt.*<br>*Während ich arbeite, schläfst du. Das ist unfair!*<br>*Wir warten, bis du kommst.*<br>*Ich lerne Deutsch, seit ich in Deutschland bin.* |
| **indem:** Man benutzt *indem*, wenn man beschreiben will, wie man etwas macht. | *Man schaltet das Licht an, indem man auf den Lichtschalter drückt.* |
| **damit:** Mit *damit* drückt man eine Absicht aus. | *Ich mache Sport, damit ich gesund bleibe.* |
| Zweiteilige Konjunktionen:<br>**entweder ... oder** (X oder Y)<br>**sowohl ... als auch** (X und Y)<br>**weder ... noch** (nicht X und nicht Y)<br>**zwar ... aber** (X ja, Y nein)<br>**nicht nur ... sondern auch** (X und auch Y)<br>**je ... desto/umso** (Wenn mehr X, dann mehr Y) | <br>*Wir machen entweder Pizza oder Nudeln.*<br>*Ich mag sowohl Pizza als auch Nudeln.*<br>*Ich esse weder Fleisch noch Fisch.*<br>*Wir essen zwar Fisch, aber kein Fleisch.*<br>*Wir haben nicht nur Tee, sondern auch Kaffee.*<br>*Je öfter ich koche, umso mehr Spaß macht es.* |

## Infinitivsätze

| | |
|---|---|
| In Infinitivsätzen mit *zu* bleibt das Verb im Infinitiv (das heißt, es wird nicht konjugiert). | *Ich habe versucht, mit meinem Chef zu reden.* |
| Weitere Infinitivsätze sind Nebensätze mit: **um ... zu, ohne ... zu** und **(an)statt ... zu.**<br>*zu* + Infinitiv steht am Satzende.<br>*Um ... zu* hat die gleiche Bedeutung wie *damit*. | *Ich mache Sport, um gesund zu bleiben.*<br>*Tim geht aus dem Haus, ohne zu frühstücken.*<br>*Ich gehe spazieren, anstatt Deutsch zu lernen.* |

## Relativsätze

| | |
|---|---|
| Relativsätze geben zusätzliche Informationen über eine Person oder Sache.<br>Sie werden durch **Relativpronomen** eingeleitet. Die Relativpronomen kennen Sie aus Kapitel 4. | *Mein Vater ist ein Mensch, der gerne lacht.*<br>*Das ist eine Firma, die Software entwickelt.*<br>*Der Mann, den ich gestern getroffen habe, ...*<br>*Der Mann, mit dem ich gesprochen habe, ...* |

## 1 Hauptsätze

**Verb** → Position 2

**a** Ergänzen Sie. Benutzen Sie die Wörter rechts.

| Position 1 | **Position 2** | | |
|---|---|---|---|
| 1 Ich | *trinke* | *morgens Tee.* | (morgens / Tee / **trinke**) |
| 2 Morgens | | | (ich / Tee / trinke) |
| 3 Die Kinder | | | (keine / mögen / Tomaten) |
| 4 Wir | | | (Urlaub / haben / am Freitag) |
| 5 Am Freitag | | | (wir / Urlaub / haben) |
| 6 Alex | | | (zur Arbeit / um 8 Uhr / geht) |
| 7 Um 12 Uhr | | | (eine Pause / machen / wir) |
| 8 Das Haus | | | (ist / und modern / ganz neu) |

**b** Schreiben Sie wie im Beispiel. Beginnen Sie mit dem unterstrichenen Wort.

1 Lotte hat am Dienstag Geburtstag. *Am Dienstag hat Lotte Geburtstag.*
2 Wir gucken am Sonntag Fußball.
3 Ich putze heute die Fenster.
4 Der Deutschkurs beginnt um 9 Uhr.
5 Karim macht nachmittags Sport.
6 Anja und Leo heiraten nächste Woche.

## 2 Negation: *nicht, kein/keine*

Ich komme **nicht**. Ich kann **nicht** kommen.

**a** Schreiben Sie Sätze mit *nicht*.

1 Ich wohne in Frankfurt. *Ich wohne nicht in Frankfurt.*
2 Wir gehen zum Ausländeramt.
3 Mein Vater kann kochen.
4 Ich fahre mit der Straßenbahn.
5 Ich kann Auto fahren.
6 Ich verstehe das.
7 Herr Rösler spricht schnell.
8 Das ist richtig.
9 Ich brauche die E-Mail-Adresse.
10 Ich muss morgen arbeiten.
11 Heute ist Samstag.
12 Ich kann das Auto reparieren.

**b** *kein, keine, nicht?* Ergänzen Sie.

1 Magst du Zwiebeln? – Nein, ich mag *keine* Zwiebeln.

2 Ist Leonie krank? – Nein, Leonie ist .................... krank.

3 Hast du am Dienstag Zeit? – Nein, ich habe .................... Zeit.

4 Ist das ein Problem? – Nein, das ist .................... Problem.

5 Habt ihr eine Pause gemacht? – Nein, wir haben .................... Pause gemacht.

6 Beginnt der Kurs um halb neun? – Nein, der Kurs beginnt .................... um halb neun.

7 Hast du schon gefrühstückt? – Nein, ich habe noch .................... gefrühstückt.

8 Habt ihr Haustiere? – Nein, wir haben .................... Haustiere.

9 Ist deine Arbeit stressig? – Nein, meine Arbeit ist .................... stressig.

10 Gefällt dir das Video? – Nein, das Video gefällt mir .................... so gut.

## 3 Satzverbindungen: *und, oder, aber*

**a** Ergänzen Sie: *aber, und, oder.*

**Haustiere**

1 „Wir lieben Tiere. Wir haben einen Hund .................... zwei Meerschweinchen."

2 „Ich möchte auch ein Haustier haben, vielleicht ein Meerschweinchen .................... eine Katze. Das ist egal."

3 „Ich möchte gerne einen Hund haben, .................... meine Frau mag keine Hunde."

**b** Was passt nicht? Streichen Sie durch.

1 Das hier ist das Wohnzimmer **oder / und** da ist das Kinderzimmer.

2 Meine große Tochter heißt Leonie **oder / und** meine kleine Tochter heißt Ava.

3 Sonntags besuchen wir Freunde **aber / oder** wir bleiben zu Hause.

4 Musst du am Samstag arbeiten **oder / und** hast du frei?

5 Die Kinder gehen gern zur Schule, **aber / oder** sie machen nicht gern die Hausaufgaben.

6 Mittags esse ich oft nur eine Suppe **aber / oder** einen Salat.

7 Samir hat Zahnschmerzen, **aber / oder** er will nicht zum Zahnarzt gehen.

**c** Verbinden Sie die Sätze mit *aber.*

> **Komma** vor aber:
> Die Wohnung ist schön, aber ...

1 Die Wohnung ist schön. Sie ist zu klein.
*Die Wohnung ist schön, aber sie ist zu klein.*

2 Samir muss arbeiten. Ana hat Zeit.

3 Wir mögen Fisch. Wir essen kein Fleisch.

4 Wir kommen aus Syrien. Wir leben jetzt in Deutschland.

5 Ana möchte ins Kino gehen. Samir ist müde.

6 Ich kann singen. Ich kann nicht tanzen.

**d** Schreiben Sie Sätze.

1 Kaffee | und essen | Nachmittags | trinken wir | Kuchen.

2 ist | und gemütlich. | Mein | hell | Wohnzimmer

3 bleibe ich | lerne | Heute | zu Hause | Deutsch. | und

4 Freunde | gehen tanzen. | treffen wir | oder | Am Wochenende

**e** Schreiben Sie über sich.

1 Meine Mutter heißt ........ und mein Vater ........ .
2 Ich komme aus ........, aber jetzt ........ .
3 Ich esse gern ........, aber ........ .
4 Zum Frühstück esse ich ........ oder ........ .
5 Heute Nachmittag ........ und heute Abend ........ .

**f** Was brauchen Sie nicht? Streichen Sie durch.

> Ich kann kochen, aber ~~ich kann~~ nicht backen.
> Ich kann kochen, aber nicht backen.

1 Ich kann kochen, aber ~~ich kann~~ nicht backen.
2 Ich heiße Maria und ich komme aus Spanien.
3 Wir haben einen Sohn, aber wir haben keine Tochter.
4 Ich bin 24 Jahre alt und ich arbeite als Krankenschwester.

## 1 Negation: *nicht*

**a** Ergänzen Sie *nicht.*

1 Der Vermieter hat mich ↑ angerufen.
*nicht*

2 Ich habe deine Mail bekommen.

3 Das Herbstfest findet auf dem Marktplatz statt.

4 Der Junge hat das Fenster kaputt gemacht.

5 Maria ist sehr sportlich.

6 Ich bin heute bei meinen Eltern.

7 Dieses Päckchen ist für mich.

8 Stefan und Igor kommen mit.

9 Ich kenne deine Eltern.

10 Das habe ich gewusst!

11 Das Fußballspiel hat pünktlich angefangen.

12 Wir stehen immer früh auf.

13 Ich habe mein Passwort vergessen.

**b** Antworten Sie mit *Nein.*

1 Seid ihr pünktlich losgefahren?
*Nein, wir sind nicht pünktlich losgefahren.*

2 Kommt ihr immer zu spät?

3 Hast du mit deinem Chef gesprochen?

4 Hast du das Video heruntergeladen?

5 Glaubst du das?

6 Was ist los? Bist du sauer?

## 2 Satzverbindungen: *deshalb, denn, weil*

**a** Was passt zusammen?

1 ☐ Wir haben den Bus verpasst.

2 ☐ Der ICE ist ein Schnellzug.

3 ☐ Es schneit.

4 ☐ Der Bus fährt direkt zum Bahnhof.

5 ☐ Wir haben Hunger.

6 ☐ Oh je! Wir haben keine gültige Fahrkarte.

a Deshalb ist die Fahrkarte so teuer.

b Deshalb kaufen wir ein Stück Pizza.

c Deshalb sind wir zu spät gekommen.

d Deshalb müssen wir eine Strafe zahlen.

e Deshalb müssen wir nicht umsteigen.

f Deshalb hat der Zug Verspätung.

**b** *denn* oder *weil*? Ergänzen Sie.

> denn: ..., denn er **ist** krank.
> weil: ..., weil er krank **ist**.

1 Jannik ist nicht im Kindergarten, *denn* er ist krank.

2 Wir sind glücklich, .................... wir endlich einen Ausbildungsplatz bekommen haben.

3 Ich darf nicht Auto fahren, .................... ich habe keinen Führerschein.

4 Wir können Natalie ein Buch schenken, .................... sie liest gern.

5 Ich habe eine Tablette genommen, .................... ich Kopfschmerzen habe.

6 Ich kann mein Handy nicht benutzen, .................... mein Akku ist leer.

7 Die Kinder sind früh ins Bett gegangen, .................... sie müde waren.

8 Leo will Anja heiraten, .................... er sie liebt.

9 Leo ist glücklich, .................... Anja hat Ja gesagt.

**c** Was passt zusammen? Schreiben Sie Sätze mit *weil*.

| | |
|---|---|
| ~~Ich bin zu spät gekommen.~~ | Ich muss arbeiten. |
| Viktor hat jetzt Hunger. | Sie war zu groß. |
| Leo und Anja gehen zum Standesamt | ~~Ich habe den Bus verpasst.~~ |
| Ich habe die Jacke nicht gekauft. | Sie hat ihre Arbeitserlaubnis bekommen. |
| Ich kann leider nicht kommen. | Er hat heute nicht gefrühstückt. |
| Antonia freut sich. | Sie wollen bald heiraten. |

> Komma zwischen HS und NS!

1 *Ich bin zu spät gekommen, weil ich den Bus verpasst habe.*

2 ....................

3 ....................

4 ....................

5 ....................

6 ....................

**d** Schreiben Sie die Sätze um. Benutzen Sie *deshalb*.

> Deshalb: Position 1
> Verb: Position 2

1 Ich gehe zu Fuß, weil mein Auto kaputt ist.
*Mein Auto ist kaputt. Deshalb gehe ich zu Fuß.*

2 Ava weint, weil sie traurig ist.
*Ava ist* ....................

3 Ich frage, weil ich das nicht verstehe.
*Ich verstehe* ....................

4 Wir gehen nach Hause, weil wir müde sind.
*Wir sind* ....................

## 3 Satzverbindungen: *deshalb, trotzdem*

*deshalb* oder *trotzdem*? Ergänzen Sie.

1 Es ist windig und kalt. ............ machen wir die Radtour heute nicht.

2 Viktor muss lernen. ............ chattet er den ganzen Nachmittag.

3 Ilana hat Kopfschmerzen. Sie geht ............ zum Deutschkurs.

4 Meine Frau hat Stress. ............ kann sie im Moment nicht gut schlafen.

5 Mein Sohn hat eine Erkältung. ............ gehen wir heute zum Kinderarzt.

6 Ich habe wenig Zeit. ............ helfe ich meinen Freunden.

7 Die Wohnung ist ziemlich teuer. Wir nehmen sie ............ .

8 Die Heizung ist kaputt. ............ rufe ich den Vermieter an.

9 Mein Mann nervt manchmal. Ich liebe ihn ............ .

## 4 Satzverbindungen: *wenn*

**a** Schreiben Sie Sätze.

| | | |
|---|---|---|
| Wenn | das Wetter schön ist,<br>es kalt ist,<br>es regnet,<br>die Sonne scheint,<br>es warm ist,<br>es schneit, | bleiben wir zu Hause.<br>ziehe ich eine/keine warme Jacke an.<br>gehe ich (nicht) gern ins Schwimmbad.<br>brauchen wir eine/keine Sonnenbrille.<br>können die Kinder einen/keinen Schneemann bauen.<br>können wir (nicht) im Garten grillen.<br>nehme ich einen/keinen Regenschirm mit.<br>machen wir oft Radtouren. |

1 *Wenn das Wetter schön ist, nehme ich keinen Regenschirm mit.*

2 ............

3 ............

4 ............

5 ............

6 ............

**b** Schreiben Sie Sätze.

1 gehe | Wenn ich | zum Arzt. | krank bin, | ich
*Wenn ich krank bin, gehe ich zum Arzt.*

2 braucht man | zum Arzt | Wenn man | geht, | einen Termin.
............

3 ich | habe, | trinke | viel Wasser. | Wenn ich | eine Erkältung
............

4 bleiben | Fieber haben, | Wenn Sie | im Bett. | Sie
............

**c** Schreiben Sie die Sätze um. Beginnen Sie mit dem unterstrichenen Wort.

1 Wenn ich Zeit habe, helfe ich Laura.
*Ich helfe Laura, wenn ich Zeit habe.*

2 Wenn ich ein Wort nicht verstehe, frage ich die Kursleiterin.
..........

3 Wenn du die Hausaufgaben nicht machst, lernst du nichts.
..........

4 Wenn wir im Deutschkurs sind, sprechen wir nur Deutsch.
..........

## 5 Satzverbindungen: *dass*

**a** Was passt zusammen?

1 [d] Hast du gehört, dass
2 [ ] Karim hat gesagt, dass
3 [ ] Ich habe im Internet gelesen, dass
4 [ ] Es ist wichtig, dass
5 [ ] Ana hat so viel gelernt. Ich bin sicher, dass

a er ein Praktikum machen möchte.
b sie die Prüfung besteht.
c deine Bewerbung vollständig ist.
d Tim den Job im Reisebüro bekommen hat?
e noch viele Ausbildungsplätze frei sind.

**b** Beenden Sie die Sätze. Benutzen Sie *dass*.

1 kommen | nicht | ihr | könnt
Es ist schade, *dass ihr nicht kommen könnt.*

2 morgen | es | regnet
Ich glaube nicht, ..........

3 willst | Ausbildung | du | machen | eine
Ich finde es gut, ..........

4 ein | bekommen | hat | Paula | Baby
Hast du gehört, ..........

**c** Schreiben Sie Sätze mit *dass*. Es gibt mehrere Möglichkeiten.

| Tim findet bald einen Job. \| ~~Der Kurs fällt aus.~~ \| Meine Kinder wollen studieren. \| Du verdienst so wenig. \| Jana hilft dir nicht. \| Viktor hat eine gute Idee. \| Wir fahren nach Berlin. |
|---|

1 Es ist schade, *dass der Kurs ausfällt.*
2 Ich bin sicher, ..........
3 Es ist unfair, ..........
4 Ich finde es toll, ..........

## 6 Satzverbindungen: *damit, dass*

**a** Was passt zusammen?

1 [f] Ich schreibe mir alles auf,
2 [ ] Wir müssen Geld verdienen,
3 [ ] Zieh Handschuhe an,
4 [ ] Oma trinkt abends eine heiße Milch,
5 [ ] Ich helfe dir,
6 [ ] Wir brauchen mehr Informationen,
7 [ ] Ich würde alles tun,

a damit wir die Miete bezahlen können.
b damit meine Kinder glücklich sind.
c damit sie gut schlafen kann.
d damit du früher fertig bist.
e damit wir besser planen können.
f damit ich nichts vergesse.
g damit deine Hände warm bleiben.

**b** *damit* oder *dass*? Ergänzen Sie.

1 Ich beeile mich, *damit* ich nicht zu spät komme.
2 Ich nehme die Tropfen, ............ der Husten weggeht.
3 Ich freue mich, ............ es dir wieder besser geht.
4 Ich muss trainieren, ............ ich den Marathon laufen kann.
5 Es tut mir leid, ............ ich dich nicht besucht habe.

## 7 Satzverbindungen

Was passt: a, b oder c? Kreuzen Sie an.

Hallo Anna! Peter und ich haben endlich eine Wohnung gefunden. Das möchten wir feiern! Wann und wo? Am Samstag, den 6. November in der Ringelstraße 25 in Frankfurt. Wir würden uns freuen, ...1... du kommst. Du kannst auch bei uns übernachten, ...2... wir haben jetzt ein kleines Gästezimmer. Liebe Grüße, Sara

Wie schön! Ich freue mich, ...3... ihr eine Wohnung gefunden habt. ☺ Zu eurer Feier kann ich leider nicht kommen, ...4... ich im Moment im Krankenhaus liege. ☹ Ich hatte einen Unfall mit dem Fahrrad. Ich besuche euch aber, ...5... ich wieder gesund bin. LG, Anna

Oh nein!!! Es tut mir so leid, ...6... du im Krankenhaus bist. Wie geht es dir denn jetzt? Schon besser? Ich habe diese Woche viel zu tun, ...7... am Samstag ist meine Deutschprüfung. Ich muss noch viel lernen, ...8... ich die Prüfung bestehe. ...9... möchte ich dich besuchen. Kann ich am Donnerstagnachmittag kommen? Ich bringe dir ein paar Spiele mit, ...10... dir im Krankenhaus nicht langweilig wird. Liebe Grüße und gute Besserung! Sara

| 1 | 2 | 3 | 4 | 5 |
|---|---|---|---|---|
| a [ ] dass | a [ ] denn | a [ ] damit | a [ ] denn | a [ ] damit |
| b [ ] denn | b [ ] deshalb | b [ ] dass | b [ ] weil | b [ ] deshalb |
| c [X] wenn | c [ ] weil | c [ ] trotzdem | c [ ] wenn | c [ ] wenn |

| 6 | 7 | 8 | 9 | 10 |
|---|---|---|---|---|
| a [ ] dass | a [ ] denn | a [ ] damit | a [ ] Denn | a [ ] damit |
| b [ ] deshalb | b [ ] weil | b [ ] dass | b [ ] Weil | b [ ] weil |
| c [ ] weil | c [ ] wenn | c [ ] weil | c [ ] Trotzdem | c [ ] wenn |

## 1 Negation: *nicht*

Nicht steht:
- **vor** dem Element, das verneint wird oder
- **am Satzende** (verneint den ganzen Satz)

**a** Ergänzen Sie *nicht.*

1 Ich habe ↑ daran gedacht, den Akku aufzuladen.
*nicht*

2 Wir haben das Geld rechtzeitig überwiesen.

3 Ich habe vergessen, den Termin zu vereinbaren.

4 Die Krankenkasse übernimmt die Kursgebühr leider.

5 Der Hausmeister hat den Wasserhahn sofort repariert.

6 Wir haben uns gestern Abend über Politik unterhalten.

**b** Welche Wörter sind besonders betont? Markieren Sie.

1 Das ist nicht meine Schwester, sondern meine Mutter.

2 Antonia kommt nicht am Freitag, sondern am Samstag.

3 Nicht Igor hat uns eingeladen, sondern Karim.

4 Der Chef hat nicht mich gefragt, sondern meine Kollegin.

5 Wir sind nicht zu spät gekommen, sondern zu früh.

6 Nicht wir sind zu spät gekommen, sondern der Kursleiter.

7 Bayern München hat das Fußballspiel nicht gewonnen, sondern verloren.

8 Er hat uns nicht zu seinem Geburtstag eingeladen, sondern zu einem Grillabend.

**c** Schreiben Sie die Antworten um. Benutzen Sie *nicht ..., sondern ...*

1 Heiratet Leo im **Juli**? – Im **Juli?** Nein, im **Juni**!

*Nein, Leo heiratet nicht im Juli, sondern im Juni.*

2 Besuchst du deine **Tante**? – Meine **Tante?** Nein, meine **Cousine**!

*Nein, ich* ……………………

3 Hat Argentinien gegen **Spanien** gewonnen? – Gegen **Spanien?** Nein, gegen **Deutschland**!

*Nein, Argentinien hat* ……………………

4 Hast du das Parfüm für deine **Mutter** gekauft? – Für meine **Mutter**? Nein, für **mich**!

*Nein, ich* ……………………

5 Bekommt **Greta** ein Baby? – **Greta**? Nein, **Gretas Schwester**!

*Nein,* ……………………

## 2 Satzverbindungen: *da, deshalb, weil, ...*

**a** Was passt nicht? Streichen Sie durch.

1 Sehr geehrter Herr Leske,
vielen Dank für Ihre Mail. **Da / ~~Daher~~** ich letzte Woche Urlaub hatte, antworte ich Ihnen erst jetzt. Das neue Programmheft kann ich Ihnen leider noch nicht schicken, **da / denn** es wird erst nächste Woche gedruckt. ...

2 Hallo Martin,
ich komme am Mittwoch nicht mit zum Sport, **denn / weil** ich zum Elternabend muss. Meistens geht meine Frau hin, aber diesmal kann sie nicht. **Denn / Deshalb** muss ich. Tut mir leid. Nächste Woche bin ich wieder dabei.

3 Sehr geehrte Frau Brünning,
die Stellenanzeige auf Ihrer Homepage passt perfekt zu meiner Ausbildung und meinen Interessen. **Denn / Deshalb** bewerbe ich mich. ...

4 Liebe Julia,
**da / deshalb** ich heute Nachmittag einen Termin beim Zahnarzt habe, kann ich die Kinder nicht vom Fußball-Training abholen. Könntest du das vielleicht machen? Ich kann die Kinder dafür nächste Woche hinfahren und auch abholen, **da / denn** ich habe ab Montag Urlaub. ...

**b** Schreiben Sie die Sätze um. Beginnen Sie mit *da.*

1 Frau Kilian putzt den Flur nicht. Deshalb hat sie Ärger mit den Nachbarn.
*Da Frau Kilian den Flur nicht putzt, hat sie Ärger mit den Nachbarn.*

2 Der Vermieter hat die Haustür sofort repariert. Deshalb sind alle zufrieden.

3 Es hat letzte Nacht geschneit. Deshalb müssen wir Schnee fegen.

4 Wir können die Miete nicht mehr bezahlen. Deshalb ziehen wir aus.

**c** Machen Sie aus einem Satz zwei Sätze. Beginnen Sie den zweiten Satz mit *Daher.*

daher = deshalb

1 Da ich aus Syrien fliehen musste, konnte ich mein Studium nicht beenden.
*Ich musste aus Syrien fliehen. Daher konnte ich mein Studium nicht beenden.*

2 Da meine Eltern nicht so gut Deutsch sprechen, helfe ich ihnen.

3 Da mein Bruder in Deutschland geboren ist, spricht er perfekt Deutsch.

4 Da ich Sie telefonisch nicht erreichen konnte, schreibe ich Ihnen.

## 3 Satzverbindungen: *obwohl, trotzdem*

**a** Was passt zusammen?

1 [c] Ich bin müde.
2 [ ] Paula hat den Job bekommen,
3 [ ] Ich mache meine Arbeit gern,
4 [ ] Der Zug hatte Verspätung.
5 [ ] Ich bin zum Sport gegangen,
6 [ ] Isabel hat viel Geld.
7 [ ] Ich mag Tayo,
8 [ ] Das Auto war ziemlich teuer.

a obwohl ich keine Lust hatte.
b Wir sind trotzdem pünktlich gekommen.
c Trotzdem räume ich noch auf.
d obwohl sie noch nicht so gut Deutsch spricht.
e Trotzdem ist sie unzufrieden.
f Wir haben es trotzdem gekauft.
g obwohl er manchmal sehr ungeduldig ist.
h obwohl ich oft nachts arbeiten muss.

**b** Schreiben Sie die Sätze um. Beginnen Sie mit *Obwohl.*

1 Die Kinder spielen im Haus, obwohl die Sonne scheint.
*Obwohl die Sonne scheint, spielen die Kinder im Haus.*

2 Er hat mir geholfen, obwohl er mich nicht gut kennt.
…………

3 Wir sind zufrieden, obwohl das Leben nicht immer einfach ist.
…………

4 Ich gehe ins Kino, obwohl ich eigentlich lernen müsste.
…………

## 4 Satzverbindungen: *als, wenn, falls*

| | | |
|---|---|---|
| Präsens/Zukunft | → | **wenn** |
| Vergangenheit | → | **als** (Zeitpunkt), **wenn** (Wiederholung) |

**a** Ergänzen Sie: *als* oder *wenn.*

1 *Als* wir losfuhren, regnete es.
2 Ich konnte kein Wort Deutsch, ………… ich nach Deutschland kam.
3 Du musst zur Kfz-Zulassungsstelle gehen, ………… du dein Auto anmelden willst.
4 ………… wir heiraten, laden wir dich zu unserer Hochzeit ein.
5 Wir haben uns kennengelernt, ………… wir im Deutschkurs waren.
6 ………… ich heute Abend nach Hause komme, rufe ich dich an.
7 Immer ………… meine Großeltern uns besuchten, gab es Erdbeerkuchen mit Sahne.
8 ………… ich klein war, wollte ich Tänzerin werden.
9 Grüß Malaika, ………… du sie siehst.
10 ………… ich mein Vorstellungsgespräch hatte, war ich sehr nervös.
11 Niemand war da, ………… ich nach Hause kam.
12 Immer, ………… wir ins Bett gingen, hat Opa uns eine Geschichte erzählt.
13 ………… ich noch zur Schule ging, hatte ich nicht viele Freunde.

**b** Ergänzen Sie die Sätze. Benutzen Sie diese Bausteine:

Wenn du jetzt keine Zeit hast,
Falls ihr Hunger habt,
~~Wenn ich nach Hause komme,~~
Wenn du den Kurs machen möchtest,
Falls du nicht genug Geld hast,
Wenn ihr nicht mitkommen könnt,
Falls Sie noch Fragen haben,

1 *Wenn ich nach Hause komme* ..., gehe ich zuerst duschen.
2 ..., melden Sie sich bitte.
3 ..., solltest du dich jetzt anmelden.
4 ..., kann ich dir etwas leihen.
5 ..., komme ich später wieder.
6 ..., sagt uns bitte Bescheid.
7 ..., könnt ihr Pizza bestellen.

## 5 Satzverbindungen: *dass, ob*

Was passt nicht? Streichen Sie durch.

1 Es tut mir leid, **dass / ~~ob~~** ich gestern so schlechte Laune hatte.
2 Der Chef wollte wissen, **dass / ob** die Kunden sich beschwert haben.
3 Es war richtig, **dass / ob** du deine Meinung gesagt hast.
4 Ich bin sicher, **dass / ob** meine Großeltern an mich denken.
5 Die Teilnehmer möchten wissen, **dass / ob** der Kurs morgen stattfindet.
6 Ich bin froh, **dass / ob** wir eine Lösung gefunden haben.
7 Ich möchte gern wissen, **dass / ob** ich den Termin verschieben kann.
8 Ich frage mich, **dass / ob** das möglich ist.

## 6 Satzverbindungen: *bevor, bis, während, ...*

**a** Ergänzen Sie die Sätze.

| während | bis | seitdem | ~~bevor~~ |
|---|---|---|---|

1 *Bevor* ... wir nach Deutschland kamen, wussten wir nicht viel über das Leben in Deutschland.
2 Ich bin im Oktober nach Deutschland gekommen. ... lerne ich Deutsch.
3 ... ich arbeite, passt meine Mutter auf die Kinder auf.
4 Ich darf noch nicht arbeiten. Ich muss warten, ... ich meine Arbeitserlaubnis bekomme.

| nachdem | seitdem | seit |
|---|---|---|

5 Ich habe viele Leute kennengelernt, ... ich in Berlin wohne.
6 ... ich meine Ausbildung beendet hatte, arbeitete ich bei einer Computerfirma.
7 Viktor hat mit mir zusammen die Prüfung gemacht. ... habe ich nichts von ihm gehört.

**b** Schreiben Sie drei Sätze über sich. Benutzen Sie einige dieser Wörter:
*bevor, bis, während, nachdem, seitdem, seit*

1 ....................

2 ....................

3 ....................

## 7 Satzverbindungen: *indem*

Was passt zusammen?

1 [f] Laden Sie die App herunter,
2 [ ] Du kannst am Gewinnspiel teilnehmen,
3 [ ] Schalten Sie das Gerät ein,
4 [ ] Ich bereite mich auf die Prüfung vor,
5 [ ] Man kann fit bleiben,
6 [ ] Kinder lernen,

a indem du drei Fragen beantwortest.
b indem man jeden Tag Sport macht.
c indem ich regelmäßig mit Freunden lerne.
d indem sie spielen.
e indem Sie auf den grünen Knopf drücken.
f indem Sie auf den Link klicken.

## 8 Satzverbindungen: zweiteilige Konjunktionen

**a** Ergänzen Sie die Tabelle.

aber | oder | ~~als auch~~ | noch | sondern auch | desto/umso

| | |
|---|---|
| 1 sowohl ... | *als auch* |
| 2 entweder ... | |
| 3 weder ... | |
| 4 nicht nur ... | |
| 5 zwar ... | |
| 6 je ... | |

Ich interessiere mich **sowohl** für Fußball **als auch** für Radsport.

**b** Vervollständigen Sie die zweiteiligen Konjunktionen.

1 ▶ Wie sieht's am Wochenende aus? Machen wir was zusammen?
▷ Ja, ich habe *sowohl* (1) am Samstag als auch am Sonntag Zeit.
● Ich auch. Wir könnten Fahrrad fahren. Das Wetter soll .......(2)....... nicht super schön werden, aber Regen ist auch nicht angesagt.
▶ Gute Idee. Wann treffen wir uns? Um neun?
▷ Um neun? Bist du verrückt? Ich will ausschlafen!
▶ Okay. Dann um zehn?
▷ .......(3)....... später, desto besser...
▶ Gut, also um 11.

2 ▶ Habt ihr schon gehört, Jungs? Das Training fällt diese Woche aus.
▷ Was? Wir haben .......(4)....... am Dienstag noch am Donnerstag Training?
● Genau. Das ist aber nicht alles. Das Training fällt .......(5)....... diese Woche aus, sondern auch nächste. Habt ihr das gar nicht mitbekommen?

## 9 Infinitivsätze

**a** *um, ohne, (an)statt?* Ergänzen Sie.

1 Ich brauche mein Handy, *um* mit Freunden zu chatten.
2 Du hast den ganzen Tag gearbeitet, ........................ eine Pause zu machen.
3 Ich lese die Broschüre, ........................ mich zu informieren.
4 Die Kinder sehen fern, ........................ die Hausaufgaben zu machen.
5 Ich bin zur Bank gegangen, ........................ die Rechnung zu bezahlen.
6 Der Chef hat den Dienstplan geändert, ........................ die Mitarbeiter zu fragen.
7 Er kauft sich lieber einen Döner, ........................ selbst zu kochen.
8 Ich brauche eine Kiste, ........................ das Spielzeug einzupacken.
9 Die Kinder sind nach draußen gegangen, ........................ uns Bescheid zu sagen.
10 ........................ zu meckern, könntet ihr euch eine Lösung überlegen!

**b** Antworten Sie mit *um zu*. Benutzen Sie die Wörter in Klammern.

1 Warum rufen Sie an? *Um einen Termin zu vereinbaren.* (einen Termin vereinbaren)
2 Warum machst du Sport? ........................ (fit bleiben)
3 Warum arbeitet ihr? ........................ (Geld verdienen)
4 Warum bist du im Deutschkurs? ........................ (Deutsch lernen)
5 Warum gehst du zur Post? ........................ (ein Päckchen abholen)
6 Wofür brauchst du die Zutaten? ........................ (einen Kuchen backen)
7 Wofür brauchst du das Geld? ........................ (ein Geschenk kaufen)
8 Warum geht ihr so früh los? ........................ (den Bus nicht verpassen)

## 10 Relativsätze

Bilden Sie Relativsätze. Benutzen Sie die Informationen in Klammern.

1 (Du hast die Bewerbung geschrieben.)
Hast du die Bewerbung, *die du geschrieben hast*, schon abgeschickt?

2 (Du hast eben mit dem Mann gesprochen.)
Ist der Mann, ........................, euer Trainer?

3 (Die Leute wohnen nebenan.)
Die Leute, ........................, sind sehr nett.

4 (Max hat mit den Kindern früher gespielt.)
Die Kinder, ........................, wohnen nicht mehr hier.

5 (Der Mann hat das Auto gestohlen.)
Der Mann, ........................, wurde von der Polizei verhaftet.

## Unregelmäßige Verben

| Infinitiv | 3. Sg. Präsens | 3. Sg. Präteritum | 3. Sg. Perfekt |
|---|---|---|---|
| abbiegen | biegt ab | bog ab | abgebogen |
| anbieten | bietet an | bot an | hat angeboten |
| anfangen | fängt an | fing an | hat angefangen |
| backen | bäckt | buk/backte | hat gebacken |
| befehlen | befielt | befahl | hat befohlen |
| beginnen | beginnt | begann | hat begonnen |
| beißen | beißt | biss | hat gebissen |
| beschließen | beschließt | beschloss | hat beschlossen |
| betrügen | betrügt | betrog | hat betrogen |
| beweisen | beweist | bewies | hat bewiesen |
| bewerben | bewirbt | bewarb | hat beworben |
| biegen | biegt | bog | hat gebogen |
| bieten | bietet | bot | hat geboten |
| binden | bindet | band | hat gebunden |
| bitten | bittet | bat | hat gebeten |
| blasen | bläst | blies | hat geblasen |
| bleiben | bleibt | blieb | ist geblieben |
| braten | brät | briet | hat gebraten |
| brechen | bricht | brach | hat gebrochen |
| brennen | brennt | brannte | hat gebrannt |
| bringen | bringt | brachte | hat gebracht |
| denken | denkt | dachte | hat gedacht |
| dürfen | darf | durfte | hat gedurft |
| empfangen | empfängt | empfing | hat empfangen |
| empfehlen | empfiehlt | empfahl | hat empfohlen |
| empfinden | empfindet | empfand | hat empfunden |
| entscheiden | entscheidet | entschied | hat entschieden |
| erhalten | erhält | erhielt | hat erhalten |
| erschrecken | erschrickt | erschrak | ist erschrocken |
| essen | isst | aß | hat gegessen |
| fahren | fährt | fuhr | ist gefahren |
| fallen | fällt | fiel | ist gefallen |
| fangen | fängt | fing | hat gefangen |
| finden | findet | fand | hat gefunden |
| fliegen | fliegt | flog | ist geflogen |
| fliehen | flieht | floh | ist geflohen |
| fließen | fließt | floss | ist geflossen |
| fressen | frisst | fraß | hat gefressen |
| frieren | friert | fror | hat gefroren |
| gebären | gebärt | gebar | hat geboren |
| geben | gibt | gab | hat gegeben |
| gefallen | gefällt | gefiel | hat gefallen |

## Unregelmäßige Verben

| Infinitiv | 3. Sg. Präsens | 3. Sg. Präteritum | 3. Sg. Perfekt |
|---|---|---|---|
| gehen | geht | ging | ist gegangen |
| gelingen | gelingt | gelang | ist gelungen |
| gelten | gilt | galt | hat gegolten |
| genießen | genießt | genoss | hat genossen |
| geschehen | geschieht | geschah | ist geschehen |
| gewinnen | gewinnt | gewann | hat gewonnen |
| gießen | gießt | goss | hat gegossen |
| gleiten | gleitet | glitt | ist geglitten |
| graben | gräbt | grub | hat gegraben |
| greifen | greift | griff | hat gegriffen |
| haben | hat | hatte | hat gehabt |
| halten | hält | hielt | hat gehalten |
| hängen | hängt | hing | hat gehangen |
| heben | hebt | hob | hat gehoben |
| heißen | heißt | hieß | hat geheißen |
| helfen | hilft | half | hat geholfen |
| kennen | kennt | kannte | hat gekannt |
| klingen | klingt | klang | hat geklungen |
| kommen | kommt | kam | ist gekommen |
| können | kann | konnte | hat gekonnt |
| laden | lädt | lud | hat geladen |
| lassen | lässt | ließ | hat gelassen |
| laufen | läuft | lief | ist gelaufen |
| leiden | leidet | litt | hat gelitten |
| leihen | leiht | lieh | hat geliehen |
| lesen | liest | las | hat gelesen |
| liegen | liegt | lag | hat gelegen |
| lügen | lügt | log | hat gelogen |
| messen | misst | maß | hat gemessen |
| mögen | mag | mochte | hat gemocht |
| müssen | muss | musste | hat gemusst |
| nehmen | nimmt | nahm | hat genommen |
| nennen | nennt | nannte | hat genannt |
| pfeifen | pfeift | pfiff | hat gepfiffen |
| raten | rät | riet | hat geraten |
| reiben | reibt | rieb | hat gerieben |
| reißen | reißt | riss | hat gerissen |
| reiten | reitet | ritt | ist geritten |
| riechen | riecht | roch | hat gerochen |
| rufen | ruft | rief | hat gerufen |
| saufen | säuft | soff | hat gesoffen |
| schaffen | schafft | schuf | hat geschaffen |

## Unregelmäßige Verben

| Infinitiv | 3. Sg. Präsens | 3. Sg. Präteritum | 3. Sg. Perfekt |
|---|---|---|---|
| scheiden | scheidet | schied | hat geschieden |
| scheinen | scheint | schien | hat geschienen |
| schieben | schiebt | schob | hat geschoben |
| schießen | schießt | schoss | hat geschossen |
| schlafen | schläft | schlief | hat geschlafen |
| schlagen | schlägt | schlug | hat geschlagen |
| schleichen | schleicht | schlich | ist geschlichen |
| schließen | schießen | schoss | hat geschossen |
| schmeißen | schmeißt | schmiss | hat geschmissen |
| schmelzen | schmilzt | schmolz | hat/ist geschmolzen |
| schneiden | schneidet | schnitt | hat geschnitten |
| schreiben | schreibt | schrieb | hat geschrieben |
| schreien | schreit | schrie | hat geschrien |
| schweigen | schweigt | schwieg | hat geschwiegen |
| schwimmen | schwimmt | schwamm | ist geschwommen |
| schwören | schwört | schwor | hat geschworen |
| sehen | sieht | sah | hat gesehen |
| sein | ist | war | ist gewesen |
| senden | sendet | sandte | hat gesandt |
| singen | singt | sang | hat gesungen |
| sinken | sinkt | sank | ist gesunken |
| sitzen | sitzt | saß | hat gesessen |
| spinnen | spinnt | spann | hat gesponnen |
| sprechen | spricht | sprach | hat gesprochen |
| springen | springt | sprang | ist gesprungen |
| stechen | sticht | stach | hat gestochen |
| stehen | steht | stand | ist gestanden |
| stehlen | stiehlt | stahl | hat gestohlen |
| steigen | steigt | stieg | ist gestiegen |
| sterben | stirbt | starb | ist gestorben |
| stoßen | stößt | stieß | hat gestoßen |
| streichen | streicht | strich | hat gestrichen |
| streiten | streitet | stritt | hat gestritten |
| tragen | trägt | trug | hat getragen |
| treffen | trifft | traf | hat getroffen |
| treiben | treibt | trieb | hat getrieben |
| treten | tritt | trat | hat getreten |
| trinken | trinkt | trank | hat getrunken |
| tun | tut | tat | hat getan |
| überweisen | überweist | überwies | hat überwiesen |
| unterscheiden | unterscheidet | unterschied | hat unterschieden |
| verbieten | verbietet | verbat | hat verboten |

## Unregelmäßige Verben

| Infinitiv | 3. Sg. Präsens | 3. Sg. Präteritum | 3. Sg. Perfekt |
|---|---|---|---|
| verbinden | verbindet | verband | hat verbunden |
| verderben | verdirbt | verdarb | hat verdorben |
| vergessen | vergisst | vergaß | hat vergessen |
| vergleichen | vergleicht | verglich | hat verglichen |
| verlieren | verliert | verlor | hat verloren |
| vermeiden | vermeidet | vermied | hat vermieden |
| verzeihen | verzeiht | verzieh | hat verziehen |
| wachsen | wächst | wuchs | ist gewachsen |
| waschen | wäscht | wusch | hat gewaschen |
| weichen | weicht | wicht | ist gewichen |
| wenden | wendet | wandte* | hat gewandt |
| werben | wirbt | warb | hat geworben |
| werden | wird | wurde | ist geworden |
| werfen | wirft | warf | hat geworfen |
| wiegen | wiegt | wog | hat gewogen |
| wissen | weiß | wusste | hat gewusst |
| wollen | will | wollte | hat gewollt |
| ziehen | zieht | zog | hat gezogen |
| zwingen | zwingt | zwang | hat gezwungen |

*Er wandte sich an die Polizei. Aber: Sie wendete das Auto.

## Verben mit Präpositionen

**Mit Akkusativ**

| Infinitiv | Beispielsatz |
|---|---|
| achten auf | Sie achtet auf gesunde Ernährung. |
| ankommen auf | Es kommt auf das Prüfungsergebnis an, ob ich bald studiere. |
| sich anpassen an | Er passt sich an die anderen an. |
| sich ärgern über | Alicija ärgert sich über ihre lauten Nachbarn. |
| aufkommen für | Der Verursacher muss für den Schaden aufkommen. |
| sich aufregen über | Akono regt sich über die hohen Preise auf. |
| sich bedanken für | Der Lehrer bedankt sich für die Aufmerksamkeit. |
| sich beklagen über | Er beklagt sich über die viele Arbeit. |
| sich bemühen um | Sie bemühen sich um eine Arbeitsstelle. |
| sich beschweren über | Die Nachbarn beschweren sich über die laute Musik. |
| sich bewerben um | Er bewirbt sich um ein Praktikum. |
| bitten um | Sie bittet um eine Gehaltserhöhung. |
| denken an | Ich denke an den Einkauf. |
| diskutieren über | Die Freunde diskutieren über Politik. |

## Verben mit Präpositionen

**Mit Akkusativ**

| Infinitiv | Beispielsatz |
|---|---|
| sich entscheiden für | Die Familie entscheidet sich für die Wohnung mit Balkon. |
| sich entschuldigen für | Wir entschuldigen uns für die Verspätung. |
| sich erinnern an | Akono erinnert sich an seine Kindheit. |
| erkennen an | Ich habe ihn an der Stimme erkannt. |
| sich freuen über/auf | Vielen Dank! Ich freue mich über die Blumen. Die Kinder freuen sich auf Weihnachten. |
| gehen um | Es geht heute um das Präteritum. |
| sich gewöhnen an | Haben Sie sich schon an das deutsche Brot gewöhnt? |
| glauben an | Wir glauben an eine erfolgreiche Zukunft. |
| sich halten an | Der Mann hält sich an die Regeln. |
| sich handeln um | Es handelt sich um eine exotische Frucht. |
| hoffen auf | Sie hofft auf gutes Wetter. |
| sich interessieren für | Wafaa interessiert sich für Basketball. |
| sich konzentrieren auf | Ich konzentriere mich auf meine Arbeit. |
| sich kümmern um | Sie kümmern sich um ihre alten Eltern. |
| lachen über | Wir lachen über den guten Witz. |
| nachdenken über | Worüber denkst du oft nach? |
| schreiben über | Wir schreiben über unseren letzten Urlaub. |
| sorgen für | Die Eltern sorgen für ihre Kinder. |
| sprechen über | Er spricht über das Fußballspiel. |
| staunen über | Der Lehrer staunt über den Fleiß der Schüler. |
| sich unterhalten über | Sandro und Karim unterhalten sich über Fußball. |
| sich verlassen auf | Er verlässt sich auf seinen Kollegen. |
| verstoßen gegen | Der Dieb verstößt gegen Gesetze. |
| verzichten auf | Sie kann auf Kaffee nicht verzichten. |
| sich vorbereiten auf | Wir bereiten uns auf den Ausflug vor. |
| warten auf | Morgens warten viele Leute auf den Bus. |
| sich wundern über | Karim wundert sich über die deutschen Traditionen. |
| | |
| | |
| | |
| | |
| | |
| | |
| | |
| | |
| | |
| | |
| | |
| | |
| | |

## Verben mit Präpositionen

**Mit Dativ**

| **Infinitiv** | **Beispielsatz** |
|---|---|
| anfangen mit | Wir fangen heute mit einem neuen Thema an. |
| aufhören mit | Miguel hat mit dem Rauchen aufgehört. |
| sich bedanken bei | Der Chef bedankt sich bei seinen Mitarbeitern. |
| beginnen mit | Jetzt beginne ich mit den Hausaufgaben. |
| sich beklagen bei | Das Kind beklagt sich bei seiner Mutter. |
| sich beschäftigen mit | Ich beschäftige mich ungerne mit Grammatikübungen. |
| bestehen aus | Dieser Kuchen besteht aus Mehl, Eiern, Zucker und Kakaopulver. |
| sich bewerben bei | Er bewirbt sich bei einer großen Firma. |
| diskutieren mit | Ich habe gestern mit meinen Verwandten diskutiert. |
| einverstanden sein mit | Sie sind mit der Entscheidung einverstanden. |
| erkennen an | Ich erkenne an den Wolken, dass es bald regnen wird. |
| sich entschuldigen bei | Sie entschuldigt sich bei dem Lehrer. |
| fragen nach | Der Tourist fragt nach dem Weg. |
| sich fürchten vor | Maria fürchtet sich vor Spinnen. |
| gehören zu | Er gehört zu unserem Deutschkurs. |
| leiden an/unter | Seine Großmutter leidet an Rheuma und unter der Hitze. |
| teilnehmen an | Wie lange nimmt sie schon am Deutschkurs teil? |
| sich treffen mit | Heute treffe ich mich mit meiner Schwester. |
| telefonieren mit | Tayo telefoniert mit seiner Cousine. |
| träumen von | Wovon träumen Sie? |
| sich unterhalten mit | Ich habe mich heute mit dem Hausmeister unterhalten. |
| sich verabreden mit | Sind Sie heute mit jemandem verabredet? |
| zubereiten aus | Wir bereiten das Essen heute nur aus frischen Produkten zu. |

## Verben mit Akkusativ

| Infinitiv | Beispielsatz |
|---|---|
| anhaben | Christian hat heute ein Hemd an. |
| aufräumen | Die Kinder räumen ihr Zimmer auf. |
| ausdrucken | Sergej druckt den Brief aus. |
| ausgeben | Wir haben heute viel Geld ausgegeben. |
| bauen | Der Maurer baut ein Haus. |
| begrüßen | Die Lehrerin begrüßt die Kursteilnehmer. |
| bekommen | In wenigen Wochen bekommen Sie Ihr Zertifikat. |
| bestellen | Ich bestelle einen Pullover im Internet. |
| besuchen | Die Studenten besuchen die Universität. |
| bewegen | Ich kann den Tisch nicht bewegen. |
| bezahlen | Ana bezahlt die Rechnung. |
| brauchen | Brauchen wir wirklich eine neue Kaffeemaschine? |
| bringen | Der Kellner bringt das Essen. |
| empfehlen | Die Kellnerin empfiehlt uns die Suppe. |
| erzählen | Der Großvater erzählt eine Geschichte. |
| essen | Am liebsten isst er dieses Brot. |
| finden | Maksim findet den Regenschirm nicht. |
| fragen | Ich frage ihn. |
| gewinnen | Sie hat eine Reise gewonnen. |
| haben | Ich habe heute keine Zeit. |
| holen | Holst du bitte das Auto? |
| hören | Hören Sie den Vogel singen? |
| informieren | Die Polizistin informiert die Autofahrer. |
| kaufen | Ana kauft einen Kürbis. |
| kochen | Gestern hat Deniz eine Suppe gekocht. |
| lesen | Anja liest manchmal die Stellenanzeigen. |
| nehmen | Wafaa nimmt einen Salat mit Ei. |
| notieren | Ich notiere immer die wichtigsten Informationen. |
| putzen | Heute putzen wir die Wohnung. |
| reparieren | Der Hausmeister repariert den Stuhl. |
| schreiben | Wir schreiben bald einen Test. |
| sehen | Tayo sieht einen Freund. |
| sparen | Viele Deutsche sparen Geld. |
| stehlen | Der Dieb stahl ein Smartphone. |
| suchen | Deniz sucht eine neue Wohnung. |
| tragen | Er trägt die Kisten in die Wohnung. |
| treffen | Miguel trifft Ana im Bus. |
| trinken | Sie trinkt keinen Alkohol. |
| vergessen | Pia hat das Heft vergessen. |
| verlieren | Miguel hat seinen Schlüssel verloren. |
| verstehen | Sie versteht ihn. |

Es gibt noch viele weitere Verben + Akkusativ. Die meisten deutschen Verben werden übrigens mit dem Akkusativ gebraucht.

## Verben mit Dativ

| Infinitiv | Beispielsatz |
|---|---|
| ähneln | Der Sohn ähnelt dem Vater. |
| antworten | Antworte mir! |
| befehlen | Der Polizist befiehlt ihnen stehen zu bleiben. |
| begegnen | Sie ist ihm zufällig begegnet. |
| danken | Ich danke Ihnen. |
| dienen | Die Beamten dienen dem Staat. |
| drohen | Er droht dem Mann. |
| einfallen | Mir fällt die Antwort nicht ein. |
| fehlen | Meine Freunde fehlen mir. |
| folgen | Der Autofahrer folgt dem Polizeiwagen. |
| gefallen | Die Wohnung gefällt uns sehr. |
| gehen | Wie geht es dir? |
| gehören | Gehören Ihnen diese Stifte? |
| gelingen | Stefan gelingt heute alles. |
| genügen | Eine Praline genügt ihm nicht. |
| glauben | Er glaubt dem Kollegen. |
| gratulieren | Er gratuliert ihr zum Geburtstag. |
| helfen | Wir helfen den Freunden beim Umzug. |
| nützen | Das Lernen hat ihm viel genützt. |
| passen | Stefan passt die Jacke nicht. |
| raten | Die Mutter rät dem Kind eine Mütze anzuziehen. |
| schaden | Alkohol schadet der Gesundheit. |
| schmecken | Bananen schmecken ihnen nicht. |
| sich nähern | Wir nähern uns der Prüfung. |
| stehen | Diese Hose steht dir gut. |
| vertrauen | Sie können mir vertrauen. |
| verzeihen | Verzeihst du mir, bitte? |
| weh tun | Ihm tut das Knie weh. |
| widersprechen | Sie widerspricht ihm. |
| zuhören | Maria hört Sandro zu. |
| zusehen | Er sieht den Kindern zu. |
| zustimmen | Die Mieterin stimmt der Mieterhöhung nicht zu. |

# Kapitel 1: Nomen

## Nomen A1

**1a** von *oben nach unten:* die Nachbarin, die Mutter, die Schwester, die Tochter, der Vater, der Opa, der Freund, der Bruder, der Sohn, die Tante, die Oma

**1b** 2 die Verkäuferin, 3 der Arzt, 4 die Bäckerin, 5 der Kellner, 6 der Techniker, 7 die Busfahrerin, 8 die Kassiererin, 9 der Koch, 10 der Taxifahrer

**2a** der: Freitag, Herbst, Mittwoch, Frühling, Dezember

die: Wohnung, Bäckerei, Heizung, Metzgerei, Anmeldung, Kleidung

das: Mädchen, Brötchen

**2b** 2 der, 3 der, 4 die, 5 die, 6 das

**3a** 2 eine Frau, 3 ein Mädchen, 4 eine Banane, 5 ein Brot, 6 ein Bleistift, 7 eine Lehrerin, 8 ein Rucksack, 9 eine Freundin, 10 ein Handy

**3b** 1 eine, 2 ein, 3 ein / eine, 4 eine 5 ein, 6 ein / ein, 7 eine, 8 eine

**3c** richtig: 1 das Wörterbuch, 2 Eine Lehrerin / die Sportlehrerin / ein Lehrer / der Vater, 3 ein Gemüseladen / der Laden, 4 eine Wohnung / die Wohnung

**3d** 1 — Tomaten, 2 — Birnen / die Birnen aus Deutschland / die Birnen aus Frankreich, 3 — Mädchen / — Jungen, 4 die Mädchen / die Jungen

**4a** von *oben nach unten:* die Väter, die Jungen, die Frauen, die Mütter, die Töchter, die Schwestern, die Mädchen

**4b** 1 Tochter, 2 Schwester / Brüder, 3 Junge / Mädchen

**4c** von *oben nach unten:* die Kiwis, die Kartoffeln, die Brote, die Brötchen, die Flaschen, die Gläser, die Äpfel, die Dosen, die Becher

**4d** 1 Brötchen, 2 Flaschen / Becher, 3 Äpfel / Kiwis

**4e** von *oben nach unten:* die Wohnungen, die Häuser, die Regale, die Schränke, die Zimmer, die Tische, die Stühle, die Fenster

**4f** 1 Wohnung / Zimmer, 2 Stühle / Tisch

**4g** von *oben nach unten:* die Arme, die Beine, die Augen, die Füße, die Zähne, die Ohren, die Finger, die Hände

**4h** 1 Fuß, 2 Hände, 3 Zähne

**4i** von *oben nach unten:* die Straßen, die Städte, die Autos, die Züge, die Geschäfte, die Bäckereien, die S-Bahnen

**4j** 1 Geschäfte, 2 Züge / Busse

**4k** von *oben nach unten:* die Schuhe, die Hemden, die Kleider, die T-Shirts, die Mäntel, die Mützen

**4l** 1 Schuhe, 2 Hemden / T-Shirts

**5a** 2 der, 3 die, 4 der, 5 das, 6 das, 7 der, 8 die

**5b** Lösungsvorschlag: die Einkaufstasche, der Deutschlehrer, der Kinderarzt, das Kinderzimmer, das Wohnzimmer, der Apfelsaft, der Apfelkuchen

**6a** 3 Akkusativ, 4 Nominativ, 5 Akkusativ, 6 Akkusativ, 7 Nominativ

**6b** 2e, 3a, 4c, 5f, 6b

## Nomen A2

**1a** von oben nach unten: die Veranstaltung, die Krankheit, die Staatsangehörigkeit, die Sicherheit, die Vergangenheit, die Süßigkeit, die Beratung, die Bescheinigung, die Überraschung

**1b** 1 Die Wohnung / der Vermieter / die Reinigung, 2 Die Kursteilnehmerin / die Anmeldung, 3 die Gesundheit, 4 das Dokument / die Bewerbung, 5 der (neue) Mieter / die Hausordnung

**1c** der: Süden, Bankkaufmann, Sommer, Oktober, Osten

die: Situation, Nachbarschaft, Diskussion, Nebenwirkung, Meinung

das: Schnäppchen, Würstchen, Stückchen, Päckchen

**2a** 2 die Schüler / die Schülerinnen, 3 die Nachbarn / die Nachbarinnen, 4 die Kollegen / die Kolleginnen

**2b** 2 Nachbarn, 3 Kolleginnen / Kollegen 4 Mitarbeiterinnen, 5 Mieter, 6 Bewerber / Bewerberinnen, 7 Studentinnen

**3a** 2 das Geld + der Automat = der Geldautomat, 3 die Arbeit + der Vertrag = der Arbeitsvertrag, 4 der Kunde + die Nummer = die Kundennummer, 5 die Mode + das Geschäft = das Modegeschäft, 6 die Küche + das Gerät = das Küchengerät

**3b** 1 Fahrkartenautomat, 2 Kontonummer, 3 Papiercontainer, 4 Mietvertrag, 5 Sportgeschäft

**3c** Lösungsvorschlag: das Schlafzimmer, das Wohnzimmer, das Wohnhaus, die Arbeitsagentur, die Arbeitserlaubnis, der Arbeitsplatz, der Arbeitsvertrag, der Mietvertrag, das Wartezimmer, die Wanderschuhe, das Kochbuch, der Badeanzug, die Badehose, der Spielplatz

**3d** Lösungsvorschlag: Habt ihr einen Fernseher im Schlafzimmer? / Ich habe am Dienstag einen Termin bei der Arbeitsagentur. / Mein Cousin hat immer noch keine Arbeitserlaubnis. / Hinter dem Haus ist ein Spielplatz für Kinder. / Haben Sie den Arbeitsvertrag (Mietvertrag) schon unterschrieben? / Hast du die Badehose (den Badeanzug / die Wanderschuhe) schon in den Koffer gepackt?

**4a** 2 Der Reisepass, 3 Meine Tante, 4 Die Lehrerin

**4b** 2e, 3a, 4c

**4c** 1 die Eier, 2 seinen Reisepass, 3 den Bus, 4 meine Tante, 5 den Park, 6 meine Eltern, 7 den Zug, 8 meine Cousine

**4d** 1 Freunden, 2 meiner Mutter, 3 meinem Vater, 4 der Lehrerin, 5 der Nachbarin, 6 dir, 7 dem Auto, 8 dem Mann

## Nomen B1

**1a** 2 Flüchtling, 3 Medikament, 4 Päckchen, 5 Politiker, 6 Argument

**1b** maskulin: der Flüchtling, der Politiker

neutral: das Medikament, das Päckchen, das Argument

**2** 2 Medikamente, 3 Diskussionen, 4 Entscheidungen, 5 Argumente, 6 Informationen, 7 Möglichkeiten

**3a** 1 Benutzernamen, 2 Datenschutz, 3 Versandkosten, 4 Kreditkarte / Bankeinzug, 5 Werktagen, 6 Postfiliale

**3b** Lösungsvorschlag: der Gebrauchtwagen, der Kühlschrank, der Neubau, der Altbau, das Altpapier, die Süßkartoffel, das Billigangebot, der Lautsprecher

**3c** Lösungsvorschlag: Habt ihr einen Gebrauchtwagen gekauft? / Wir wohnen in einem Altbau (Neubau/Hochhaus) im Stadtzentrum. / Unser Kühlschrank ist kaputt. Wir brauchen einen neuen. / Viele Fluggesellschaften werben mit Billigangeboten. / Das Altpapier gehört in den Papiercontainer. / Die Süßkartoffeln sind heute im Angebot.

**4** 2 Genitiv, 3 Dativ, 4 Akkusativ, 5 Akkusativ, 6 Dativ, 7 Genitiv, 8 Dativ, 9 Genitiv, 10 Akkusativ, 11 Dativ, 12 Akkusativ, 13 Genitiv, 14 Akkusativ, 15 Akkusativ, 16 Genitiv

# Kapitel 2: Deklination von Nomen

## Deklination von Nomen A1

**1a** 1 den, 2 die, 3 das, 4 die

**1b** 1 einen, 2 eine, 3 ein, 4 —

**2a** 1 die Kellnerin / die Verkäuferin / die Kinder, 2 das Heft / den Kuli / die Bücher / den Rucksack, 3 den Bahnhof / die Post / das Bürgerbüro, 4 die E-Mail / die Wörter / den Brief / den Text, 5 die Wohnung / das Bad / den Flur / die Küche

**2b** Lösungsvorschlag: Kaufen Sie den Schrank im Möbelgeschäft? / Kaufst du die Kartoffeln auf dem Markt? / Kaufst du den Kuchen in der Bäckerei? / Kaufen Sie die Stühle auf dem Flohmarkt? / Kauft ihr die Eier im Supermarkt? / Kaufen wir den Mantel im Modegeschäft? / Kaufst du das Regal auf dem Flohmarkt? / Kaufen wir das Brot in der Bäckerei?

**3a** 1 einen Apfel /— Kekse, 2 ein Glas Wasser / einen Tee / einen Apfelsaft / ein Bier, 3 einen Sohn / — Töchter / ein Kind /

— Cousins und Cousinen, 4 einen Radiergummi / ein Blatt Papier / einen Bleistift, 5 einen Becher Sahne / einen Liter Milch / — Tomaten

**3b** 2 einen, 3 ein, 4 eine, 5 ein, 6 einen, 7 ein, 8 ein

**4a** 1 keinen, 2 keine, 3 keinen, 4 keine (Pl.) / kein (Sg.), 5 keine, 6 kein, 7 keinen, 8 keinen

**4b** 2 Nein, ich habe kein Fahrrad. 3 Nein, ich haben keinen Balkon. 4 Nein, ich habe keine Kopfschmerzen. 5 Nein, ich kaufe keinen Schrank.

**4c** Lösungsvorschlag: Ich habe ein Kind. / Ich habe eine Tochter. / Ich habe kein Auto. / Ich habe einen Bruder.

**5a** 1 dem, 2 der, 3 dem, 4 den

**5b** der: Parkplatz, Arzt

die: Kellnerin, Tasche, Küche, Straße, Garage

das: Mädchen, Sofa

die: Taschen, Regale, Tische, Kinder

**5c** 1 dem Lehrer / der Kellnerin / dem Mädchen, 2 in der Tasche / auf dem Sofa / in der Küche, 3 auf der Straße / in der Garage / auf dem Parkplatz

**5d** 1 den Kindern / den Lehrerinnen / dem Arzt, 2 den Regalen / auf den Tischen / in den Taschen

**6** 2 Die Bank ist zwischen der Schule und dem Supermarkt. 3 Der Supermarkt ist zwischen der Bank und dem Rathaus. 4 Das Rathaus ist neben dem Supermarkt.

**7a** 1 einem, 2 einer, 3 einem, 4 —

**7b** 1 einer / einem / einer / einem, 2 einem / einer, 3 einer / einer, 4 einer / einem / einem, 5 — / einem, 6 einem

### Deklination von Nomen A2

**1a** 1 den Hausmeister / die (oder den) Kollegen / die Chefin, 2 das Formular / den Antrag / die Anmeldung / die Briefe, 3 die Vorspeise / den Nachtisch / den Salat / die Sahnetorte, 4 den Kurs / die Wohnung / das Stellenangebot

**1b** 1 einen Schulabschluss / einen Job / ein Vorstellungsgespräch / eine Arbeit, 2 eine Prüfung / ein Praktikum / eine Ausbildung / einen Deutschkurs, 3 — Tabletten / eine Salbe / einen Termin / einen Verband, 4 einen Gutschein / — Blumen / einen Schal / — Pralinen

**2a** 1 dem Vermieter / dem Hausmeister / dem (oder den) Kollegen / der Chefin, 2 dem Formular / dem Antrag / der Anmeldung, 3 der Hausarbeit / dem Brief / der Bewerbung, 4 dem Kind / der Patientin / dem Mädchen

**2b** 2 den Regalen, 3 den Leuten, 4 den Büros, 5 den Ärzten, 6 den Tischen, 7 den Häusern, 8 den Städten

**2c** 1 einer Erkältung / einem Schnupfen / einer Grippe, 2 — Freunden / einer Freundin / einem Freund, 3 einem Berater / einer Mitarbeiterin / einer Kollegin / einem Kunden, 4 einem Berg, einer Insel, einer Großstadt, einem Dorf

**3a** 1 am Hauptbahnhof / an der Bushaltestelle / am Flughafen / an der Kirche / an der Straßeneckecke / am Rathaus, 2 in der Stadt / im Zug / in der S-Bahn / im Park / im Flugzeug / im Erdgeschoss / in der Küche / im Kursraum, 3 beim Friseur / bei der Nachbarin / bei den Kindern / beim Zahnarzt / bei der Agentur für Arbeit / bei den Schwiegereltern / beim Bäcker, 4 auf der Straße / auf der Treppe / auf dem Balkon / auf dem Standesamt / auf dem Bahnsteig / auf der Brücke / auf dem Schiff / auf dem Spielplatz

**3b** 3 an den Strand, 4 ans Meer, 5 in die Berge, 6 auf den Tisch, 7 in den Schrank, 8 ans Fenster, 9 in die Kisten, 10 an die Wand, 11 in den ersten Stock, 12 auf den Boden, 13 in den Keller, 14 in die Schule, 15 in den Kindergarten

**4a** 3 Moritz ist Lottes Bruder. 4 Natalie ist Stefans Frau. 5 Hans ist Samiras Schwiegervater. 6 Stefan ist Julias Vater. 7 Julia ist Moritz' Cousine. 8 Natalie ist Klaras Schwiegertochter. 9 Julia ist Georgs Nichte.

**4b** 2 die Länder Europas, 3 im Norden Deutschlands, 4 im Süden Griechenlands, 5 die Geschichte Amerikas

### Deklination von Nomen B1

**1a** zur Arbeit, in den Kindergarten, in die Schule, zur Schule, in der ersten Klasse, in die zweite Klasse, aufs Klo, im Kindergarten, auf die Toilette

**1b** 3 im Keller / in den Keller / aus dem Keller, 4 im Treppenhaus / ins Treppenhaus / aus dem Treppenhaus, 5 im Zentrum / ins Zentrum / aus dem Zentrum, 6 in der Innenstadt / in die Innenstadt / aus der Innenstadt, 7 im Süden / in den Süden / aus dem Süden, 8 im Land / ins Land / aus dem Land, 9 in der Schule / in die Schule / aus/von der Schule, 10 in der ersten Klasse / in die erste Klasse / aus der ersten Klasse, 11 auf dem Schulhof / auf den Schulhof / vom Schulhof, 12 auf dem Fußballplatz / auf den Fußballplatz / vom Fußballplatz

**2a** 2g, 3a, 4b, 5i, 6h, 7f, 8d, 9e

**2b** 1 der Woche / des Monats / des Jahres, 2 des Arztes / der Leute / der Lehrerin, 3 der Straße / des Platzes / des Landes, 4 des Anrufs / der Reise / des Besuchs, 5 des Hauses / des Cafés / der Wohnung, 6 der Kälte / des Wetters / des Regens, 7 der Hochzeit / der offenen Tür / der Abreise, 8 des Konflikts / der Störung / des Problems

**2c** 2 Wo sind die Eltern des Kindes? 3 Ich brauche noch die Unterschrift der Patientin. 4 Emilio ist der Besitzer des Cafés in der Fabrikstraße. 5 Die Polizei kennt die Namen der Einbrecher noch nicht. 6 Hast du die Telefonnummer der Teilnehmerin?

**3** 2 Wessen Auto ist das? – Das ist das Auto des Arztes. 3 Wessen Fahrkarte ist das? – Das ist die Fahrkarte des Mädchens. 4 Wessen Bücher sind das? – Das sind die Bücher der Teilnehmer.

**4** 1 eines, 2 einer, 3 einer / eines, 4 eines, 5 einer, 6 einer, 7 eines, 8 eines, 9 einer

**5** 2 Tag<u>es</u>, 3 Studium<u>s</u>, 4 Wind<u>es</u>, 5 Auto<u>s</u>, 6 Unfall<u>s</u>, 7 Haus<u>es</u>

## Kapitel 3: Artikelwörter

### Artikelwörter A1

**1a** 1 Der Kurs, 2 einen Jungen / ein Mädchen / Der Junge / das Mädchen, 3 einen Kinderarzt / dem Jobcenter / Der Arzt, 4 der Autowerkstatt / der Autowerkstatt / der Danziger Straße

**1b** 2 eine / die, 3 ein / ein, 4 eine / Die, 5 ein, 6 eine / Die, 7 eine / die

**2a** 2 Verkäuferin, 3 ein Iraner / ein Übersetzer, 4 das Obst / das Gemüse, 5 Stück / Tasse, 6 das Fleisch

**2b** Wir kommen aus der Türkei, — Deutschland, dem Irak, dem Iran, — Polen, — Afghanistan, — Afrika, — Syrien, — China, — Asien, der Ukraine.

**2c** 2 Haben wir noch Kuchen? 3 Haben wir noch Reis? 4 Haben wir noch Joghurt? 5 Haben wir noch Thunfisch?

**2d** 2 Im Kursraum sind Tische und Stühle. 3 Auf dem Küchentisch sind Tassen und Teller. 4 Ich packe T-Shirts und Hosen in den Koffer.

**2e** 1 — / —, 2 —, 3 eine, 4 eine / eine, 5 — / — / —, 6 — / — / —, 7 eine / eine

**3a** mein: Auto, Kuli, Handy, Rucksack, Vater, Deutschkurs

meine: Bücher, Freundin, Arbeit, Wohnung, Eltern, Familie

**3b** 2 dein Mann, 3 dein Fahrrad, 4 deine Telefonnummer, 5 dein Großvater, 6 deine Nachbarn

**4a** 2 Ihr Mann, 3 Ihr Fahrrad, 4 Ihre Telefonnummer, 5 Ihr Großvater, 6 Ihre Nachbarn

**4b** Lösungsvorschlag: Haben Ihre Kinder Freunde in der Schule? / Haben deine Großeltern eine schöne Wohnung? / Hat deine Schwester ein Haus mit Garten? / Hat dein Mann einen Job?

**5** Lina: 2 Ihr Mann, 3 Ihre Familie, 4 Ihr Haus, 5 Ihre Eltern

Karl: 6 Seine Töchter, 7 Seine Frau, 8 Sein Bruder, 9 Sein Auto, 10 Seine Schwiegereltern

Ana und Gabriel: 11 Ihre Kinder, 12 Ihr Sohn, 13 Ihre Wohnung, 14 Ihre Fahrräder, 15 Ihr Nachbar

**6a** 1 Unsere Mutter, 2 Unsere Eltern, 3 unsere Hausaufgaben, 4 unsere Freundinnen, 5 unser Lieblingskuchen, 6 Unsere italienische Oma, 7 unsere Großeltern

**6b** 2 eure Mutter, 3 eure Eltern, 4 euer Lieblingskuchen, 5 eure Hausaufgaben, 6 eure Großeltern

**7**

| ich | du | er/es | sie (Sg.) | wir | ihr | Sie, sie (Pl.) |
|---|---|---|---|---|---|---|
| mein, meine | dein, deine | sein, seine | ihr, ihre | unser, unsere | euer, eure | ihr, ihre |

## Artikelwörter A2

**1a** 1 Einen Moment, 2 die schnellste Verbindung / die Fahrt / eine Stunde, 3 einen Kaffee, 4 der Grund / die Verspätung / das Wetter / ein technisches Problem, 5 einer Minute

**1b**

| | Nominativ | Akkusativ | Dativ |
|---|---|---|---|
| maskulin | der \| ein Zug | den \| einen Zug | dem \| einem Zug |
| feminin | die \| eine Stunde | die \| eine Stunde | der \| einer Stunde |
| neutral | das \| ein Problem | das \| ein Problem | dem \| einem Problem |
| Plural | die \| --- Züge | die \| --- Züge | den \| --- Zügen |

**2** 1 — Aachen, 2 ein Fahrplan, 3 — Zeit / in einer halben Stunde, 4 eine gute Idee / — Hunger, 5 — belegte Brötchen / — Pizza / — Pommes / einen türkischen Imbiss, 6 — Döner / einen Döner, 7 Einen Moment (oder — Moment), 8 eine Verspätung / eine technische Störung / — Entschuldigung, 9 — 25 Minuten / eine Stunde

**3a** 2 Ihre Unterschrift, 3 sein Auto, 4 deine Schlüssel, 5 ihre Geburtsurkunde, 6 ihre Anträge, 7 Unser Service-Team / Unsere Telefonnummer, 8 eure Ausweise, 9 ihr Auto, 10 euer Sohn

**3b** 2 unsere Unterlagen, 3 ihren Reisepass, 4 eure Eltern, 5 seinen Führerschein

**3c** 2 meinen Führerschein / meinen Reisepass, 3 deine Fragen, 4 seinen Ausweis, 5 unseren Antrag, 6 Ihren Vornamen, 7 eure Kinder, 8 ihr Antragsformular, 9 unseren Termin / euren Termin

**4a** 2 Dieser Fahrradhelm, 3 diese Brille, 4 Dieser Honig, 5 Dieses Auto, 6 diese Farbe

**4b** 1 Dieser Mann, 2 diesen Fahrradhelm, 3 Dieses Shampoo, 4 diese Tropfen, 5 dieser Kuchen, 6 Diese Wohnungen, 7 diese Schuhe

**4c** 2a, 3c, 4e, 5b

**5a** 2 jede Straße, 3 Jeder Mensch, 4 Alle Kunden, 5 jedes Wort, 6 alle Teilnehmerinnen und Teilnehmer, 7 Jede Teilnehmerin und jeder Teilnehmer

**5b** 2e, 3f, 4c, 5a, 6g, 7d

**5c** Lösungsvorschlag: 1 Ich mache jeden Tag Sport. 2 Ich putze jede Woche die Wohnung. 3 Ich esse jeden Morgen Müsli. 4 Ich fahre jedes Jahr nach Polen und besuche meine Familie.

**5d** Lösungsvorschlag: 2 Alle Mieter haben einen Mietvertrag. 3 Manche Nachbarn haben Haustiere. 4 Alle Mieter müssen Schnee fegen.

## Artikelwörter B1

**1** 1 — Zeit / — Geld, 2 — Strom / das Licht, 3 die Musik, 4 der Vermieter / das Recht / die Miete, 5 der Deutschen / — Sport, 6 — Krimis / — Talkshows, 7 Der Ring / aus — Gold / das Armband / aus — Silber, 8 — Glück / — Deutschland /— Erfahrungen

**2a** 2 ihren Müll, 3 unseren Müll, 4 eure Gemüsereste, 5 unserem Altpapier, 6 Unsere Kinder / unserer Umwelt

**2b** 2 euren Kollegen, 3 Ihren Arbeitsvertrag, 4 meiner Arbeit, 5 meinem Studium, 6 meinen Deutschkurs, 7 dein Sohn / seine Ausbildung, 8 deine Tochter / ihrem Praktikum, 9 deinen Lebenslauf

**3a** 2 Dieses Bild, 3 diese Fragen, 4 Dieser Text, 5 dieses Wort, 6 diese Information, 7 dieses Formular

**3b** 2e, 3b, 4a, 5f, 6h, 7d, 8g

**3c** 1 diese Reise, 2 mit diesem Bus, 3 diesen Brief, 4 in diesem Jahr, 5 diese Möglichkeit, 6 an diesem Tag

**3d** Lösungsvorschlag: in dieser Wohnung / Firma / Woche, in diesem Haus / Kurs / Monat / Zimmer / Winter, mit diesen Leuten / Kollegen, mit dieser Kollegin / Kundin, mit diesem Geld

**4a** 2 aller Autofahrer, 3 Jedes Land, 4 an jedem Automaten, 5 Manche Leute, 6 jedes Bewerbers

**4b** 2 Alle Verträge müssen von der Chefin unterschrieben werden. 3 Sie können alle Artikel auch online bestellen. 4 Alle Mitarbeiter müssen Schutzkleidung tragen.

**4c** 2 In jedem Land, 3 trotz jedes Problems, 4 Jeder Mitarbeiter und jede Mitarbeiterin, 5 jedes Dokument, 6 In jeder Abteilung

**4d** 1 Manche Menschen, 2 An manchen Tagen, 3 mit einigen Kollegen, 4 Einige Jobs, 5 alle Weihnachtsgeschenke, 6 mit allen Freunden

**5a**

| | Nominativ | Akkusativ | Dativ |
|---|---|---|---|
| maskulin | irgendein Film | irgendeinen Film | irgendeinem Film |
| feminin | irgendeine Frage | irgendeine Frage | irgendeiner Frage |
| neutral | irgendein Problem | irgendein Problem | irgendeinem Problem |
| Plural | irgendwelche Filme | irgendwelche Film | irgendwelchen Filmen |

**5b** 1 irgendein, 2 Irgendeine, 3 irgendeine, 4 irgendeinem

**5c** 2 Gibt es noch irgendwelche Fragen? 3 Muss ich irgendwelche Formulare ausfüllen? 4 Haben Sie irgendwelche Allergien?

**5d** 1 irgendein Computerspiel, 2 irgendeine Arbeit, 3 irgendeinen Grund, 4 Irgendein Politiker, 5 irgendeine Idee, 6 irgendeinen Fehler, 7 irgendwelche Produkte, 8 irgendwelche Medikamente, 9 irgendeiner Party / irgendeinem Bus / irgendeiner Haltestelle

# Kapitel 4: Pronomen

## Pronomen A1

**1a** 1 du, 2 Sie, 3 Sie, 4 du, 5 du, 6 Sie

**1b** 2 Sprechen Sie Deutsch? 3 Haben Sie einen Kuli? 4 Wie alt sind Sie? 5 Sind Sie verheiratet?

**1c** 1 Wo wohnst du? 2 Hast du einen Termin? 3 Möchtest du einen Kaffee? 4 Wo lernst du Deutsch? 5 Möchtest du etwas trinken?

**2a** 1 Singular, 2 Plural, 3 Plural, 4 Singular, 5 Singular

**2b** 2 es, 4 es, 5 er, 6 sie, 7 sie, 8 es, 9 sie, 10 er, 11 er, 12 sie, 13 er, 14 sie, 16 er

**2c** 2 Sie, 3 sie, 4 Es, 5 Er, 6 sie, 7 sie, 8 er, 9 es, 10 er, 11 Sie, 12 sie, 13 Es

**3** 2 Wir haben am Samstag Zeit. Habt ihr auch Zeit? 3 Wir haben Pizza gemacht. Möchtet ihr ein Stück? Wir machen eine Party. Kommt ihr?

**4a** 2 dir, 3 ihm, 4 ihr, 5 uns, 6 euch, 7 ihnen

**4b**

| Nominativ | ich | du | er | sie | es | wir | ihr | Sie, sie |
|---|---|---|---|---|---|---|---|---|
| Dativ | mir | dir | ihm | ihr | ihm | uns | euch | Ihnen, ihnen |

**4c** 1 mir, 3 ihm, 4 ihr, 5 uns, 6 euch, 7 Ihnen

**4d** 1 mir, 2 Ihnen, 3 ihm, 4 uns, 5 uns / euch, 6 ihnen, 7 ihr, 8 Ihnen, 9 mir

## Pronomen A2

**1a** 2 dich, 3 ihn, 4 sie, 5 es, 6 uns, 7 euch, 8 Sie, 9 sie

**1b** 2 es, 3 ihn, 4 ihn, 5 ihn, 6 sie, 7 sie, 8 es

**1c** 1 ihn, 2 mich, 3 euch, 4 sie, 5 es, 6 uns, 7 sie, 8 euch, 9 ihn, 10 Sie, 11 ihn

**2a** 2f, 3e, 4c, 5a, 6h, 7d, 8b

**2b** 2 Ihnen / dir, 3 ihnen, 4 mir / Ihnen, 5 uns / mir, 6 ihr / ihm, 7 dir / euch, 8 ihnen / uns, 9 mir / dir, 10 euch / Ihnen

**3** 2 dir, 3 Sie, 4 mir, 5 dich, 6 mir, 7 ihm, 8 dich, 9 ihr, 10 mir

**4a** 2e, 3c, 4a, 5f, 6b

**4b** 2 Man darf hier nicht fotografieren. 3 Man darf hier nichts essen und nichts trinken. 4 Man darf hier nicht telefonieren. 5 Man darf hier kein Eis essen.

**5a** 1c, 2d, 3a, 4b

**5b** 2 Da drüben ist eine. / Hier ist keine. 3 Da drüben sind welche. 4 Da drüben ist eins. / Hier ist keins. 5 Da drüben ist einer. / Hier ist keiner. 6 Da drüben sind welche. / Hier sind keine.

**6a** 2 etwas, 3 etwas, 4 etwas, 5 jemand, 6 jemand, 7 Niemand, 8 nichts, 9 Niemand, 10 niemand, 11 nichts, 12 nichts

**6b** 1 Nichts, 2 jemand, 3 was, 4 niemand, 5 nichts, 6 was

**7a** 1 meins, 2 meiner, 3 meine, 4 unsere, 5 seine, 6 deiner / meiner, 7 unseres

**7b** 2 seins, 3 deins, 4 unsers, 5 meine, 6 ihre, 7 deine, 8 eure, 9 seiner, 10 Ihrer, 11 eurer, 12 unserer

**8a** 2 dich, 3 sich, 4 sich, 5 uns, 6 euch, 7 sich, 8 sich

**8b**

| Nominativ | ich | du | er, sie, es / man | wir | ihr | Sie, sie |
|---|---|---|---|---|---|---|
| Akkusativ | mich | dich | sich | uns | euch | sich |
| Dativ | mir | dir | sich | uns | euch | sich |

**8c** 1 Mein Freund interessiert sich / Interessierst du dich / Ich interessiere mich, 2 Freut ihr euch / wir freuen uns / Die Kinder freuen sich / ich freue mich, 3 Ärgerst du dich / ich ärgere mich / Wir ärgern uns, 4 kann ich mich / Sie können sich / Kann man sich

**9a** 2 der, 3 das, 4 die, 5 die, 6 der

**9b** 2i, 3a, 4h, 5e, 6b, 7g, 8d, 9f

**10** 2 die, 3 Die, 4 den / Der 5 den, 6 das, 7 Dieser, 8 Diesen, 9 dieses, 10 diese, 11 diesem

## Pronomen B1

**1a** 2 Kannst du sie ihm bitte holen? 3 Ich bringe es dir nächste Woche zurück. 4 Peter hat sie uns gezeigt. 5 Sie hat ihn mir geliehen. 6 Ich kann es Ihnen per E-Mail schicken.

**1b** 1 Sie mir, 2 ihr uns, 3 du mir, 4 sie mir, 5 es ihr, 6 es dir, 7 sie dir, 8 Sie mir, 9 es ihr, 10 es euch, 11 ihn mir, 12 sie ihnen

**2a** 1 etwas, 2 jemand, 3 niemand, 4 jeden, 5 man, 6 nichts

**2b** 2 jemand(em) / niemand(em), 3 jedem, 4 jeden, 5 keinen, 6 keiner, 7 Jeder

**2c** 2 Man tut, was man kann. 3 Man kann von jedem Menschen lernen. 4 Man darf nicht alles glauben.

**3** 2 Meine, 3 meinen, 4 deine, 5 ihre, 6 seine, 7 eurer, 8 deins

**4a** 2 uns, 3 mich, 4 sich, 5 uns, 6 euch, 7 sich, 8 sich, 9 sich, 10 dich, 11 mich, 12 sich

**4b** 1 mich, 2 dir, 3 dich / mich, 4 mir / mir, 5 dich / mich, 6 mich

**5a** 1 die, 2 der, 3 der, 4 das, 5 die, 6 der, 7 die, 8 das, 9 die, 10 das

**5b** 1 der, 2 den, 3 der, 4 den, 5 den, 6 der, 7 den, 8 den, 9 der

**5c** 2 dem, 3 der, 4 der, 5 denen, 6 dem, 7 der, 8 dem, 9 der, 10 dem, 11 denen

**5d** 2 Ist das der Elektromarkt, wo du deinen Computer gekauft hast? 3 Wie heißt die Straße, wo der Handyladen ist? 4 Schau mal, da ist das Haus, wo wir früher gewohnt haben. 5 Es gibt viele Orte, wo man gut leben kann.

**6a** 2 Diesen, 3 dieses, 4 dieser

**6b** 1 Die, 2 den, 3 Die, 4 Der / den / Der, 5 die, 6 denen

**6c** 2 Nein, mit denen arbeite ich nicht zusammen. 3 Nein, mit denen kann man nicht im Winter fahren.

# Kapitel 5: Verben I

## Verben I A1

**1a** 2 komme, 2 wohnen / wohne, 3 kommst / komme, 4 wohnst / wohne

**1b** 2 Wie heißen Sie? 3 Kommst du aus Eritrea? 4 Lernen Sie Deutsch? 5 Wo wohnst du? 6 Was machen Sie gern?

**1c** wohne, lerne, heißt, verstehen, fragen, antwortet, geht, machen, machst, Kommst

**2a** 1 Sprechen / spreche, 2 sprecht / sprechen, 3 sprichst / spreche

**2b** 1 nimmt, 2 liest, 3 sieht, 4 geht, 5 fährt, 6 geht, 7 schläft

**2c**

| | geben | lesen | fahren | laufen | essen | schlafen |
|---|---|---|---|---|---|---|
| ich | gebe | lese | fahre | laufe | esse | schlafe |
| du | gibst | liest | fährst | läufst | isst | schläfst |
| er/sie/es | gibt | liest | fährt | läuft | isst | schläft |
| wir | geben | lesen | fahren | laufen | essen | schlafen |
| ihr | gebt | lest | fahrt | lauft | esst | schlaft |
| sie/Sie | geben | lesen | fahren | laufen | essen | schlafen |

**3a** 1 bist / ist, 2 sind / bin, 3 Seid / sind

**3b** 2 Bist / bin, 3 Haben / habe, 4 habt / haben, 5 Seid / sind, 6 sind / sind / haben / ist / ist / ist / haben / sind / haben

**4a** 1 kann / kann, 2 Können / kann, 3 kannst / kann / kann / kann, 4 könnt / können

**4b** 1 müssen, 2 Musst / muss, 3 Müssen / muss / muss / muss

**4c** 2 Müssen, 3 Muss, 4 Kannst

**4d** 1 will, 2 will / wollen, 3 wollt / wollen

**4e** 1 mag / möchte, 2 möchten / mögen, 3 mögen / möchten

**4f** 2 sollst, 3 soll, 4 sollen, 5 sollt

**4g** 2 dürfen, 3 Dürfen / dürft, 4 darf

**5**

| | Modalverb | | Infinitiv |
|---|---|---|---|
| 2 Wir | können | sehr gut Deutsch | sprechen. |
| 3 Paolo | kann | heute nicht | kommen. |
| 4 Er | soll | wieder Überstunden | machen. |
| 5 Er | darf | am Montag zu Hause | bleiben. |

**6a** 2 kauft ... ein, 3 ruft ... an, 4 sehen ... fern

**6b**

| | anrufen | aufräumen | mitbringen | einkaufen | fernsehen |
|---|---|---|---|---|---|
| ich | rufe an | räume auf | bringe mit | kaufe ein | sehe fern |
| du | rufst an | räumst auf | bringst mit | kaufst ein | siehst fern |
| er/sie/es | ruft an | räumt auf | bringt mit | kauft ein | sieht fern |
| wir | rufen an | räumen auf | bringen mit | kaufen ein | sehen fern |
| ihr | ruft an | räumt auf | bringt mit | kauft ein | seht fern |
| sie/Sie | rufen an | räumen auf | bringen mit | kaufen ein | sehen fern |

**6c** 1 Giovanni ruft Karim und Laura an. 2 Laura bringt einen Salat zur Party mit. 3 Nach der Party räumt Giovanni am Abend auf. 4 Dann sieht er noch etwas fern.

**7** 2 Fahren Sie mit der S-Bahn S1! / Fahr mit der S-Bahn S1! 3 Gehen Sie ins Bett! / Geh ins Bett! 4 Bleiben Sie zu Hause! / Bleib zu Hause!

## Verben I A2

**1** 1 unterrichtet, 2 mache, 3 reden, 4 erreiche, 5 sage, 6 Geht, 7 Hat

**2** 3 du siehst / er sieht, 4 du lebst / er lebt, 5 du sprichst / er spricht, 6 du trennst / er trennt, 7 du isst / er isst, 8 du legst / er legt, 9 du redest / er redet, 10 du empfiehlst / er empfiehlt, 11 du fällst / er fällt, 12 du fragst / er fragt, 13 du hältst / er hält, 14 du sagst / er sagt, 15 du schläfst / er schläft, 16 du wäschst / er wäscht, 17 du kaufst / er kauft, 18 du läufst / er läuft

**3** 1 müssen / dürfen, 2 dürfen, 3 soll / darf, 4 Soll / musst / kann, 5 möchte / kann / muss

**4**

| | **Modalverb** | | **Infinitiv** |
|---|---|---|---|
| 2 Wir | dürfen | im Büro keine defekten Geräte | benutzen. |
| 3 Die Mitarbeiter | sollen | die Regeln zum Arbeitsschutz | einhalten. |
| 4 Wo | kann | man Schutzkleidung | bekommen? |
| 5 Ihr | müsst | eine Stunde Mittagspause | machen. |

**5a** 1 kaufen ... ein / hole ... ab / lade ... ein, 2 holen ... ab / laden ... herunter / drucken ... aus / tragen ... ein / fragen ... nach

**5b** fährt ... ab / steigen ... ein / steigen ... um / steigen ... aus / kommt ... an

**5c** ziehst ... aus / ziehe ... um / Pass ... auf / gib ... aus

**6** **Hauptsatz**

| | | | |
|---|---|---|---|
| 2 Der Deutschkurs | fängt | um 9 Uhr | an. |
| 3 Karim | liest | ein Referat | vor. |
| 4 Alle Teilnehmer | hören | interessiert | zu. |
| 5 Am Nachmittag | meldet | sie sich | an. |

**Nebensatz**

| | | |
|---|---|---|
| 2 Sie hat gesagt, dass | der Deutschkurs um 9 Uhr | anfängt. |
| 3 Sie hat gesagt, dass | Karim ein Referat | vorliest. |
| 4 Sie hat gesagt, dass | alle Teilnehmer interessiert | zuhören. |
| 5 Sie hat gesagt, dass | sie sich am Nachmittag | anmeldet. |

**7** 2 Sie müssen an der nächsten Haltestelle aussteigen. 3 Kann ich heute Abend bei dir vorbeikommen? 4 Ich kann etwas zu essen mitbringen. 5 Nächste Woche möchte ich dich gerne zu mir einladen.

**8a** 2 finden / anrufen / ankommen / anfangen, 3 nehmen / umsteigen / umtauschen / umziehen, 4 hören / ausfüllen / ausdrucken / aussteigen, 5 kommen / abholen / abgeben / abheben, 6 melden / einziehen / einsteigen / einkaufen, 7 fragen / aufstehen / aufhören / aufpassen, 8 fallen / mitkommen / mitfahren / mitgehen

**8b** du erzählst, er empfiehlt, die Kollegen entscheiden, wir gehen weg, ihr kommt an, die Frau steigt aus, Tom bestellt

**9a** 1 mich, 2 dich / mich, 3 uns / sich, 4 sich / euch

**9b** 2 ärgere mich / Ärgerst ... dich, 3 freut sich / freut sich, 4 erinnern uns / Erinnert ... euch, 5 treffen sich

**9c** 1 freuen uns, 2 unterhalten uns, 3 erinnere mich, 4 ärgere mich, 5 verabreden uns

**9d** 2 Freut Ana sich? 3 Freut ihr euch auch? 4 Freuen Erik und Christian sich?

**10a** 2 Ihre Augen tun weh? Schauen Sie nicht immer auf den Bildschirm! Deine Augen tun weh? Schau nicht immer auf den Bildschirm! 3 Sie haben Rückenschmerzen? Sitzen Sie gerade! Du hast Rückenschmerzen? Sitz gerade! 4 Ihr Kopf tut weh? Arbeiten Sie nicht so viel am Computer! Dein Kopf tut weh? Arbeite nicht so viel am Computer!

**10b** 2 Sie sollten nicht immer auf den Bildschirm schauen. / Du solltest nicht immer auf den Bildschirm schauen. 3 Sie sollten gerade sitzen. / Du solltest gerade sitzen. 4 Sie sollten nicht so viel am Computer arbeiten. / Du solltest nicht so viel am Computer arbeiten.

**11** 2 Ihr findet das Essen in der Kantine schlecht? Geht in die Bäckerei an der Ecke! 3 Ihr findet viele Unterlagen nicht mehr? Haltet euren Schreibtisch ordentlich! 4 Ihr kommt immer zu spät? Steht früher auf!

# Kapitel 6: Verben II

## Verben II A1

**1a** 1 gekocht, 2 geputzt, 3 gekauft, 4 gelernt, 5 repariert, 6 gemacht, 7 gespielt, 8 geschlafen

**1b** Ich *habe ge...-t:* gemacht / gehört / gekauft / gearbeitet / gelernt / gelebt
Ich *habe ...-t:* repariert / telefoniert
Ich *habe ge...-en:* getrunken / gebacken / gesehen / gelesen / geschrieben / geschlafen
Ich *bin ge...-en:* gefahren / gekommen / gegangen

**2a** 1 habt, 2 haben, 3 hast, 4 habe, 5 hat

**2b** 1 seid, 2 sind, 3 sind, 4 bist, 5 bin

**2c** 1 habe ... gemacht, 2 habe ... gesehen, 3 bin ... gegangen, 4 bin ... gefahren, 5 habe ... geschlafen, 6 sind ... gekommen, 7 haben ... gefrühstückt, 8 sind ... spazieren gegangen, 9 hast ... gemacht, 10 haben ... fotografiert

**3a**

| | **Verb 1** | | **Verb 2 (Partizip II)** |
|---|---|---|---|
| 2 Was | habt | ihr am Wochenende | gemacht? |
| 3 Wir | haben | auf dem Markt Obst und Gemüse | gekauft. |
| 4 Wo | bist | du gestern | gewesen? |
| 5 Ich | bin | nach Frankfurt | gefahren. |
| 6 Wir | haben | vorgestern zusammen | gekocht. |
| 7 Ich | habe | den Kuchen heute allein | gegessen. |

**3b**

| **Verb 1** | | | **Verb 2 (Partizip II)** |
|---|---|---|---|
| 2 Seid | ihr | gestern mit dem Auto zur Schule | gefahren? |
| 3 Habt | ihr | am Wochenende das Fußballspiel | gesehen? |
| 4 Hast | du | gestern im Fernsehen einen Film | gesehen? |
| 5 Ist | Roberto | heute mit der U-Bahn | gekommen? |
| 6 Hat | Ella | viele Fotos im Urlaub | gemacht? |

**4a** 1 hatte / Hattest, 2 Hattet / hatten, 3 hatte

**4b** 1 Warst / war, 2 Wart, waren, waren

**4c** 1 warst, 2 hatte, 3 war, 4 war, 5 hatten, 6 waren, 7 Hattest, 8 hatte, 9 waren, 10 hatte, 11 Hattet, 12 hatten, 13 war

## Verben II A2

**1a** Ich *habe ...ge...-t:* abmelden, anmelden, aufmachen, aufpassen, ausdrucken, ausfüllen, einkaufen, einrichten, mitmachen, nachfragen, umtauschen, vorstellen, zuhören

Ich *habe ...ge...-en:* abschließen, anfangen, anrufen, einladen, fernsehen, herunterladen, teilnehmen, vorschlagen, zurückgeben

Ich *bin ...ge...-en:* aufstehen, aufwachsen, einsteigen, aussteigen, ausziehen, einziehen, mitkommen, umsteigen, umziehen

**1b** 2 Ich kaufe ein. / Ich habe eingekauft. 3 Ich hole ab. / Ich habe abgeholt. 4 Ich lade ein. / Ich habe eingeladen. 5 Ich fülle aus. / Ich habe ausgefüllt. / 6 Ich komme an. / Ich bin angekommen. 7 Ich rufe an. / Ich habe angerufen.

**2a** 1 repariert, 2 fotografiert, 3 probiert, 4 diskutiert, 5 korrigiert, 6 passiert

**2b** 1 besucht, 2 empfohlen, 3 entschieden, 4 bestellt, 5 bedankt, 6 entschuldigt

**3** 1 haben ... verliebt, 2 sind ... gegangen, 3 haben ... geheiratet, 4 haben ... getrennt, 5 ist ... geblieben, 6 hat ... gemacht, 7 hat ... abgeschlossen, 8 hat ... gesucht, 9 hat ... angeboten, 10 hat ... angefangen

**4a**

| | Verb | | Partizip II |
|---|---|---|---|
| 2 Er | hat | seinen Deutschkurs | abgeschlossen. |
| 3 Dann | hat | er eine Ausbildung | angefangen. |
| 4 Karim | ist | in Syrien | aufgewachsen. |
| 5 Er | ist | in eine neue Wohnung | umgezogen. |

**4b**

| | | Partizip II | Verb |
|---|---|---|---|
| 2 Er sagt, | dass er eine Ausbildung | angefangen | hat. |
| 3 Karim erzählt, | dass er in eine neue Wohnung | umgezogen | ist. |
| 4 Er sagt, | dass er viele neue Möbel | eingekauft | hat. |
| 5 Er ist zufrieden, | weil seine Nachbarn ihn | eingeladen | haben. |

**5a** 1 musste / Musstet / mussten, 2 Mussten / musste / musste

**5b** 1 Konntest / konnte / konnte / konntet / konnten, 2 konnten / konnte

**5c** 1 wolltest / wollte / wollte / wolltet / wollten, 2 wollten / wollte

**5d** Durftet / durften / durfte / durfte / durftest / durfte

**5e** 1 sollte / solltest, 2 Sollten / sollten

**5f** 2 durfte / musste 3 wollte, 4 sollte, 5 konnte / konnte, 6 durften

**5g** 1 musste / muss / kann / konnte, 2 wollte / konnte / kann, 3 durfte / muss / darf / muss, 4 sollte / konnte / kann

**6a** 2 Könnten Sie mich bitte zurückrufen? 3 Hätten Sie einen Augenblick Zeit? 4 Könntest du das Fenster zumachen?

**6b** 2 Würdest/Könntest du mir bitte deine Adresse geben? 3 Würden/Könnten Sie bitte die E-Mail an den Kunden schicken? 4 Würden/Könnten Sie mir bitte Ihren Namen sagen?

**2c** 1 fuhren, 2 sah, 3 schrieb, 4 telefonierte, 5 gab, 6 blieben, 7 gab, 8 trafen

**2d** 1 kam, 2 sprach, 3 war, 4 lebten, 5 gefiel, 6 kamen, 7 fanden

## Verben II B1

**1** kommen / ich bin gekommen, ankommen / ich bin angekommen, gehen / ich bin gegangen, sein / ich bin gewesen, aufwachsen / ich bin aufgewachsen, bleiben / ich bin geblieben, abfahren / ich bin abgefahren, aufstehen / ich bin aufgestanden, einschlafen / ich bin eingeschlafen, fallen / ich bin gefallen, schwimmen / ich bin geschwommen, passieren / es ist passiert, einsteigen / ich bin eingestiegen, aussteigen / ich bin ausgestiegen, fliegen / ich bin geflogen

**2a**

| Infinitiv | Präteritum ich ... | Perfekt ich ... | Infinitiv | Präteritum ich ... | Perfekt ich ... |
|---|---|---|---|---|---|
| kommen | kam | bin gekommen | nehmen | nahm | habe genommen |
| finden | fand | habe gefunden | aufstehen | stand auf | bin aufgestanden |
| sehen | sah | habe gesehen | leben | lebte | habe gelebt |
| sprechen | sprach | habe gesprochen | lernen | lernte | habe gelernt |
| geben | gab | habe gegeben | arbeiten | arbeitete | habe gearbeitet |
| bleiben | blieb | bin geblieben | wohnen | wohnte | habe gewohnt |
| schreiben | schrieb | habe geschrieben | telefonieren | telefonierte | habe telefoniert |
| schlafen | schlief | habe geschlafen | studieren | studierte | habe studiert |
| gehen | ging | bin gegangen | abholen | holte ab | habe abgeholt |
| fahren | fuhr | bin gefahren | denken | dachte | habe gedacht |
| treffen | traf | habe getroffen | wissen | wusste | habe gewusst |

**2b**

| | regelmäßig | | unregelmäßig | | | Mischformen |
|---|---|---|---|---|---|---|
| | wohnen | leben | kommen | bleiben | mitnehmen | wissen |
| ich | wohnte | lebte | kam | blieb | nahm mit | wusste |
| du | wohntest | lebtest | kamst | bliebst | nahmst mit | wusstest |
| er/sie/es | wohnte | lebte | kam | blieb | nahm mit | wusste |
| wir | wohnten | lebten | kamen | blieben | nahmen mit | wussten |
| ihr | wohntet | lebtet | kamt | bliebt | nahmt mit | wusstet |
| sie/Sie | wohnten | lebten | kamen | blieben | nahmen mit | wussten |

**3a** 1 würde, 2 Würdet / würden, 3 Würdest, 4 würden, 5 würdest / würde

**3b** 1 hätte, 2 hätten, 3 Hättest, 4 hättet, 5 hätten, 6 hätte

**3c** 1 wäre, 2 wären, 3 wäre, 4 Wärst, 5 wären

**3d** 1 würde, 2 hätte, 3 würde, 4 würde, 5 hätte, 6 wäre, 7 hätte

**4** 1 könnten, 2 könnte, 3 könntest, 4 könnten, 5 könnten, 6 könnte

**5a** 1 hätte, 2 wäre, 3 könnte, 4 müsste, 5 hätte, 6 wäre

**5b** 1 wüsste, 2 sollte, 3 müsste, 4 hätte, 5 wäre

**6a** 1 hätte / hatte, 2 wäre, war

**6b** 1 gefeiert, 2 Hättest ... ernährt, 3 Wäre ... gegangen, 4 Wären ... gefahren

**7a** 2 hatte ... geschlafen, 3 war ... weggefahren, 4 hatte ... geschneit, 5 waren ... angekommen / hatten ... angefangen, 6 hatte vergessen

**7b** 1 war, 2 hatte, 3 habe, 4 habe, 5 bin, 6 habe, 7 hatte

**7c** 1 fuhr, 2 riefen, 3 hatte ... festgestellt, 4 passiert war, 5 hatte ... getrunken, 6 sperrte

**8a** 1 Wirst / werde, 2 Werdet / werden, 3 werde / Werden / werde, 4 werden, 5 wird / werden

**8b** 2 Ich werde morgen Abend zu dir kommen. 3 Wirst du mich auch einmal besuchen? 4 Unsere Kinder werden nächstes Jahr in Berlin studieren. 5 Werdet ihr nächsten Monat wirklich zu eurer Tante fahren?

**9a** 2 Die Ware wird verschickt. 3 Die Ware wird befördert. 4 Die Ware wird geliefert. 5 Die Sachen werden ausgepackt. 6 Die Lieferung wird überprüft. 7 Die Rechnung wird bezahlt.

**9b** 2 Die Ware wurde verschickt. 3 Die Ware wurde befördert. 4 Die Ware wurde geliefert. 5 Die Sachen wurden ausgepackt. 6 Die Lieferung wurde überprüft. 7 Die Rechnung wurde bezahlt.

**9c** 2 Der Müll wird in verschiedene Mülltonnen geworfen. 3 Der Sondermüll wird bei Sammelstellen abgegeben. 4 Die Mülltonnen werden einmal in der Woche geleert. 5 Der Sperrmüll wird auf die Straße gestellt. 6 Vorher wird ein Termin zur Abholung ausgemacht

**10** 2 Auf dem Retourenschein müssen die Gründe angegeben werden. 3 Die Portogebühr für die Rücksendung soll vom Kunden bezahlt werden.

**11** 1 koche, 2 Hast ... gekocht / habe ... gekocht, 3 kochte, 4 hatte ... gekocht, 5 werde ... kochen, 6 würde ... kochen

# Kapitel 7: Verben III

## Verben III A1

**1** 1 keine / einen / eine / eine, 2 eine / eine / ein / ein / einen / einen, 3 den / den / den / eine / die, 4 eine / einen / ein / einen

**2** 1 mir / mir, 2 mir / mir, 3 Ihnen / mir / Ihnen / mir, 4 euch / uns

## Verben III A2

**1** 1 mir / Ihnen, 2 mir, 3 der, 4 dem, 5 mir, 6 ihr

**2a** 1 empfiehlt, 2 gibt, 3 wünscht

**2b** 1 mir, 2 Ihnen

**3a** 1 hängt, 2 stellt, 3 legt

**3b** 1 hängt, 2 steht, 3 liegt

**3c** 1 steht / stellen, 2 hängt / hängen, 3 liegt / legen, 4 sitzt / setzen

## Verben III B1

**1a** Verben *mit Akkusativ:* brauchen, nehmen, suchen, verstehen, einladen, lieben, möchten, mögen, umtauschen, sehen, finden, lesen, bitten

Verben *mit Dativ:* zuhören, gratulieren, gefallen, schmecken, helfen, glauben, raten, passen, gelingen, danken, gehören

Verben *mit Dativ und Akkusativ:* leihen, schenken, empfehlen, bestellen, erklären, erzählen, geben, kaufen, schicken, schreiben, verschreiben, zeigen, wünschen

**1b** 1 dir, 2 dich, 3 dir / dich, 4 Ihnen / Sie, 5 Ihnen, 6 dich, 7 dich, 8 Sie, 9 meine, 10 unsere

**1c**

| Wer? | Verb | Wem? | Was? |
|---|---|---|---|
| 2 Herr Mutlu | gibt | der Kundin | einen Kaufvertrag. |
| 3 Maria | schenkt | ihrer Mutter | einen Gutschein. |
| 4 Tomek | kauft | seinem Sohn | ein neues Fahrrad. |
| 5 Die Verkäuferin | empfiehlt | dem Kunden | ein Sonderangebot. |

**1d** 2 Frau Lachmann bestellt ihrem Mann eine DVD.
3 Eduardo schenkt seiner Freundin einen Gutschein.
4 Die Kinder schicken den Eltern eine SMS.

**2** 1 mich / mir, 2 dich / mir, 3 dich / mir, 4 dir / dich / mir / mir

**3a** 2 sich ärgern über, 3 sich bedanken für, 4 sich beschweren über, 5 sich bewerben um, 6 denken an, 7 diskutieren über, 8 einladen zu, 9 sich entschuldigen für, 10 sich freuen auf, 11 sich freuen über, 12 sich interessieren für, 13 sich kümmern um, 14 lachen über, 15 verzichten auf, 16 nachdenken über, 17 warten auf, 18 anfangen mit, 19 sich gewöhnen an, 20 sprechen über, 21 träumen von, 22 teilnehmen an, 23 sich treffen mit, 24 sich vorbereiten auf

**3b** 1 um / auf / auf / über / auf / mit / mit, 2 von / an / über / für / über / über, 3 über / über / für / zu / an

**4a** 1 gehängt, 2 gelegen / gelegt, 3 gestellt / gestanden

**4b** 1 setzen / sitze / gesessen, 2 setzt / sitzt

**5a** 2 Wir brauchen nicht mehr zu telefonieren. 3 Wir brauchen nur den Computer auszumachen. 4 Und wir brauchen nur noch abzuschließen.

**5b** Du brauchst nur Papier einzulegen. Du brauchst nur die Zahl der Kopien einzustellen. Du brauchst nur auf Start zu drücken. Und dann brauchst du nur abzuwarten.

**6** 1 lasse, 2 lässt, 3 lassen, 4 lass, 5 Lasst

**7** 1 wird / werden / werden, 2 wurde / wurde, 3 wird / werden / werden

**8a** 2 Es ist sinnvoll, die Haustür abzuschließen. 3 Es ist schön, Kontakt zu den Nachbarn zu haben. 4 Vergiss bitte nicht, die Bücher mitzubringen. 5 Wir bitten Sie, uns morgen anzurufen. 6 Ich hoffe, Sie bald wiederzusehen.

**8b** sagen, sehen, zu haben, kennenlernen, mitbringen

**9**

| | | Position 2 | | Satzende |
|---|---|---|---|---|
| Trennbare Verben | Wir | kaufen | heute Abend noch | ein. |
| Modalverben | Morgen | müssen | wir nicht | arbeiten. |
| Futur | Nächste Woche | werden | wir in Urlaub | fahren. |
| Perfekt | Gestern | haben | wir viele Überstunden | gemacht. |
| Plusquamperfekt | Vorher | hatten | wir mit den Kunden | telefoniert. |
| Passiv | Den ganzen Tag | wurden | viele Bestellungen | bearbeitet. |
| Konjunktiv II | Wir | würden | euch gerne | mitnehmen. |

# Kapitel 8: Adjektive

## Adjektive A1

**1a** 2 größer, 3 wärmer, 4 älter, 5 kälter

**1b** 2 besser, 3 schneller, 4 seltener, 5 teurer, 6 schöner

**1c** 1 kalt / kälter, 2 weich / weicher, 3 dick / dicker, 4 lang / länger, 5 hoch / höher

**2** 2a: gern / am liebsten, 3e: langweilig / am langweiligsten, 4b: bequem / am bequemsten, 5d: hübsch / am hübschesten

**3** 2 Joana arbeitet viel. Aber sie lernt mehr. Und sie macht am meisten Sport.

3 Sergej kann gut backen. Aber er kann besser kochen. Und er zeichnet am besten.

4 Rasmus fährt gern Fahrrad. Aber er spielt lieber Computerspiele. Und er schläft am liebsten.

**4** 2 Die USA sind größer als Europa. 3 Die Donau ist länger als der Rhein. 4 Das Matterhorn ist höher als die Zugspitze. 5 Capri ist kleiner als Sizilien.

**5** 2 Tim ist genauso unordentlich wie Tina. 3 Die Hose ist genauso eng wie der Rock. 4 Der Stuhl ist genauso bequem wie der Sessel. 5 Das Buch ist genauso interessant wie der Film.

**6** 1 genauso alt wie, 2 höher als, 3 mehr ... als, 4 genauso teuer wie, 5 genauso gesund wie

**7a** 2 dritte, 3 achtundzwanzigsten, 4 zweiunddreißigste, 5 hundertste

**7b** 1 a) fünf, 2 a) vier, 3 b) zweiten, 4 b) dritten, 5 a) zwölf 6 b) siebten

## Adjektive A2

**1a** 2 größer / kleiner, 3 wärmer / kälter, 4 weniger / mehr, 5 schöner / hässlicher

**1b** 2 Geht bitte früher ins Bett. 3 Arbeite bitte ordentlicher. 4 Lesen Sie bitte lauter. 5 Iss bitte weniger Kuchen.

**2** 2 Das Mineralwasser ist kühler als die Cola. Der Eistee ist am kühlsten.

3 Der Sessel ist gemütlicher als das Sofa. Das Bett ist am gemütlichsten.

4 Das Bonbon ist leckerer als die Schokolade. Die Sahnetorte ist am leckersten.

**3** 2 Ramira fährt genauso viel Fahrrad wie Straßenbahn. / Ramira fährt mehr Fahrrad als Straßenbahn. 3 Luisa findet Deutsch genauso schwierig wie Mathematik. / Luisa findet Deutsch schwieriger als Mathematik. 4 Wafaa spielt genauso gern Basketball wie Tennis. / Wafaa spielt lieber Basketball als Tennis.

**4a** 1 braune / roten, 2 schöne / große, 3 kleine / schwere, 4 kurzen / karierten, 5 freundlichen / netten

**4b** 2 Der schöne Strand ist menschenleer (N). 3 Die Gäste essen den leckeren Braten. (A) 4 Nora trägt das blaue Kleid. (A)

**5a** 1 frische / kalte / saubere / heißen; einen heißen Grill, 2 neues / moderne / blauen / praktische; eine moderne Kaffeemaschine, 3 großen / aktuelle / interessantes / schnelles; ein schnelles Fahrrad

**5b** 1 günstiges, 2 wunderschöner, 3 neue, 4 dicke, 5 roten, 6 Gepunktete

**6a** 2 Die alte Frau braucht eine neue Brille. 3 Die nette Mieterin hat zwei junge Hunde. 4 Die unfreundliche Verkäuferin verkauft mir einen teuren Pullover. 5 Das dünne Mädchen sucht ein günstiges und hübsches Kleid.

**6b** 1 junge / schwarzer, 2 bekannten, 3 Kleinen / süßen, 4 schneller, 5 alter / neuer

## Adjektive B1

**1a** 1 alte / neuen, 2 dicke / niedrigen, 3 herrliche / historischen, 4 kurzen / langsamen, 5 bunten / graue

**1b** 1 kaputten, 2 kaputten, 3 kaputte, 4 kaputte, 5 kaputten / kaputten, 6 gebrauchten, 7 gebrauchten, 8 gebrauchten, 9 gebrauchte

**1c** 1 Gefällt dir der rote Mantel? 2 Ja, der rote Mantel gefällt mir. 3 Schenkst du deiner Mutter die moderne Kette? 4 Nein, ich schenke ihr die teuren Schuhe. 5 Soll ich das Zimmer mit dem hübschen Bad reservieren? 6 Nein, ich möchte lieber das Zimmer mit der herrlichen Aussicht reservieren.

**1d** 2a, 3d, 4g, 5b, 6c, 7e; 2 alte, 3 grüne, 4 unbequemen, 5 großen, 6 weiße, 7 dicken; a alten, b großen, c schmalen, d gelben, e kleinen, f schweren, g unmodernen

**2a** 1 komische, 2 ordentlichen, 3 neugierige, 4 vernünftige, 5 lustigen, 6 ängstlichen, 7 komplizierten, 8 großzügige

**2b** 1 möbliertes / kleinen, 2 renoviertes / zentralen, 3 großzügiges / modernen, 4 schönes / ruhigen, 5 preiswerte / weiteren

**3** 1 a), 2 b), 3 b), 4 a), 5 b), 6b)

**4** 1 Nicht mehr ganz jung**e** Frau mit groß**em** Haus und wunderschön**em** Garten sucht älter**en**, attraktiv**en** Mann mit gemeinsam**en** Interessen wie Gartenarbeit und Wandern.

2 Sportlich**er**, attraktiv**er** und junggeblieben**er** Mann, geschieden, sucht eine neu**e** Beziehung. Du solltest eine sportlich**e** Frau mit humorvoll**em** Charakter sein.

3 Sympathisch**e** und schüchtern**e**, älter**e** Frau um die 70, verwitwet, sucht einen liebevoll**en** und nett**en** Mann.

4 Lang**e** Wanderungen, schön**e** Konzertabende, aber auch gut**e** Bücher lesen sind meine Hobbys. Wenn du ähnlich**e** Interessen hast und eine ehrlich**e**, freundlich**e** und gebildet**e** Person suchst, melde dich. Ich bin eine unabhängig**e**, ledig**e** Frau Mitte 60.

5 Eine einsam**e** Rentnerin sein? Nein, das möchtest du sicher auch nicht. Elegant**er** Rentner mit gemütlich**em** Zuhause und vielseitig**en** Interessen sucht eine ebenso lebenslustig**e** Rentnerin für gemeinsam**e** Unternehmungen. Kino, Kochen, Sprachkurs, Reisen. Wenn auch du abwechslungsreich**e** Zeit in gut**er** Gesellschaft verbringen möchtest, melde dich unter: ...

**5a** 2 der verletzte Fahrradfahrer, 3 die beschädigte Autotür, 4 das gestohlene Fahrrad, 5 das gebrauchte Buch

**5b** 2 ein beschädigtes Fahrzeug, 3 eine geöffnete Tür, 4 gebrauchte Handys, 5 ein geschlossener Kiosk, 6 gestohlene Computer

**6a** 2 die tanzende Frau, 3 der schimpfende Mann, 4 die bellenden Hunde, 5 das weinende Kind

**6b** 2 eine tanzende Frau, 3 ein schimpfender Mann, 4 bellende Hunde, 5 ein weinendes Kind

# Kapitel 9: Präpositionen

## Präpositionen A1

**1a** 2 aus, 3 im, 4 zu, 5 im, 6 nach, 7 nach, 8 in

**1b** 1 in, 2 nach, 3 nach, 4 in, 5 nach, 6 in

**1c** 1d, 2a, 4b, 5c, 6e

**2a** 1 im Krankenhaus, 2 zur / in der Bibliothek, 3 zum / im Supermarkt, 4 zum / beim Friseur, 5 zur / in der Apotheke, 6 zum / im Kino, 7 zu / bei Tom, 8 zur / bei der Ärztin

**2b** 2 Vom Flohmarkt in Stuttgart. 3 In ein Haus am Stadtrand. 4 Auf einer Insel im Mittelmeer. 5 Aus einem Dorf in den Alpen.

**2c** 1 im Kino, 2 zur Bushaltestelle, 3 aus dem Kino, 4 beim Nachbarn, 5 in die Apotheke, 6 von der Apotheke, 7 am Strand, 8 in die Bank, 9 aus der Bank, 10 in der Bäckerei, 11 ins Café, 12 aus der Bäckerei, 13 im Büro, 14 auf den Parkplatz, 15 aus dem Büro

**2d** 2 Alissa fährt für drei Wochen nach Afrika. 3 Akono läuft morgens zum Bahnhof. 4 Anitas Familie kommt aus Polen. 5 Johanna kommt um 12.30 Uhr vom Arbeitsamt. 6 Die Volkshochschule ist am Rathausplatz. 7 Frau Mutlu wartet beim Arzt. 8 Lasse wohnt in der Lessingstraße.

**3a** am, um, Nach, um, bis

**3b** 1 von, 2 bis, 3 vor, 4 Nach, 5 am, 6 am, 7 am, 8 Um, 9 am, 10 im, 11 ab, 12 im, 13 Im, 14 für

## Präpositionen A2

**1a** 1 zum Barbarossaplatz / zu Peter und Hanne / zur Sprachschule / zum Friseur, 2 in die Schweiz / nach Köln / nach Holland / ins Theater, 3 in den Urlaub / nach Istanbul / in die Karibik / auf die Malediven

**1b** 1 beim Arzt / bei Eleni und Youssef / bei der Schwiegermutter, 2 in der Volkshochschule / im Supermarkt / im Schwimmbad, 3 am Hauptbahnhof / an der Ecke Bergstraße / am Schwimmbad

**1c** 1 vom Marktplatz / von Jérôme / von der Bäckerei, 2 aus Polen / aus der Volkshochschule / von Julia, 3 vom Schwimmbad / aus dem Schwimmbad / von der Luisenstraße

**2a** 2 im, 3 neben dem, 4 über dem, 5 vor dem, 6 hinter dem, 7 zwischen den, 8 auf dem, 9 am

**2b** 2 Ina legt den Ball ins Buch. 3 Ina legt den Ball neben das Buch. 4 Ina legt den Ball über das Buch. 5 Ina legt den Ball vor das Buch. 6 Ina legt den Ball hinter das Buch. 7 Ina legt den Ball zwischen die Bücher. 8 Ina legt den Ball auf das Buch. 9 Ina legt den Ball an das Buch.

**3a** 1 den / dem, 2 die / der, 3 das / am, 5 die / der, 6 die / der, 7 den / dem, 8 die / den, 9 das / dem, 10 die / der

**3b** 1 Wo, 2 Wohin, 3 Wo, 4 Wohin, 5 Wo, 6 wo, 7 wohin

**4a** stellen, legen, liegt, steht, hängen

**4b** 2 Die Vase steht auf dem Tisch. 3 Die Bilder hängen an der Wand. 4 Die Stühle stehen am Tisch. 5 Die Kissen liegen auf den Stühlen. 6 Die Blumen stehen in der Vase. 7 Der Teppich liegt auf dem Boden.

**4c** 2 Legen Sie das Heft auf den Tisch. 3 Häng das Foto an den Kühlschrank. 4 Setz die Katze auf das Sofa. 5 Hängen Sie die Jacke an die Garderobe. 6 Leg den Teppich unter den Tisch.

**5a** Er *fährt/fliegt* ***mit dem***: Bus / Fahrrad / Auto / Schiff / Flugzeug

Er *fährt* ***mit der***: S-Bahn / Straßenbahn / U-Bahn

**5b** 1e: Mit, 2c: ohne, 3a: mit, 4f: ohne, 5b: ohne, 6d: Ohne / mit

**5c** 1 für, 2 mit, 3 mit, 4 ohne, 5 für, 6 mit, 7 für

### Präpositionen B1

**1a** 1 durch, 2 herum, 3 vorbei, 4 herum, 5 herum, 6 entlang

**1b** 1 bis zur, 2 über, 3 Gegenüber, 4 am ... vorbei, 5 entlang, 6 durch, 7 um ... herum, 8 Hinter

**2a** 1e: Am, 2a: Vom ... bis, 3d: Um, 4f: Bis, 5c: Nach, 6b: Im

**2b** 1 am, 2 Seit, 3 Vor, 4 Am, 5 In, 6 Nach/für

**2c** 1 Um, 2 Seit, 3 Im, 4 Nach, 5 Für, 6 In

**2d** 1 Seit zwei Jahren. 2 Für drei Wochen. 3 Am 1. April. 4 Vor fünf Jahren. 5 Um sieben vor dem Kino. 6 Nach 18 Uhr.

**3a** 1 Während, 2 innerhalb, 3 während, 4 während, 5 innerhalb, 6 innerhalb

**3b** 1 Wir müssen das Projekt innerhalb eines Jahres abschließen. 2 Während der Sommerferien findet kein Deutschkurs statt. 3 Außerhalb der Sprechzeiten ist das Telefon nicht besetzt.

**4a** 1d, 2f, 3a, 4c, 5b, 6e

**4b** 1 weil, 2 wegen, 3 wegen, 4 weil, 5 wegen, 6 weil

**4c** 2 Amira muss wegen der neuen Arbeitsstelle eine Stunde Zug fahren. 3 Andrea kann wegen der Knieprobleme schlecht Treppen laufen. 4 Paul macht wegen der Auftragslage viele Überstunden.

## Kapitel 10: Adverbien und Partikeln

### Adverbien und Partikeln A1

**1** Häufigkeit: 7, 8, *Wiederholung*: 4, 6, *Zeitpunkt*: 5

**2a** von *links nach rechts*: immer, oft, manchmal, nie

**2b** 1 nie, 2 immer, 3 manchmal, 4 selten / oft

**3a** 2 Caroline geht dienstags um 18.00 Uhr zum Yoga-Kurs. 3 Tom fährt sonntags Fahrrad. 4 Franka fährt mittags mit dem Bus am Goetheplatz. 5 Akim kommt abends spät nach Hause.

**3b** 2 Freitags gehen Paul und Paula ins Kino. 3 Vormittags besucht Fatima einen Deutschkurs. 4 Samstags fährt Frau Okoye ins Einkaufszentrum. 5 Nachts sieht Louis Filme. 6 Montags gehen sie zum Sport.

**4a** 2 Sie fahren übermorgen in Urlaub. 3 Laura sieht später fern. 4 Anita beginnt bald ihre Ausbildung. 5 Rana lernt gerade Englisch. 6 Familie Mutlu macht morgen einen Ausflug. 7 Anissa geht gleich zur Apotheke.

**4b** 1c, 2e, 3a, 4f, 5d, 6b

**5a** 1 sehr gut, 2 nicht so gern, 3 nicht so gut, 4 sehr gern, 5 nicht so gern, 6 sehr gern, 7 sehr gut, 8 nicht so gut

**5b** 1 sehr gern, 2 sehr gut, 3 nicht so gut, 4 nicht so gut, 5 nicht so gern, 6 sehr gern / nicht so gern

**5c** 1 Er putzt nicht so gern die Wohnung. 2 Lara liest sehr gern Bücher. 3 Wir können nicht so gut im Hotel schlafen. 4 Das Kind kann sehr gut Deutsch sprechen.

### Adverbien und Partikeln A2

**1a** 1 zuerst, 3 danach, 5 schließlich, 6 zuletzt

**1b** von *oben nach unten*: 3, 6, 4, 1, 5, 2

**1c** von *oben nach unten*: 5 Schließlich, 3 Danach, 1 Zuerst, 6 Zuletzt, 4 Dann

**2a** Vergangenheit: damals / vorher / vorgestern / früher
Gegenwart: sofort / jetzt / gerade
Zukunft: nachher / gleich / übermorgen / später / bald

**2b** 1 Vorher, 2 damals, 3 gerade, 4 Morgen, 5 übermorgen, 6 nachher, 7 früher

**3a** Herkunft: 8, 10, 15, *Richtung*: 3, 4, 6, 7, *Ort*: 2, 5, 9, 11, 12, 13, 14

**3b** 1 hinauf, 2 nach links, 3 nach draußen, 4 von rechts, 5 von oben / nach unten

**4a** 1 wirklich, 2 überhaupt nicht, 3 nicht so, 4 ziemlich, 5 besonders, 6 gar nicht

**4b** 2a: ziemlich, 3d: überhaupt nicht, 4b: echt (total) / total (echt)

**5** 1 denn, 2 denn, 3 mal, 4 ja, 5 denn, 6 aber, 7 ja, 8 denn, 9 denn

### Adverbien und Partikeln B1

**1a** von *oben nach unten*: 3 Danach, 2 Dann, 1 Zuerst, 6 Zuletzt, 5 Schließlich

**1b** 2 Dann erkundigt man sich über eine Reise. 3 Danach bucht man eine Reise. 4 Später packt man Koffer. 5 Schließlich fährt man zum Flughafen. 6 Zuletzt fliegt man in den Urlaub.

**1c** 2 Geben Sie dann Salz in das kochende Wasser. 3 Geben Sie danach die Spaghetti ins Wasser. 4 Lassen Sie anschließend die Spaghetti kochen. 5 Gießen Sie schließlich die Spaghetti in ein Sieb. 6 Servieren Sie zuletzt die Spaghetti auf einem Teller.

**2** 1 nach draußen / drinnen, 2 von draußen, 3 dahinten, 4 herein / hinein, 5 hinunter / hinauf, 6 nach unten / nach oben

**3a** 2 Woran / Daran, 3 Wovon / Davon, 4 Wofür / Dafür, 5 Worüber / Darüber, 6 Woraus / daraus, 7 Womit / Damit

**3b** 2 Wofür sparst du dein Geld? / Dafür, 3 Worauf freust du dich? / darauf, 4 Worüber hast du gestern mit Herrn Maier gesprochen? / Darüber

**3c** 2c: Damit, 3a: dafür, 4e: darauf, 5f: darum, 6b: daran

**4** 1 wirklich gut / überhaupt nicht, 2 sehr / ziemlich, 3 gar nicht / sehr

**5** 1 denn, 2 aber / denn / doch, 3 Eigentlich / halt, 4 ja, 5 aber / wohl, 6 doch / ja, 7 mal

## Kapitel 11: Fragen

### Fragen A1

**1a** 1 Wer, 2 Wie, 3 Woher, 4 Was, 5 Wo, 6 Wer

**1b** 1 Woher, 2 wo, 3 wohin

**2** 1 Wie viel, 2 wie viel, 3 Wie viele, 4 wie viel

**3** 1 Welche, 2 Welche, 3 Welcher, 4 Welchen, 5 Welches, 6 Welche, 7 Welche

**4** 1 wann, 2 bis wann, 3 von wann bis wann

**5a** 2c, 3a, 4f, 5b, 6d

**5b** 2 Wie ist Ihre Adresse? 3 Wie alt ist Ihr Kind? 4 Wo wohnen Tayo und Michaela? 5 Was macht ihr heute? 6 Wer spricht Chinesisch?

**5c** 1 Wie heißen Sie? 2 Was machst du? 3 Woher kommen Sie? 4 Wer ist unser Lehrer?

**6**

| Position 1 | Position 2 | | Satzende |
|---|---|---|---|
| 2 Wie | kann | ich Ihnen | helfen? |
| 3 Was | möchten | Sie | kaufen? |
| 4 Wie viele Äpfel | darf | ich Ihnen | geben? |
| 5 Wie | möchten | Sie | bezahlen? |

**7a** 2a, 3c, 4e, 5d, 6b

**7b** 2 Wohnt ihr in Berlin? 3 Bist du verheiratet? 4 Fahrt ihr nach Berlin? 5 Hast du Kinder? 6 Trinkt ihr Kaffee?

**8**

| Position 1 | Position 2 | | Satzende |
|---|---|---|---|
| 2 Musst | du | morgens früh | aufstehen? |
| 3 Musst | du | auch Überstunden | machen? |
| 4 Darfst | du | vor der Firma | parken? |
| 5 Möchtest | du | eine andere Arbeit | haben? |

**9a** 2 Was möchten Sie? / Möchten Sie einen Kaffee? 3 Was nehmen Sie? / Nehmen Sie eine Cola? 4 Wo wohnst du? / Wohnst du in Frankfurt? 5 Wie geht es dir? / Geht es dir gut?

**9b** 2 Wie viele Kinder haben Sie? 3 Wie alt ist Ihr Sohn? 4 Wo wohnen Sie? 5 Wohnen Sie im Zentrum? 6 Haben Sie ein Telefon? 7 Wie ist Ihre Telefonnummer? 8 Haben Sie ein Auto?

## Fragen A2

**1** 1 Wer, 2 Wem, 3 Wen, 4 wem, 5 wen, 6 Wer

**2** 1 Wo, 2 Wohin, 3 Wohin, 4 Wo, 5 Wohin, 6 Wo

**3a** 1 Welche, 2 welchem, 3 Welcher, 4 welchem, 5 welchem, 6 Welchen / welches, 7 Welches, 8 Welche

**3b** 2 Welches Eis möchten Sie? 3 Welcher Kuchen schmeckt Ihnen? 4 Welche Suppe möchten Sie?

**4** 3 Was für eine, 4 Welche, 5 welches, 6 Was für einen, 7 welchen

**5** 2 Warum gehst du schon? 3 Warum trinkst du keinen Kaffee? 4 Warum haben Sie die Aufgaben nicht gemacht? 5 Warum seid ihr so müde? 6 Warum warst du gestern nicht im Kurs? 7 Warum hast du mich nicht angerufen?

**6** 2 Wann, 3 Wie lange, 4 Wo, 5 Wie viele, 6 Wo, 7 Welcher, 8 Warum

**7** 2 Könnten Sie mich morgen zurückrufen? 3 Hätten Sie Zeit für eine Besprechung? 4 Würdet ihr mich anrufen? 5 Hättest du morgen Zeit?

**8** 1e, 2b, 3g, 4c, 5f, 6i, 7j, 8a, 9h, 10d

**9a** 2 Können Sie mir sagen, wo Sie arbeiten? 3 Wissen Sie, wie der Kopierer funktioniert? 4 Weiß jemand, was PIN bedeutet? 5 Wissen Sie, wie lange die Mittagspause dauert? 6 Weißt du, wo ich das Formular bekomme?

**9b** 2 Können Sie mir sagen, wie ich den Vertrag ausfüllen soll? 3 Wissen Sie, wie lange die Kantine geöffnet hat? 4 Können Sie mir sagen, wo ich die Personalabteilung finden kann? 5 Können Sie mir sagen, wie man Kopierpapier bekommen kann? 6 Wissen Sie, wo man das Papier einlegen muss? 7 Können Sie mir sagen, was ich heute noch alles erledigen soll? 8 Weißt du, was der Chef gesagt hat?

## Fragen B1

**1** 1 Wem, 2 wessen, 3 wem, 4 Wen, 5 Wen, 6 Wessen, 7 wen, 8 Wer, 9 wem, 10 Wen

**2** 1 Wann, 2 Wohin, 3 Was, 4 Welche, 5 Warum, 6 Wer, 7 Warum, 8 Wer, 9 Wie, 10 Wie

**3** 1 Weshalb ist das Internet für Sie wichtig? 2 Warum werden immer weniger Zeitungen gelesen? 3 Wieso kaufen so viele Leute jedes Jahr ein neues Handy? 4 Warum muss man immer das neueste Modell haben? 5 Weshalb ist die Internetverbindung hier immer noch so schlecht?

**4a** 3 Wofür, 4 Worüber, 5 Über wen, 6 Von wem, 7 Worauf, 8 Auf wen, 9 An wen, 10 Woran, 11 Wovon, 12 Wofür, 13 Worüber, 14 Mit wem

**4b** 3 Wofür interessierst du dich? 4 Wofür gibst du viel Geld aus? 5 Auf wen wartet ihr? 6 Worauf wartest du? 7 Woran denkst du? 8 Worüber diskutiert ihr nicht gerne? 9 Über wen hast du dich geärgert? 10 Worüber ärgert ihr euch oft? 11 Worauf kannst du verzichten? 12 Wovon hast du heute geträumt?

**5** 2 Können Sie mir sagen, wohin ich die Miete überweisen soll? 3 Ich würde gern wissen, was ich bei der Hausordnung beachten muss. 4 Können Sie mir sagen, welche Regeln es noch gibt? 5 Wissen Sie, warum man nicht im Hinterhof parken darf? 6 Können Sie mir sagen, wer im dritten Stock wohnt? 7 Ich würde gern wissen, warum die Mülltonnen so selten geleert werden. 8 Können Sie mir sagen, wer der Hausmeister ist? 9 Können Sie mir sagen, wie er heißt? 10 Ich möchte gern wissen, wie seine Telefonnummer ist.

**6** 2 Können Sie mir sagen, ob ich hier unterschreiben muss? 3 Ich würde gern wissen, ob ich schon nächsten Monat einziehen kann. 4 Können Sie mir sagen, ob ich die Wohnung noch renovieren muss? 5 Wissen Sie, ob der Hausmeister auch am Sonntag erreichbar ist? 6 Können Sie mir sagen, ob ich eine Satellitenschüssel auf meinen Balkon stellen darf?

**7** 1 Können Sie mir sagen, wann ich die Wohnung besichtigen könnte? 2 Ich würde gern wissen, ob ich heute Abend noch vorbeikommen kann. 3 Können Sie mir sagen, ob es Ihnen auch am Samstag passt? 4 Ich würde gern wissen, welche Unterlagen ich mitbringen soll.

# Kapitel 12: Sätze und Satzverbindungen

## Sätze und Satzverbindungen A1

**1a** 2 Morgens trinke ich Tee. 3 Die Kinder mögen keine Tomaten. 4 Wir haben am Freitag Urlaub. 5 Am Freitag haben wir Urlaub. 6 Alex geht um 8 Uhr zur Arbeit. 7 Um 12 Uhr machen wir eine Pause. 8 Das Haus ist ganz neu und modern.

**1b** 2 Am Sonntag gucken wir Fußball. 3 Heute putze ich die Fenster. 4 Um 9 Uhr beginnt der Deutschkurs. 5 Nachmittags macht Karim Sport. 6 Nächste Woche heiraten Anja und Leo.

**2a** 2 Wir gehen nicht zum Ausländeramt. 3 Mein Vater kann nicht kochen. 4 Ich fahre nicht mit der Straßenbahn. 5 Ich kann nicht Auto fahren. 6 Ich verstehe das nicht. 7 Herr Rösler spricht nicht schnell. 8 Das ist nicht richtig. 9 Ich brauche die E-Mail-Adresse nicht. 10 Ich muss morgen nicht arbeiten. 11 Heute ist nicht Samstag. 12 Ich kann das Auto nicht reparieren.

**2b** 2 nicht, 3 keine, 4 kein, 5 keine, 6 nicht, 7 nicht, 8 keine, 9 nicht, 10 nicht

**3a** 1 und, 2 oder, 3 aber

**3b** 1 oder, 2 oder, 3 aber, 4 und, 5 oder, 6 aber, 7 oder

**3c** 2 Samir muss arbeiten, aber Ana hat Zeit. 3 Wir mögen Fisch, aber wir essen kein Fleisch. 4 Wir kommen aus Syrien, aber wir leben jetzt in Deutschland. 5 Ana möchte ins Kino gehen, aber Samir ist müde. 6 Ich kann singen, aber ich kann nicht tanzen.

**3d** 1 Nachmittags trinken wir Kaffee und essen Kuchen. 2 Mein Wohnzimmer ist hell und gemütlich. 3 Heute bleibe ich zu Hause und lerne Deutsch. 4 Am Wochenende treffen wir Freunde oder gehen tanzen.

**3e** Lösungsvorschlag: 1 Meine Mutter heißt Carmen und mein Vater (heißt) Antonio. 2 Ich komme aus Valencia, aber jetzt lebe ich in Stuttgart. 3 Ich esse gern Nudeln, aber ich mag keine Kartoffeln. 4 Zum Frühstück esse ich Brötchen oder Müsli. 5 Heute Nachmittag mache ich die Hausaufgaben und heute Abend sehe ich fern.

**3f** 2 Ich heiße Maria und ~~ich~~ komme aus Spanien. 3 Wir haben einen Sohn, aber ~~wir haben~~ keine Tochter. 4 Ich bin 24 Jahre alt und ~~ich~~ arbeite als Krankenschwester.

## Sätze und Satzverbindungen A2

**1a** 2 Ich habe deine Mail nicht bekommen. 3 Das Herbstfest findet nicht auf dem Marktplatz statt. 4 Der Junge hat das Fenster nicht kaputt gemacht. 5 Maria ist nicht sehr sportlich. 6 Ich bin heute nicht bei meinen Eltern. 7 Dieses Päckchen ist nicht für mich. 8 Stefan und Igor kommen nicht mit. 9 Ich kenne deine Eltern nicht. 10 Das habe ich nicht gewusst! 11 Das Fußballspiel hat nicht pünktlich angefangen. 12 Wir stehen nicht immer früh auf. 13 Ich habe mein Passwort nicht vergessen.

**1b** 2 Nein, wir kommen nicht immer zu spät. 3 Nein, ich habe nicht mit meinem Chef gesprochen. 4 Nein, ich habe das Video nicht heruntergeladen. 5 Nein, ich glaube das nicht. 6 Nein, ich bin nicht sauer.

**2a** 1c, 2a, 3f, 4e, 5b, 6d

**2b** 2 weil, 3 denn, 4 denn, 5 weil, 6 denn, 7 weil, 8 weil, 9 denn

**2c** 2 Viktor hat jetzt Hunger, weil er heute nicht gefrühstückt hat. 3 Leo und Anja gehen zum Standesamt, weil sie bald heiraten wollen. 4 Ich habe die Jacke nicht gekauft, weil sie zu groß war. 5 Ich kann leider nicht kommen, weil ich arbeiten muss. 6 Antonia freut sich, weil sie ihre Arbeitserlaubnis bekommen hat.

**2d** 2 Ava ist traurig. Deshalb weint sie. 3 Ich verstehe das nicht. Deshalb frage ich. 4 Wir sind müde. Deshalb gehen wir nach Hause.

**3** 1 Deshalb, 2 Trotzdem, 3 trotzdem, 4 Deshalb, 5 Deshalb, 6 Trotzdem, 7 trotzdem, 8 Deshalb, 9 trotzdem

**4a** Lösungsvorschlag: 2 Wenn es kalt ist, ziehe ich eine warme Jacke an. 3 Wenn es regnet, bleiben wir zu Hause. 4 Wenn die Sonne scheint, brauchen wir eine Sonnenbrille. 5 Wenn es warm ist, gehe ich gern ins Schwimmbad. 6 Wenn es schneit, können wir nicht im Garten grillen.

**4b** 2 Wenn man zum Arzt geht, braucht man einen Termin. 3 Wenn ich eine Erkältung habe, trinke ich viel Wasser. 4 Wenn Sie Fieber haben, bleiben Sie im Bett.

**4c** 2 Ich frage die Kursleiterin, wenn ich ein Wort nicht verstehe. 3 Du lernst nichts, wenn du die Hausaufgaben nicht machst. 4 Wir sprechen nur Deutsch, wenn wir im Deutschkurs sind.

**5a** 2a, 3e, 4c, 5b

**5b** 2 Ich glaube nicht, dass es morgen regnet. 3 Ich finde es gut, dass du eine Ausbildung machen willst. 4 Hast du gehört, dass Paula ein Baby bekommen hat?

**5c** Lösungsvorschlag: 2 Ich bin sicher, dass Tim bald einen Job findet. / ... Viktor eine gute Idee hat. 3 Es ist unfair, dass du so wenig verdienst. / ... das Jana dir nicht hilft. 4 Ich finde es toll, dass meine Kinder studieren wollen / ... dass wir nach Berlin fahren.

**6a** 2a, 3g, 4c, 5d, 6e, 7b

**6b** 2 damit, 3 dass, 4 damit, 5 dass

**7** 2a, 3b, 4b, 5c, 6a, 7a, 8a, 9c, 10a

## Sätze und Satzverbindungen B1

**1a** 2 Wir haben das Geld nicht rechtzeitig überwiesen. 3 Ich habe nicht vergessen, den Termin zu vereinbaren. 4 Die Krankenkasse übernimmt die Kursgebühr leider nicht. 5 Der Hausmeister hat den Wasserhahn nicht sofort repariert. 6 Wir haben uns gestern Abend nicht über Politik unterhalten.

**1b** 2 Freitag / Samstag, 3 Igor / Karim, 4 mich / Kollegin, 5 zu spät / zu früh, 6 wir / der Kursleiter, 7 gewonnen / verloren, 8 Geburtstag / Grillabend

**1c** 2 Nein, ich besuche nicht meine Tante, sondern meine Cousine. 3 Nein, Argentinien hat nicht gegen Spanien gewonnen, sondern gegen Deutschland. 4 Nein, ich habe das Parfüm nicht für meine Mutter gekauft, sondern für mich. 5 Nein, nicht Greta bekommt ein Baby, sondern Gretas Schwester.

**2a** 1 da, 2 denn / Denn, 3 Denn, 4 deshalb / da

**2b** 2 Da der Vermieter die Haustür sofort repariert hat, sind alle zufrieden. 3 Da es letzte Nacht geschneit hat, müssen wir Schnee fegen. 4 Da wir die Miete nicht mehr bezahlen können, ziehen wir aus.

**2c** 2 Meine Eltern sprechen nicht so gut Deutsch. Daher helfe ich ihnen. 3 Mein Bruder ist in Deutschland geboren. Daher spricht er perfekt Deutsch. 4 Ich konnte Sie telefonisch nicht erreichen. Daher schreibe ich Ihnen.

**3a** 2d, 3h, 4b, 5a, 6e, 7g, 8f

**3b** 2 Obwohl er mich nicht gut kennt, hat er mir geholfen. 3 Obwohl das Leben nicht immer einfach ist, sind wir zufrieden. 4 Obwohl ich eigentlich lernen müsste, gehe ich ins Kino.

**4a** 2 als, 3 wenn, 4 Wenn, 5 als, 6 Wenn, 7 wenn, 8 Als, 9 wenn, 10 Als, 11 als, 12 wenn, 13 Als

**4b** 2 Falls Sie noch Fragen haben, melden Sie sich bitte. 3 Wenn du den Kurs machen möchtest, solltest du dich jetzt anmelden. 4 Falls du nicht genug Geld hast, kann ich dir etwas leihen. 5 Wenn du jetzt keine Zeit hast, komme ich später wieder. 6 Wenn ihr nicht mitkommen könnt, sagt uns bitte Bescheid. 7 Falls ihr Hunger habt, könnt ihr Pizza bestellen.

**5** 2 dass, 3 ob, 4 ob, 5 dass, 6 ob, 7 dass, 8 dass

**6a** 2 Seitdem, 3 Während, 4 bis, 5 seit, 6 Nachdem, 7 Seitdem

**6b** Lösungsvorschlag: Ich musste acht Monate warten, bevor ich den Deutschkurs machen konnte. / Während ich im Deutschkurs bin, arbeitet meine Frau. / Nachdem ich die Schule beendet hatte, wollte ich studieren. / Im August habe ich meine Ausbildung angefangen. Seitdem habe ich viel gelernt.

**7** 2a, 3e, 4c, 5b, 6d

**8a** 2 oder, 3 noch, 4 sondern auch, 5 aber, 6 desto/umso

**8b** 2 zwar, 3 Je, 4 weder, 5 nicht nur

**9a** 2 ohne, 3 um, 4 anstatt, 5 um, 6 ohne, 7 anstatt, 8 um, 9 ohne, 10 Anstatt

**9b** 2 Um fit zu bleiben. 3 Um Geld zu verdienen. 4 Um Deutsch zu lernen, 5 Um ein Päckchen abzuholen. 6 Um einen Kuchen zu backen. 7 Um ein Geschenk zu kaufen. 8 Um den Bus nicht zu verpassen

**10** 2 mit dem du eben gesprochen hast, 3 die nebenan wohnen, 4 mit denen Max früher gespielt hat, 5 der das Auto gestohlen hat

**Bildquellen**

**Cover:** Radachynskyi/iStock; **S. 22** chendongshan/fotolia.com; **S. 26** (Klara) mimagephotos/fotolia.com; (Hans) contrastwerkstatt/fotolia.com; (Natalie) kite_rin/fotolia.com; (Stefan) pololia/fotolia.com; (Julia) pololia/fotolia.com; (Georg) goodluz/fotolia.com; (Samira) Jeanette Dietl/fotolia.com; (Moritz) Darren Baker/fotolia.com; (Lotte) Raisa Kanareva/fotolia.com; **S. 27** Monkey Business/fotolia.com; **S. 28** ArtFoth/fotolia.com; **S. 35** (Lina) Daniel Ernst/fotolia.com; (Karl) ADDICTIVE STOCK/fotolia.com; (Ana/Gabriel) Wayhome Studio/fotolia.com; (Ava/Leoni) coldwaterman/fotolia.com; **S. 38** (1) Karanov images/fotolia.com; (2) industrieblick/fotolia.com; (3) YakobchukOlena/fotolia.com; (4) auremar/fotolia.com; (5) Nestor/fotolia.com; (6) Kzenon/fotolia.com; **S. 46** (1) Minerva Studio/fotolia.com; (2) contrastwerkstatt/fotolia.com; (3) Christian Albert/MEV Verlag GmbH; (4) Jan Kocovski/telc gGmbH; (5) Jan Kocovski/telc gGmbH; (6) abr68/fotolia.com; **S. 51** (a–f) stockphoto-graf/fotolia.com; (1–6) kartoxjm/fotolia.com; **S. 72** Jan Kocovski/telc gGmbH; **S. 79** UBER IMAGES/fotolia.com; **S. 95** Jan Kocovski/telc gGmbH; **S. 109** (Tee) Jiri Hera/fotolia.com; (Kaffee) Romolo Tavani/fotolia.com; (Fahrrad) Erika Raxworthy/fotolia.com; (Straßenbahn) Sergii Figurnyi/fotolia.com; (Mathe) detailblick-foto/fotolia.com; (Deutsch) Nito/fotolia.com; (Basketball) Brocreative/fotolia.com; (Tennis) Africa Studio/fotolia.com; **S. 110** Brebca/fotolia.com; **S. 124** 2mmedia/fotolia.com; **S. 161** (1) goodluz/fotolia.com; (2) georgerudy/fotolia.com; (3) contrastwerkstatt/fotolia.com; **U4** Jan Kocovski/telc gGmbH